칼퇴족
김대리는 알고
나만 모르는

HTML5
+ CSS3

칼퇴족 김대리는 알고 나만 모르는 HTML5+CSS3

2023년 3월 20일 1판 1쇄 인쇄
2023년 4월 1일 1판 1쇄 발행
—

지은이 김태광
펴낸이 이상훈
펴낸곳 책밥
주소 03986 서울시 마포구 동교로23길 116 3층
전화 번호 02-582-6707
팩스 번호 02-335-6702
홈페이지 www.bookisbab.co.kr
등록 2007.1.31. 제313-2007-126호
—

기획 박미정
디자인 디자인허브
조판 디자인허브, 김희연
—

ISBN 979-11-90641-98-2 (13000)
정가 21,000원

© 김태광 2023

책밥은 (주)오렌지페이퍼의 출판 브랜드입니다.

HTML5
+ CSS3

김태광 지음

책밥

우리는 팬데믹(Pandemic) 기간 동안 비대면으로 소통했습니다. 인터넷을 기반한 월드와이드 웹(www)은 비대면 소통에 많이 사용하는 서비스 중 하나입니다. 인터넷으로 회의하고, 영상을 보고, 음악을 듣고, 정보를 찾습니다. 그리고 찾은 정보를 생활과 업무에 이용합니다. 비대면으로 소통하고 정보를 찾을 때 접하는 웹 페이지는 우리 생활과 밀접할 수밖에 없습니다. 당연히 웹 페이지 디자인은 선택이 아니라 필수가 되었습니다. 이 책은 웹 페이지를 직접 디자인하고 싶어 하는 분을 위해 만들었습니다.

웹디자이너로 일하던 필자는 어느 날 HTML과 CSS를 담당하는 웹 퍼블리싱 업무를 병행하게 되었습니다.
그동안 감성 위주인 디자인만 하다가 이성적인 퍼블리싱 하려다 보니 당황스러운 일이 한두 번이 아니었습니다. HTML, CSS 퍼블리싱에서 세미콜론이나 콜론 또는 HTML 태그나 CSS 선택자나 속성 값에 오타라도 하나 생기면 웹 페이지 레이아웃이 틀어지고 글이나 버튼의 위치가 엉뚱한데 배치되는 예상치 못한 화면을 만나기 일쑤였습니다. 이때마다 당황하고 어떻게 문제를 해결해야 할지 몰라 답답하고 한숨만 나왔습니다. 이 시절 필자는 HTML과 CSS가 어떻게 다른지 잘 모르고 확실하게 정의가 안된 상태였습니다. 그렇기 때문에 많은 시행착오를 겪었고 그럴 때마다 문제 해결을 위해서 사전 같은 책에서 많은 HTML 태그와 CSS 속성을 설명하는 글을 찾곤 했습니다. 그렇다 해도 시원하게 문제를 해결하지 못했습니다. 그리고 퍼블리싱 결과물이 웹 표준에 맞게 하는 건지 계속 의심이 들었지만 그 또한 확실하게 해결하지 못했습니다. 그리고 시간이 지날수록 웹디자인을 위해 직접 디자인한 이미지를 HTML과 CSS로 직접 퍼블리싱 해서 완벽한 웹디자인과 퍼블리싱을 완성하고 싶었습니다.
이 책은 그동안 겪을 수밖에 없었던 시행착오를 누군가는 겪지 않으면 하는 마음으로 집필했습니다.

이 책의 특징은

첫째, 많은 HTML 태그와 CSS 속성과 속성 값을 사전처럼 지루하게 설명하는 게 아니라 사용도가 높고 기본적으로 알아야 할 HTML 태그와 CSS 속성과 속성 값을 목차에 짧은 단어로 배치해서 찾기 쉽게 만들었습니다.

둘째, 쉽게 설명한 이론을 기반으로 HTML과 CSS 퍼블리싱으로 쉬운 예제로 보여주고 이해도를 높였습니다.

셋째, HTML 요소와 CSS 속성과 속성 값을 확실히 이해하기 위해 예제와 실습을 병행했습니다.

넷째, 실전 예제에서는 실무에 많이 사용하는 레이아웃과 디자인 스타일 기반으로 퍼블리싱 합니다. 레이아웃 디자인을 섹션 별로 선별하여 퍼블리싱하고 코드 중에 잘 모르거나 기억이 안 나는 부분을 빨리 찾아볼 수 있게 실전 예제에 사용한 HTML 요소와 CSS 속성과 속성 값에 대한 이론을 목차와 연결해서 이해를 도왔습니다. 그래서 끝까지 따라 하면 메인 페이지와 서브 페이지를 완성할 수 있습니다.

독자 여러분, 이 책 마지막 페이지까지 함께해서 웹 퍼블리싱을 완성하는 즐거움을 경험하기 바랍니다.

어느 봄날에
김태광 드림

CONTENTS

CHAPTER ⑴ HTML과 CSS 준비하기

CHAPTER ⑵ HTML 페이지 만들기

CHAPTER 03 CSS로 HTML 페이지 스타일링하기

CONTENTS

CHAPTER 04 실전 예제 웹사이트 만들기

HTML과 CSS
준비하기

HTML과 CSS의 개념과 차이점 그리고 HTML과 CSS를 만들기 위해서 준비해야 할 도구들을 설치하고 어떻게 사용하는지 알아보겠습니다.

HTML, CSS 개념 알기

다른 사람과 소통하기 위해서는 같은 언어를 사용해야 합니다. 사람이 컴퓨터와 소통하고 싶다면 컴퓨터가 사용하는 프로그래밍 언어를 알아야 합니다.

컴퓨터와 소통하는 프로그래밍 언어는 각각의 특징이 다양합니다. 요즘 많이 사용하는 프로그래밍 언어는 페이지에 생동감을 불어넣기 위한 자바스크립트 (JavaScript), 간결하고 쉬운 문법으로 소프트웨어를 만드는 파이썬(Python), 자료를 관리 및 처리하기 위한 관계형 데이터베이스 시스템을 설계하는 SQL, 웹 애플리케이션과 모바일 기기용 소프트웨어를 개발하는 자바(Java), 멀티스레드 (multithread)로 운영하여 결과를 구현하는 노드닷제이에스(Node.js), 완벽한 객체 지향 언어 C# 등이 있습니다.

이 중에서 웹페이지를 만드는 프로그래밍 언어로 HTML과 CSS가 있습니다. HTML은 정보를 구성하는 언어입니다. CSS는 HTML 페이지를 보기 좋고 멋지게 꾸미는 스타일링 언어입니다. 그래서 HTML과 CSS는 다른 프로그래밍 언어보다 인기가 많습니다.

13쪽 그림은 개발자들의 커뮤니티 사이트 '스택 오버플로(https://stackoverflow.com)'에서 프로그래밍 언어를 인기 순위로 분석한 것입니다. 그 결과 HTML과 CSS 가 상위에 있는 것을 확인할 수 있습니다. 우리는 매우 인기 있는 프로그래밍 언어를 공부하겠습니다.

HTML과 CSS는 컴퓨터 프로그래밍 언어 중 가장 쉬운 언어(language)입니다. HTML은 문서를 공유하기 위해 만들어졌으며 엘리먼츠(Elements)와 정보(Text)로 구성됩니다. 엘리먼츠(Elements)에는 HTML 태그(Tag)들이 중첩(겹침)되게 입력 됩니다. HTML 문서 파일 확장자는 '.html'입니다.

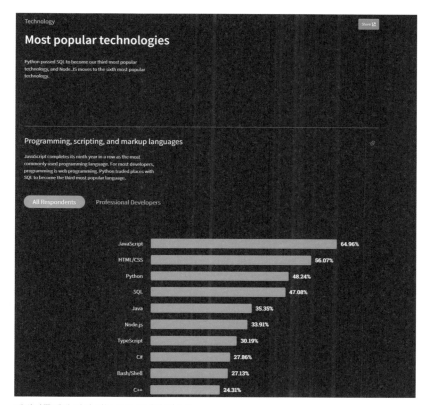

개발자들에게 인기 있는 프로그래밍 리스트

CSS는 HTML 정보를 보기 좋게 스타일링하는 언어입니다. 이것은 HTML에 연결된 종속형 언어입니다. HTML 문서에서 CSS 파일을 연결해 사용하는데 이런 방법을 외부(external) 연결이라 하고 118쪽에서 자세히 다룹니다. CSS 파일 확장자는 '.css'입니다.

CSS는 종속형 언어이므로 HTML 없이 단독으로는 사용하지 못합니다. 이 둘은 각 각 다른 언어이기 때문에 다른 문법을 사용하고 입력하는 방법도 다릅니다.

뭘 준비하죠?

컴퓨터가 없던 시대에는 종이에 글을 써서 정보를 전달했습니다. 웹에서는 작성한 정보를 볼 수 있는 종이 역할로 웹브라우저를 사용하고, 정보를 입력하는 펜의 역할로 코드 편집기를 사용합니다. 이번 장에서는 크롬웹브라우저와 비주얼 스튜디오 코드 편집기를 설치하고 사용하는 방법에 대해 알아보겠습니다.

| 01 | 웹브라우저(Web browser)

웹사이트를 방문하거나 정보를 검색하기 위해 가장 먼저 웹브라우저를 실행합니다. HTML 문서와 그림, 미디어 파일 등 콘텐츠를 볼 수 있는 뷰어를 웹브라우저라고 합니다.

● 웹브라우저의 종류와 점유율

웹브라우저는 다양한 종류가 있습니다. 스탯카운터 사이트(https://gs.statcounter.com)에 따르면 우리나라에서는 2020년 12월~ 2021년 12월 기준 크롬(chrome), 엣지(edge), 웨일즈(whale Browser), 인터넷 익스플로러(IE), 사파리(Safari), 파이어폭스(Firefox) 등을 사용하고 있으며, 가장 많이 사용하는 것은 크롬이며 점유율이 70% 이상입니다. 여기서 우리는 사용성이 가장 높은 크롬 브라우저를 설치하고 사용하겠습니다.

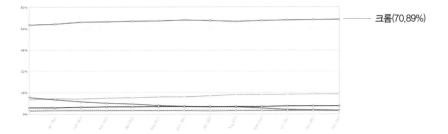

● 크롬(Chrome) 브라우저 설치하기

1. PC에 설치되어 있는 기본 웹브라우저를 실행하고 주소 입력 폼에 'https://www.google.co.kr/chrome/'을 입력하거나 한글로 '구글 크롬'이라고 검색하고 해당 사이트로 접속합니다.

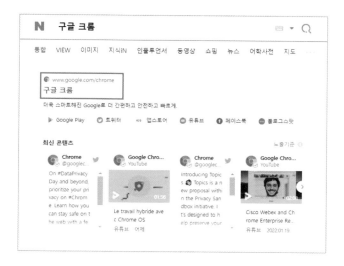

2. 구글 크롬 사이트로 접속하고 'Chrome 다운로드'를 클릭하면 크롬 웹브라우저 설치 파일이 다운로드됩니다.

3. '내PC 〉 다운로드' 폴더에서 다운로드한 크롬 설치 파일을 확인할 수 있습니다. 크롬 아이콘(ChromeSetup.exe)을 더블클릭합니다.

4. 크롬 웹브라우저 프로그램이 설치됩니다. 파란색 프로그레스 바가 끝까지 진행되면 설치가 완료됩니다.

➕ 윈도우에서 크롬을 기본 브라우저로 설정하면 비주얼 스튜디오 코드에서 HTML 미리보기가 편해집니다. 설정 방법: 윈도우 시작 > 설정(톱니 아이콘) > 앱 > 기본 앱 > 웹브라우저 > Chrome > 앱 선택 > Chrome 선택

● 개발자 도구

개발자 도구는 HTML 구조와 CSS 스타일링을 확인하고 수정해 볼 수 있는 도구입니다. 뿐만 아니라 자바 스크립트의 오류 메시지를 확인할 수 있고 접속한 사이트에서 다운로드한 파일 용량과 속도를 쉽게 알 수 있는 도구입니다.

개발자 도구란?

개발자 도구는 데이터 기반으로 웹사이트를 분석하는 도구입니다. 크롬 웹브라우저를 설치하면 [개발자 도구]가 기본으로 설치됩니다. [개발자 도구]는 HTML 마크업과 CSS 속성과 속성값을 쉽고 정확하게 확인할 수 있어서 퍼블리싱(작업)에 큰 도움이 됩니다. 그리고 페이지에 수정이 필요하다면 HTML과 CSS 파일에서 직접 고치지 않고 개발자 도구에서 미리 수정해서 볼 수 있어 생산성을 높일 수 있습니다. 특이한 점은 [개발자 도구]에서 글자 크기, 글자 색, 글자 여백, 섹션 간격을 수정하는 것은 일회성으로 테스트하는 과정이기에 실제 파일에 저장되지 않는다는 것입니다. 그러므로 크롬 브라우저에서 새로 고침(F5)을 하면 수정하기 전 파일로 원상 복구됩니다. [개발자 도구]에서 여러가지로 수정해 본 스타일이 마음에 들면 HTML과 CSS 파일에서 직접 고치고 저장해야 합니다.

개발자 도구 실행하기

크롬 웹브라우저에서 개발자 도구를 실행하는 방법은 3가지가 있습니다.

1. 웹페이지에서 HTML 마크업이나 CSS 속성과 속성값을 확인하고자 하는 곳에 마우스를 놓고 오른쪽 버튼을 눌러 [검사]를 클릭합니다.

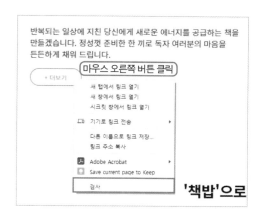

2. 검수하고자 하는 페이지가 열리면 [F12]를 누릅니다. 단축키 사용 방법은 윈도우에서 [Ctrl]+[Shift]+[I], 맥에서 [Command]+[Option]+[I]로 확인할 수 있습니다.

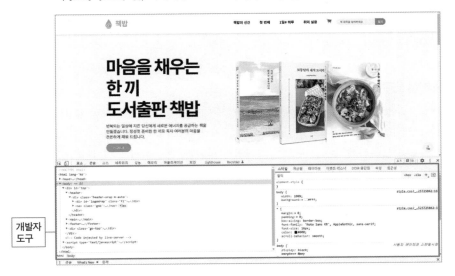

개발자 도구

[개발자 도구]에서 HTML 마크업과 CSS 속성과 속성값 확인하기

[개발자 도구]에는 다양한 기능 버튼들이 배치되어 있는데 이 영역을 [패널] 메뉴라고 합니다. [패널] 메뉴에서 HTML 요소(elememts)(39쪽)와 CSS 속성(100쪽)과 속성값을 볼 수 있는 [검사할 페이지 요소 선택]에 대해 알아보겠습니다.

패널

HTML 요소 영역

CSS 속성과 속성값 영역

1. 크롬 웹브라우저를 실행하고 URL을 입력하는 폼에https://eroica-design.github.io/htmlcss/를 입력하고 [Enter]를 눌러 실전 예제 웹사이트 페이지에 접속합니다.

2. 접속한 페이지에서 [F12]를 누르거나 마우스 오른쪽 버튼을 누르고 [검사] 메뉴를 클릭해 크롬 웹브라우저 하단의 [개발자 도구]를 실행합니다. 화면 하단에 HTML 마크업과 CSS 속성과 속성값 영역이 표시됩니다.

3. [검사할 페이지 요소 선택] 아이콘을 클릭합니다.

4. 웹페이지의 [+더보기]에 마우스를 갖다 대면 사용한 글자 색, 글자 크기, 사용한 폰트 이름, 배경색에 대한 값이 툴팁으로 보입니다.

5. 그대로 버튼을 클릭하면 대상의 HTML 마크업과 CSS 속성과 속성값이 표시됩니다.

➕ [검사할 페이지 요소 선택] 아이콘을 사용하면 HTML과 CSS 파일이 없어도 글자 색, 글자 크기, 간격 속성과 HTML 요소를 쉽게 확인할 수 있습니다.

실전 예제 페이지 내에서 오렌지 배경색에 흰색 글자로 표현된 [+더보기]의 HTML 요소와 CSS 속성과 속성값을 알아보았습니다. 이번에는 [개발자 도구]에서 버튼의 글자 내용과 배경색과 글자 색을 변경해보겠습니다.

1. 먼저 버튼의 글자를 수정해보겠습니다. 왼쪽 패널에서 마우스로 '+더보기'를 더블클릭해서 글자를 지우고 '자세히 보기'로 수정합니다.

2. 버튼의 배경을 연두색으로, 글자를 검은색으로 수정해보겠습니다. 오른쪽의 CSS 요소 영역에서 background color로 지정된 #f95522 위에 마우스를 클릭하고 #22f942를 입력합니다. 버튼의 배경이 연두색으로 변경됩니다.

➕ 색상 버튼을 클릭하면 [컬러 피커]가 나타나 색을 선택할 수 있습니다.

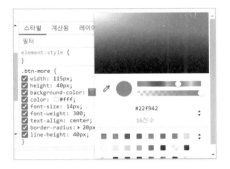

3. 이번에는 글자를 검은색으로 수정해볼게요. 오른쪽 패널에서 color에 #fff(흰색)를 클릭하고 black으로 입력하면 글자 색이 검은색으로 수정됩니다.

| 02 | 편집기(Editors)

HTML과 CSS을 입력하기 위한 편집기는 매우 다양하고 쉽게 구할 수 있습니다. PC에는 'Windows 메모장'이라는 편집기가 있고, 맥에는 'Textedit'라는 편집기가 기본으로 설치되어 있습니다.

Windows 메모장과 Textedit를 사용해서 HTML과 CSS 코드를 작성할 수 있지만 우리는 오차 없이 정확하게 코딩하기 위해 비주얼 스튜디오 코드를 사용하겠습니다. [비주얼 스튜디오 코드]를 사용하면 여러 가지 편리한 점이 있습니다. HTML 태그와 CSS 속성과 속성값을 입력할 때 오타를 줄여주는 [코드 자동 완성 기능]이 내장되어 있고 작성한 코드를 웹브라우저에서 즉시 확인할 수 있는 확장 기능이 있습니다. 그리고 윈도우, 맥, 리눅스 운영체제에 설치할 수 있으며 가장 좋은 것은 비용 부담 없이 무료로 사용할 수 있다는 점입니다.

비주얼 스튜디오 코드 파일 다운로드하기

비주얼 스튜디오 코드를 다운로드하는 방법을 알아보겠습니다. 첫 번째는 구글 크롬에서 검색하는 방법과 두 번째는 네이버에서 검색하는 방법입니다.

구글에서 다운로드하기

1. 구글 검색창에 'vs code'라고 입력 후 검색 버튼을 클릭합니다.

2. 검색 결과 화면에서 'Visual Studio Code - Code Editing. Redefined'를 클릭합니다.

3. 비주얼 스튜디오 코드 사이트에 접속하면 파란색 [Download]가 화면 왼쪽 중앙과 오른쪽 상단에 위치한 것을 확인할 수 있습니다. ❶[Download for Windows]는 윈도 우 사용자를 위한 것이고, ❷다른 OS 사용자는 [∨]를 클릭합니다.

4. [Download] 버튼을 클릭해서 비주얼 스튜디오 코드(VSCodeUserSetup-x64-1.75. exe) 설치 파일을 다운로드합니다.

　➕ 1.75는 버전 숫자이므로 버전이 달라도 vs code 설치와 사용에는 지장 없습니다.

네이버에서 다운로드하기

1. 네이버 검색창에 'vs code'라고 입력 후 검색 버튼을 클릭합니다. 검색 결과 화면에서 'Visual Studio Code'를 클릭합니다.

➕ 웹브라우저 주소창에 https://code.visualstudio.com/를 입력하고 비주얼 스튜디오 코드 사이트에 방문해도 됩니다.

2. 비주얼 스튜디오 코드 사이트 상단에서 [Download]를 클릭하면 [Window], [리눅스], [맥]용 다운로드 버튼이 배치된 페이지가 새 탭(페이지)으로 나옵니다. 사용하는 OS에 맞는 비주얼 스튜디오를 다운로드합니다.

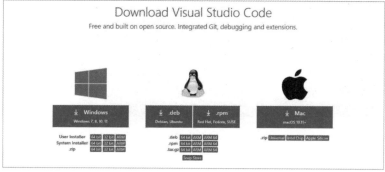

8. 윈도우 사용자는 [windows]를 클릭해 비주얼 스튜디오 코드(VSCodeUserSetup-x64-1.75.0.exe) 설치 파일을 다운로드합니다.

실습 | 비주얼 스튜디오 코드 설치하기

1. '내 PC > 다운로드' 폴더에서 다운로드한 비주얼 스튜디오 코드(VSCodeUser Setup-x64-1.75.0.exe) 설치 파일을 더블클릭합니다.

➕ 비주얼 스튜디오 코드 프로그램을 설치하기 위해서는 C드라이브 디스크 용량이 약 400MB 이상 남아 있어야 합니다. 용량이 여유 있는지 확인하고 부족하다면 C드라이브 디스크 용량을 확보하고 설치하세요.

2. [사용권 계약] 화면이 열리면 하단에 라이선스 계약서의 [동의합니다]를 선택하고, [다음]을 클릭합니다.

3. 비주얼 스튜디오 코드 프로그램의 설치 위치를 정하는 [설치 위치 선택] 화면이 열리면 기본 위치에 그대로 두고 [다음]을 클릭합니다.

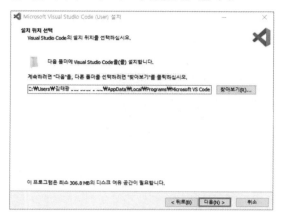

4. 비주얼 스튜디오 코드 프로그램 바로가기 설정 페이지입니다. 기본 설정 그대로 두고 [다음]을 클릭합니다.

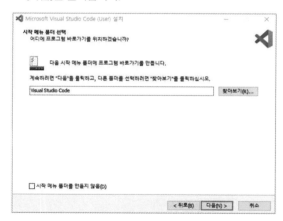

➕ [시작 메뉴 폴더를 만들지 않음]을 선택해도 되고, 선택하지 않아도 프로그램 설치는 문제 없습니다.

5. 추가 작업 선택 페이지에서는 비주얼 스튜디오 코드 프로그램 바로가기 아이콘 추가
와 Code로 열기 작업을 하기 위해 모든 설정에 체크하고 [다음]을 클릭합니다.

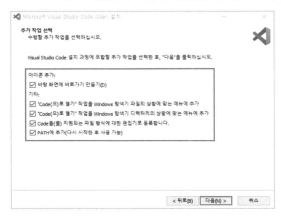

6. 설치 준비 완료 페이지에서 [설치]를 클릭합니다.

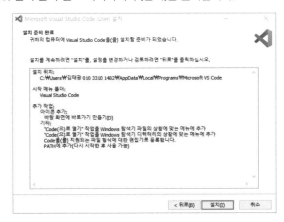

7. 비주얼 스튜디오 코드 프로그램이 설치됩니다.

8. 설치 완료 페이지에서 [종료]를 클릭하면 비주얼 스튜디오 코드가 실행됩니다.

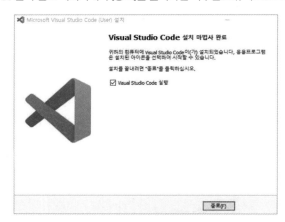

● 비주얼 스튜디오 코드의 인터페이스 알아보기

여기에서는 비주얼 스튜디오 코드 화면에 배치된 기능을 알아보고 확장 기능 설치와 사용법, 그리고 꼭 필요한 기능에 대해 알아보겠습니다.

인터페이스는 크게 상단의 메뉴, 좌측의 기능 아이콘, 그리고 가장 넓은 화면은 HTML과 CSS 코드를 작성하는 편집 영역으로 구성되어 있습니다.

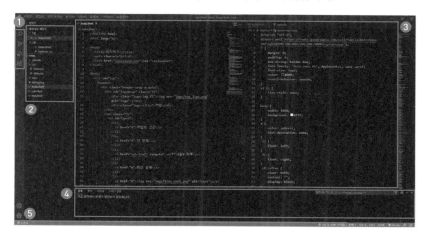

❶ 활동 바(Active Bar) : 맨 왼쪽에 있으며 탐색기, 검색, 소스 제어, 실행 및 디버그, 확장 아이콘 버튼으로 배치되어 있습니다.

❷ 사이드 바(Sidebar) : 파일을 표시합니다.

❸ 편집 영역(Editor groups) : 파일을 편집하는 영역입니다. 2개 이상의 파일을 열수 있으며 세로 및 가로로 나란히 원하는 만큼 편집 영역을 배치할 수 있습니다.

❹ 패널(Panel) : 출력, 디버그, 터미널이 표시됩니다.

❺ 상태표시 바(Status Bar) : 열려 있는 프로젝트와 파일에 대한 정보입니다.

● 편리한 확장 기능 사용하기

비주얼 스튜디오 코드는 다양한 코딩 언어를 작성할 수 있는 프로그램입니다. 확장 기능을 설치하면 언어를 변경할 수 있고 HTML 파일을 웹브라우저에서 간편하고 빠르게 미리 볼 수 있습니다. 또한 코드의 가독성을 개인에 맞춰 설정할 수 있기 때문에 생산성이 높아지고 퍼블리싱 속도가 향상됩니다.

실습 영문 메뉴를 한글로 교체하기

설치한 비주얼 스튜디오 코드를 실행하면 메뉴가 영문으로 표시되어 있는 경우가 종종 있습니다. 한글 팩 확장 기능은 비주얼 스튜디오 코드에 영문으로 표시된 메뉴 이름들을 한글로 변환해주는 기능입니다.

1. 좌측 ❶활동 바(Active Bar)의 확장 아이콘(Extensions Icon)을 클릭하면 검색창과 함께 밑으로 확장 기능 프로그램이 나열됩니다. ❷검색창에 'korean'이라고 입력하면 지구본 모양 아이콘과 korean(사용법) 한글 확장 팩이 보입니다. ❸[korean(사용법) language…]을 클릭합니다.

2. 설치 화면에서 파란색 [Install]을 클릭하면 확장 기능이 설치됩니다.

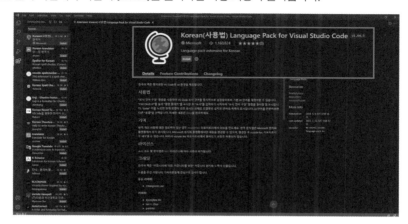

3. 설치가 완료되면 오른쪽 하단에 안내 메시지가 보이는데, [Restart]을 클릭합니다.

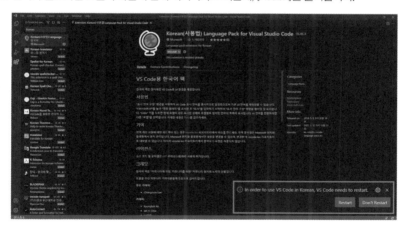

➕ 설치를 마치면 [X]를 눌러 페이지를 닫습니다.

HTML 파일을 실시간 미리 보기

HTML과 CSS로 퍼블리싱하다 보면 디자인대로 진행되는지 확인하기 위해 웹브라우저에서 페이지 디자인 검수가 필요할 때가 자주 있습니다. 비주얼 스튜디오 코드에서 실시간 미리 보기는 기본 기능이 아니기 때문에 확장 기능에서 추가로 설치해야 합니다. 이것을 설치하면 웹브라우저에서 빠르게 확인할 수 있어서 편리합니다. 함께 설치해보겠습니다.

1. 좌측 활동 바(Active Bar)의 ❶확장 아이콘을 클릭하면 검색창과 함께 밑으로 확장 기능 프로그램이 나열됩니다. ❷검색창에 'live server'라고 입력하면 Live Server 확장 팩이 보입니다. ❸Live Server를 클릭합니다.

2. 설치 화면에서 [설치]를 클릭하면 확장 기능이 설치됩니다.

3. 설치가 완료되면 [설치]가 [제거]로 변경됩니다. 설치를 마치면 [X]를 눌러 페이지를 닫습니다. Live Server 사용법은 62쪽에서 다룹니다.

4. [확장 기능] 아이콘을 클릭해 [설치됨]에 'korean, Live Server'가 있는지 확인합니다.

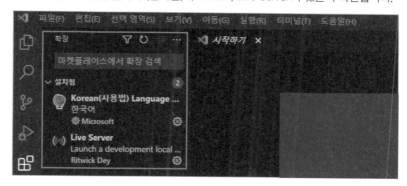

● 코딩 속도를 높이는 기능 설정하기

배경색 테마 변경하기

화면 배경색과 코드 색의 적절한 조화는 코드의 가독성을 높이고 눈의 피로도를 낮추기 위한 기능입니다. 개인적으로 어두운 테마로 화면을 설정해두었는데, 이 것을 밝게 바꾸고 싶다면 다음과 같은 과정을 거치면 됩니다.

1. 툴바 맨 밑에 있는 관리 아이콘을 클릭하면 관리 메뉴가 나옵니다. 중간에 위치한 [색 테마]를 선택합니다.

2. 밝은 테마와 어두운 테마를 선택할 수 있는 메뉴가 나타납니다. 개인적으로 어두운 테마를 선호해서 '어둡게(Visual Studio)'로 설정했는데 이것을 '고요한 밝은'으로 변경합니다.

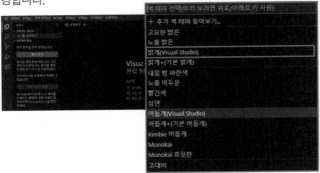

3. [고요한 밝은 테마] 화면으로 설정되었습니다. 어두운 테마와 반대로 밝은 바탕 화면에 어두운 글자 색으로 변경되었습니다. 취향에 맞는 다른 테마를 선택하면 됩니다.

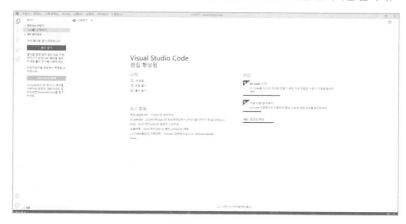

파일 자동저장 설정하기

HTML과 CSS로 코드 작성에 집중하다 저장을 잊어버리고 결과물을 확인하는 경우가 있습니다. 이때 저장하지 않았기 때문에 결과 화면에 변화가 없어 보일 수 있습니다. 이런 작은 실수를 방지하기 위해 작성한 코드를 자동으로 저장하는 기능이 있습니다. 자동저장 기능을 사용하고 싶다면 메뉴 바에서 '파일 > 자동저장'을 선택합니다.

코드 자동 줄 바꿈 설정하기

코드를 작성하다 보면 길이가 길어져 편집기 밑에 가로 스크롤이 생기는 경우가 있습니다. 그러면 가로 스크롤을 드래그하며 숨겨진 코드를 확인해야 합니다. 스크롤을 사용하면 코드 해석이 힘들기 때문에 편집기 가로 길이에 맞게 코드를 입력하는 것이 좋습니다. 이에 자동으로 줄을 바꾸도록 설정하여 편집기 가로 길이에 맞춰보겠습니다.

1. 활동 바(Active Bar) 아래의 관리 아이콘을 클릭하고 [설정]을 클릭합니다.

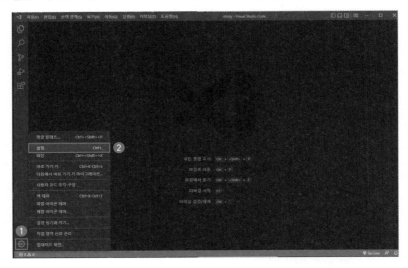

2. 설정 화면이 표시되면 ①[설정 검색]에서 'wordwrap'을 입력하고 ②과 [Editor:word wrap]을 [on]으로 설정합니다. 이제 코드가 길어지면 자동으로 줄이 바뀝니다. 설정 탭의 닫기[X]를 눌러 창을 닫습니다.

HTML 페이지 만들기

웹사이트에서 이동할 수 있는 문서를 만들기 위해 제일 먼저 할 일은 HTML 파일을 만드는 것입니다. HTML을 만드는 프로그래밍을 마크업이라고 하고 표준 마크업 언어를 HTML이라고 합니다. HTML 전체 이름은 Hyper Text Markup Language입니다. HT는 'Hyper Text'의 약자인데, Hyper는 '초월'이라는 뜻으로 범위를 뛰어넘어 다른 페이지로 하이퍼링크(hyperlink이동) 한다는 뜻입니다. 마크업(Markup)은 태그(tag)(38쪽) 또는 요소(elements)(39쪽)를 사용하여 중첩 입력한다는 뜻입니다. 이제 정보 습득을 위해 무심코 사용했던 HTML을 직접 만들어보겠습니다.

태그(tag)가 뭐죠?

HTML 파일에서 정보(내용)를 표시하는 단어를 태그(tag)라고 합니다. HTML 파일에서 사용하는 태그는 100개가 넘습니다. 각 태그마다 의미가 있기 때문에 적합하게 사용해야 합니다.

태그를 입력하기 위해서는 태그의 기본 구조를 이해해야 하는데 모든 태그는 시작과 끝이 있습니다.

태그 입력하기

1. 〈 〉 꺽쇠 괄호 안에 태그 이름을 입력합니다.
2. 시작하는 태그는 〈tag name〉이고, 끝나는 태그는 '/(slash)'를 추가해서 〈/tag name〉이라고 입력합니다.
3. 시작하는 태그와 끝나는 태그 사이에 정보(내용)를 입력합니다. 대부분의 태그는 시작과 끝을 함께 입력합니다.

```
<tag name>정보(내용)을 여기에 작성</tag name>
```

태그는 대소문자를 구분하지 않지만 입력 시간을 절약하고 가독성을 높이기 위해 소문자로 입력할 것을 권장합니다.

➕ 예외적으로 HTML 태그 중에 끝나는 태그가 없는 태그도 있습니다. 끝나는 태그가 없는 태그를 빈 태그라고 부릅니다. 내려 쓰는
 태그와 이미지를 삽입하는 <img> 태그, 가로선을 표현하는 <hr> 태그는 끝나는 </> 태그가 없습니다.

요소(elements)가 뭐죠?

시작하는 태그와 끝나는 태그 사이에 많은 태그가 존재하는데 이렇게 모여 있는 태그들을 요소(elements)라고 합니다.

```
<h1>제목을 여기에</h1>
<p>정보(내용)을 여기에</p>
```

웹페이지는 태그(tag), 즉 요소(elements)들로 구성되어 있습니다. 모여 있는 HTML 태그(tag)를 HTML 요소(elements)라고 부르며, 이것은 HTML 문서를 구성하는 기본 단위입니다.

```
                ┌   <body>
                │            ┌─────요소(Elements)─────┐
                │
                │        <h1>가장 중요한 제목</h1>
  요소(Elements) │        시작하는 태그(Tag)      끝나는 태그(Tag)
                │
                │        <p>문단 내용이 들어갑니다.</p>
                │
                └   </body>
```

HTML 문서의 기본 구성

HTML은 많은 버전이 있지만 2012년 웹 하이퍼텍스트 애플리케이션 테크놀로지 워킹 그룹(Web Hypertext Application Technology Working Group, WHATWG)[1]에서 HTML5를 표준으로 정하고 2014년에 월드 와이드 웹 컨소시엄(World Wide Web Consortium, W3C)[2]에서 HTML5 사용을 권장했습니다. 그래서 우리는 표준에 맞는 HTML5 버전으로 마크업을 합니다.

HTML 문서는 요소(elements)로 이루어진 기본 구조가 있습니다. 기본 구조는 다음과 같이 여러 태그들이 중첩(nested)되어 있습니다.

```
①    <!DOCTYPE html>
②ㅜ <html>
    ㅜ <head>
③ ⑤  <meta charset="UTF-8">
    ⑥  <title>Document</title>
    ㄴ </head>
    ㅜ <body>
④   <h1>제일 중요한 제목</h1>
       <p>문단 내용</p>
    ㄴ </body>
  ㄴ </html>
```

1 2004년에 애플, 모질라 재단, 오페라 소프트웨어가 모여서 만든 그룹입니다.
2 팀 버너스 리를 중심으로 월드와이드웹을 위한 표준을 개발하고 장려하는 조직입니다.

❶ HTML5 버전 페이지임을 선언하기 위해 〈!DOCTYPE html〉로 입력합니다. HTML 페이지에 한 번만 나옵니다. DOCTYPE 글자는 소문자로 입력해도 괜찮습니다.

❷ HTML 페이지를 만들기 위해서 〈html〉 태그로 시작하고 〈/html〉로 끝납니다. 이 사이에는 〈head〉〈/head〉와 〈body〉〈/body〉 태그 등이 들어갑니다.

❸ 〈head〉〈/head〉 사이에는 HTML 페이지에 대한 메타 정보 〈meta〉, 〈title〉, 〈link〉등을 포함합니다. HTML은 영어가 기본 언어이기 때문에 한글을 표시하기 위해서 〈meta charset="UTF-8"〉이라는 〈meta〉 태그를 입력합니다. 〈title〉〈/title〉 태그는 웹 브라우저 탭에 제목으로 표시되는데 HTML 페이지의 내용을 짐작할 수 있는 의미 있는 제목으로 입력합니다.

❹ 〈body〉〈/body〉 사이에 제목, 문단, 이미지, 하이퍼링크, 표, 리스트 등 정보 (내용)를 입력합니다.

위에서 말한 HTML 중첩 구조를 시각적으로 표현하면 다음과 같습니다.

```
〈html〉
    〈head〉
        〈meta charset="UTF-8"〉
        〈title〉페이지 제목〈/title〉
    〈/head〉

    〈body〉
        〈h1〉제일 중요한 제목〈/h1〉
        〈p〉문단 내용〈/p〉
    〈/body〉
〈/html〉
```

실습 **[자동 완성] 기능을 이용해 HTML 구조 알아보기**

HTML 페이지는 앞에서 말한 기본 구조가 있어야 합니다. 이 구조를 외워서 입력할 수 있으면 좋지만, 그러지 못하더라도 기본 구조를 만들 수 있습니다. [자동 완성 기능]을 이용하면 HTML 구조를 쉽게 이해할 수 있습니다. [자동 완성]을 이용하는 2가지 방법에 대해 알아보겠습니다.

1. 먼저 비주얼 스튜디오 코드에서 index.html 페이지를 만들고 index.html 페이지에서 'html:5'를 입력합니다. 그러면 입력한 텍스트 아래로 툴팁이 생성됩니다.

➕ [파일]-[새 텍스트 파일]을 실행해 새 문서가 열리면 [파일]-[저장]을 눌러 'index.html'이라 입력하고 [저장] 버튼을 누릅니다.(58쪽)

2. 툴팁이 생성된 상태에서 html:5를 선택하고 [Enter]를 누르면 다음과 같이 HTML 기본 구조가 열립니다.

3. [Ctrl]+[Z]를 눌러 이전 단계로 돌아가서 '!(느낌표)'를 입력하면 1과 마찬가지로 툴팁이 나옵니다.

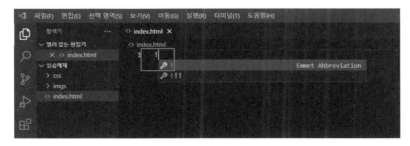

4. '!'를 선택하고 [Enter]를 치면 다음과 같이 HTML 기본 구조가 열립니다.

속성(Attributes)

요소(elements)와 태그(tag)에 특별한 성격이나 기능을 추가하는 것을 '속성(attributes)'이라고 합니다. 속성(attributes)은 시작하는 태그에 입력합니다. 다음은 많이 사용하는 href, src, alt 속성을 알아보고 입력해보겠습니다.

| 01 | href 속성

href 속성은 다른 페이지로 이동하는 속성입니다. 시작하는 〈a〉 태그에 입력하는데, 〈a〉 태그는 하이퍼링크 역할로 이동하고자 하는 페이지의 URL(주소)을 알고 있어야 합니다.

href 속성 입력하기

1. 시작 태그 〈a를 입력하고 한 칸 띄고 href 속성을 입력합니다.
2. =(등호)를 입력하고 이어서 ""(큰따옴표)를 입력한 다음 큰따옴표 사이에 이동할 웹 페이지 주소를 입력하고 〉로 닫습니다.
3. 클릭할 글자로 '네이버'를 입력하고 끝나는 태그 〈/a〉로 마무리합니다.

HTML

HTML에서 네이버로 이동하는 하이퍼링크 기능은 HTML 〈body〉 〈/body〉 사이에 다음과 같이 입력합니다.

```html
<a href="http://www.naver.com">네이버</a>
```

크롬 브라우저에서 확인

글자를 클릭하면 네이버 페이지가 열립니다. 크롬 브라우-저에서 확인하는 방법은 62쪽에서 다룹니다.

| 02 | target 속성

target 속성은 하이퍼링크로 연결된 문서를 현재 탭(페이지)에서 열 것인지 새로운 탭(페이지)에서 열 것인지 결정하는 속성입니다.
다음은 Target 속성값의 정의입니다.

target 속성 링크 대상 속성값

속성값	정의
_self	target 속성의 기본값으로 클릭한 페이지와 동일한 탭(페이지)에서 HTML 페이지를 엽니다.
_blank	새로운 페이지나 새로운 탭에서 HTML 페이지를 엽니다.
_parent	링크된 HTML 페이지를 부모 프레임에서 엽니다. 부모 프레임이 없으면 현재 페이지에서 열립니다.
_top	최상위 프레임에서 HTML 페이지를 엽니다. 부모 프레임이 없으면 동일한 페이지에서 열립니다.

target 속성 입력하기

1. href 속성 뒤에 target 속성을 입력합니다.
2. =(등호)를 입력하고 큰따옴표를 입력합니다. 큰따옴표 사이에 _blank를 입력합니다.
3. >로 닫습니다.

HTML

```
<a href="http://www.naver.com" target="_blank">네이버</a>
```

크롬 브라우저에서 확인

글자를 클릭하면 새로운 창으로 네이버 페이지가 열립니다.

```
← → C ⌂
```

네이버

| 03 | src 속성

src 속성은 이미지 경로와 이미지 파일을 입력하는 속성입니다. HTML 페이지에 이미지를 표시하려면 이미지 파일이 있어야 하고 그 파일의 위치를 알아야 합니다. 이때 이미지 파일을 불러오는 태그는 〈img〉, 파일이 있는 위치를 표기하는 속성은 src 속성입니다.

src 속성 입력하기

1. 〈img 태그 다음에 src 속성을 입력합니다.
2. = (등호)를 입력하고 ""(큰따옴표)를 입력하고 큰따옴표 사이에 이미지 파일 이름과 파일 형식을 입력합니다.
3. 〉로 닫습니다.

HTML

HTML에서 src 속성을 사용해서 로고 이미지를 삽입하겠습니다. 이미지를 HTML 파일과 같은 폴더에 저장하고 HTML에서 다음과 같이 입력합니다.

```
<img src="top_logo.png">
```

크롬 브라우저에서 확인

| 04 | alt 속성

alt 속성은 삽입한 이미지를 표시할 수 없을 때 사용하는데, 그 원인으로는 인터넷 속도가 느리거나 src 속성의 경로 오류, 이미지 파일 이름이 잘못되었을 때 등 예측하지 못하는 다양한 상황 등이 있습니다. 그때 alt 속성은 이미지를 대신하여 대체 텍스트로 보여줍니다. alt는 alternate의 약자로 '대체하다'라는 뜻입니다. 웹 표준 HTML 문법 기준으로 img 태그를 사용하면 반드시 alt 태그를 함께 사용해야 합니다. 왜냐하면 이미지가 보이지 않아도 사용자가 어떤 이미지인지 알 수 있어야 하기 때문입니다.

alt 속성 입력하기

1. alt 속성을 입력합니다.
2. = (등호)를 입력하고 ""(큰따옴표)를 입력하고 큰따옴표 사이에 이미지를 연상할 수 있는 단어(속성값)를 입력합니다.

HTML

```
<img src="top_logo.png" alt="logo image">
```

크롬 브라우저에서 확인

이미지 파일이 없을 때 이미지의 정보를 대체 텍스트로 보여주는 결과 화면

요소(elements)의 특징

앞에서 요소(elements)는 시작과 끝나는 태그들이 모여 있는 것을 말한다고 했습니다. 이것은 브라우저에서 2가지 방법으로 배열할 수 있습니다. 하나는 수직으로 표시하는 블록(Block), 또 하나는 수평으로 표시하는 인라인(Inline) 입니다.

Block

Inline

| 01 | Block level 요소(elements)

수직 배열을 뜻하는 블록(Block) 요소는 웹브라우저 한 줄을 다 사용하고 위아래 여백이 있으며 항상 새로운 줄에서 시작합니다. 즉, 웹브라우저 가로의 전체 너비(width 100%)를 차지합니다. 블록 레벨 태그 중에는 h1~h6 요소, p 요소와 div 요소 등이 있습니다. h1~h6은 heading으로 내용에 제목을 의미하는 태그입니다. p는 paragraphs의 약자로 문단을 뜻합니다. div는 division의 약자로 HTML 문서에서 특정 영역이나 구획을 만들 때 사용합니다. div 요소는 여러 HTML 요소를 박스로 감싸는 일종의 컨테이너 역할을 합니다. 또한 CSS와 함께 웹페이지의 레이아웃을 디자인하는 곳에도 사용합니다. HTML에서 div, h1, p 요소는 다음과 같이 입력합니다.

HTML

```
<div>
  <h1>책밥 </h1>
  <p>맛있는 책 </p>
</div>
```

크롬 브라우저에서 확인

'책밥'과 '맛있는 책' 글자가 수직(Block)으로 배열됩니다.

➕ Block-level 요소(elements)의 종류

속성값	정의	속성값	정의
⟨div⟩	구역을 표시	⟨p⟩	문단을 표시
⟨h1⟩~⟨h6⟩	제목을 표시	⟨form⟩	폼을 표시
⟨header⟩	문서 헤더를 표시	⟨section⟩	섹션을 표시
⟨ul⟩, ⟨ol⟩, ⟨li⟩	목록을 표시	⟨article⟩	아티클을 표시
⟨table⟩	표를 표시	⟨footer⟩	푸터를 표시

| 02 | Inline 요소(elements)

인라인 태그의 특징은 요소들이 필요한 만큼 너비를 차지합니다. block 요소처럼 웹브라우저 새로운 줄에서 시작하지 않고 한 줄에서 수평정렬합니다. 대표적인 수평 태그로는 〈span〉이 있습니다. HTML에서 〈span〉 태그는 다음과 같이 입력합니다.

HTML

```
<span>책밥 </span>
<span>맛있는 책 </span>
```

크롬 브라우저에서 확인

'책밥'과 '맛있는 책'이 수평(Inline)으로 배치되었습니다.

➕ Inline-level 요소(elements)의 종류

Inline 요소는 block level 요소를 포함할 수 없습니다.

속성값		정의	
〈span〉	수평으로 표시	〈input〉	입력을 표시
〈a〉	링크를 표시	〈label〉	레이블을 표시
〈img〉	이미지를 표시	〈button〉	버튼을 표시
〈em〉, 〈strong〉, 〈b〉	문자 강조를 표시	〈br〉	문단 줄 바꿈을 표시

텍스트(Text) 요소(elements)

문서를 입력할 때 제목, 문단, 줄 바꿈, 문자 강조는 자주 사용하는 문서 양식이죠. 여기서는 HTML로 문서를 입력할 때 제목, 문단, 줄 바꿈, 특수코드 문자, 문자 강조 등에 필요한 태그를 소개하겠습니다.

| 01 | <h1>~<h6> 제목 태그(tags)

모든 문서에는 제목이 있습니다. HTML에서 제목은 Heading이라 하고 중요도 순서에 따라 1번에서 6번까지 있습니다. 문서 내용에서 가장 중요한 제목을 <h1>으로 하고 <h6>은 가장 하위 제목으로 정의합니다. 웹 표준 기준으로 <h1> 제목은 HTML 페이지에 한 번만 사용해야 한다는 특징이 있고 웹브라우저에서 글자 크기도 가장 크게 표시됩니다. 그리고 <h6> 제목은 가장 작게 표시됩니다. 제목 요소 사용 순서는 <h1>, <h2>, <h3>~<h6> 순서대로 사용합니다.

<h1>~<h6> 제목 태그들은 블록 레벨(Block level) 요소로 웹브라우저에서 한 줄을 다 사용합니다.

<h1>~<h6> 제목 태그 입력하기

1. 제목 태그는 시작하는 태그와 끝나는 태그로 입력합니다.
2. 시작하는 태그와 끝나는 태그 사이에 제목을 입력합니다.

HTML

```
<h1>제목1</h1>
<h2>제목2</h2>
<h3>제목3</h3>
<h4>제목4</h4>
<h5>제목5</h5>
<h6>제목6</h6>
```

크롬 브라우저에서 확인

| 02 | 문단 〈p〉 태그

글이 내용으로 이루어진 하나의 덩어리를 문단이라고 합니다. 이것은 'Paragraph'라 하고 HTML에서 〈p〉 〈/p〉 태그로 표시합니다.

p 태그는 블록 레벨(block level)로 항상 새로운 줄에서 시작합니다.

〈p〉 문단 태그 입력하기

1. 〈p〉 문단 태그를 입력하기 위해 시작하는 태그와 끝나는 태그를 입력합니다.
2. 시작하는 태그와 끝나는 태그 사이에 글을 입력합니다.

HTML

```
<p>문단의 내용을 입력할 때 사용합니다.</p>
<p>P태그는 항상 새로운 줄에서 시작합니다.</p>
```

크롬 브라우저에서 확인

| 03 | 줄 바꿈 〈br〉 태그

문단 내용이 길어져서 줄 바꿈을 해야 할 때가 있습니다. 줄 바꿈을 break라 하고 HTML에서 〈br〉 태그로 표시합니다. 〈br〉 태그는 끝나는 태그가 없습니다. 또한 〈br〉 태그는 인라인(Inline) 태그로 수평으로 표시합니다.

〈br〉 줄 바꿈 태그 입력하기

문단에서 줄 바꿈 하려는 곳에 입력합니다.

HTML

```
<p>반복되는 일상에 지친 당신에게 <br>새로운 에너지를 공급하는 책을 만들겠습니다.</p>
<p>정성껏 준비한 한 끼로 독자 여러분의 마음을 <br>든든하게 채워드립니다.</p>
```

크롬 브라우저에서 확인

반복되는 일상에 지친 당신에게
새로운 에너지를 공급하는 책을 만들겠습니다.

정성껏 준비한 한 끼로 독자 여러분의 마음을
든든하게 채워 드립니다.

| 04 | 특수코드 문자(entity)

글을 입력하다 보면 기호를 입력해야 할 때가 있습니다. HTML에는 기호가 특수코드 문자(entity)로 예약되어 있습니다. 사용 빈도가 높은 특수코드 문자 몇 가지를 소개합니다. 이때 예약 문자(entity)는 대소문자를 구분하기 때문에 정확하게 사용해야 합니다.

문자	예약 문자 이름	예약 문자 숫자	정의
©	&copy;	&#169;	저작권
			빈 공간
<	&lt;	&#60;	보다 작다
>	&gt;	&#62;	보다 크다
&	&amp;	&#38;	~와, 그리고

예약 문자(entity)는 다음과 같이 입력합니다.

문단에서 예약 문자 이름 또는 예약 문자 숫자를 필요한 곳에 입력합니다.

HTML

```
<p>Copyright 표시하는 예약 문자 &copy;</p>
<p>2    4 2와 4사이 빈 공간을 표시하는 예약 문자  </p>
<p>2 &lt 4 2는 4보다 작다를 표시하는 예약 문자 less than &lt</p>
<p>4 &gt 2 4는 2보다 크다를 표시하는 예약 문자 greater than &gt</p>
<p>2 &amp; 4 2와(그리고) 4를 표시하는 예약 문자 ampersand than &</p>
```

크롬 브라우저에서 확인

Copyright 표시하는 예약 문자 ©

2   4 2와 4사이 빈 공간을 표시하는 예약 문자

2 < 4 2는 4보다 작다를 표시하는 예약 문자 less than <

4 > 2 4는 2보다 크다를 표시하는 예약 문자 greater than >

2 & 4 2와(그리고) 4를 표시하는 예약 문자 ampersand than &

| 05 | 문자 강조 태그

문단에서 특정한 문자를 강조해야 할 때가 있습니다. 이럴 때는 〈em〉,
〈strong〉, 〈b〉 태그를 사용합니다.

HTML5에서 문자를 강조해야 할 때는
- 〈em〉 태그 : 웹브라우저에서 기울어지게 보입니다.
- 〈strong〉 태그 : 웹브라우저에서 굵게 보입니다.
- 〈b〉 태그 : 〈strong〉, 〈em〉 태그를 사용할 수 없을 때 마지막 수단으로 사
  용하며 웹브라우저에서 굵게 표시됩니다.

➕ <b> 태그와 <strong> 태그가 웹브라우저에서 표시되는 굵기는 같습니다. 하지만 태그 사용 방법에서 차
  이점이 있습니다. <b> 태그는 시각적으로 글자를 굵게 표시할 때 사용하고, <strong> 태그는 내용 중 매
  우 중요 또는 긴급, 경고의 의미를 전달해야 할 때 사용합니다.

〈em〉, 〈strong〉, 〈b〉 태그는 인라인(Inline) 태그로 수평으로 표시됩니다.
〈em〉 또는 〈strong〉 문자 강조 태그는 강조하고 싶은 단어 앞뒤에 입력합니다.

HTML

```
<p>반복되는 일상에 지친 당신에게 <em>새로운 에너지를 공급하는</em> 책을
만들겠습니다.</p>
<p>반복되는 일상에 지친 당신에게 <strong>새로운 에너지를 공급하는</strong> 책을
만들겠습니다.</p>
<p>반복되는 일상에 지친 당신에게 <b>새로운 에너지를 공급하는</b> 책을 만들겠습니다.</p>
```

크롬 브라우저에서 확인

```
← → C ⌂

반복되는 일상에 지친 당신에게 새로운 에너지를 공급하는 책을 만들겠습니다.
반복되는 일상에 지친 당신에게 새로운 에너지를 공급하는 책을 만들겠습니다.
반복되는 일상에 지친 당신에게 새로운 에너지를 공급하는 책을 만들겠습니다.
```

| 06 | 주석(comment)

주석(comment) 태그는 해당 코드의 이해를 돕는 설명을 추가하거나 코드를 숨기는 역할을 합니다. 주석 태그는 〈!--→〉과 같이 사용됩니다. 주석 태그를 적용한 부분은 웹브라우저에 표시되지 않습니다.

주석(comment) 태그 입력하기

1. 〈를 입력하고 느낌표와 줄표 2개를 입력합니다.

2. 주석 내용을 입력합니다.

3. 줄표 2개를 입력한 다음〉를 입력하고 주석을 닫습니다.

HTML

```
<!-- 반복되는 일상… 문단은 숨겼습니다. -->
<!-- <p>반복되는 일상에 지친 당신에게 새로운 에너지를 공급하는 책을 만들겠습니다.</p>
-->
<p>정성껏 준비한 한 끼로 독자 여러분의 마음을 든든하게 채워 드립니다.</p>
```

크롬 브라우저에서 확인

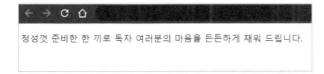

'반복되는 일상… 문단은 숨겼습니다.'와 '반복되는 일상에 지친 당신에게 새로운 에너지를 공급하는 책을 만들겠습니다.'는 HTML에는 있지만 주석 처리했기 때문에 웹브라우저에서 표시되지 않습니다.

HTML 파일을 만들고 제목, 문단, 줄 내림 태그를 사용해서 HTML 문서를 마크업해봅니다.

1. 윈도우에서 새 폴더를 만들고 폴더 이름을 〈실습〉으로 입력합니다.

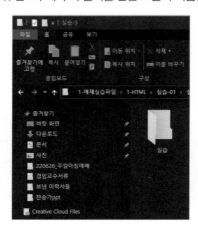

2. 설치한 비주얼 스튜디오 코드를 실행하고 메뉴 바에서 '파일 〉 폴더 열기'를 선택합니다. 방금 만든 '실습' 폴더를 선택합니다. 다음과 같은 창이 열리면 '폴더를 신뢰한다'는 버튼을 클릭하세요.

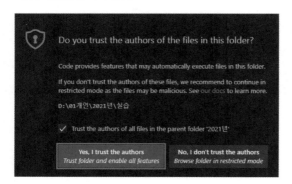

3. 메뉴 바에서 '파일 〉 새 텍스트 파일' 메뉴를 선택하면 편집 영역에 새로운 페이지가
만들어지고, 탭에 'Untitle-1'이라는 문서가 생깁니다.

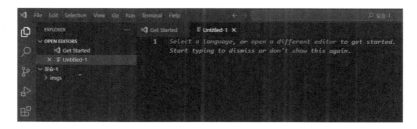

4. 메뉴 바에서 '파일 〉 다른 이름으로 저장'을 선택하면 파일 이름이 Untitled-1.txt로
입력되어 있습니다. 웹사이트의 첫 페이지로 명명하기 위해 파일 이름을 'index', 파
일 형식은 'html'로 지정하고 실습 폴더 안에 저장합니다.

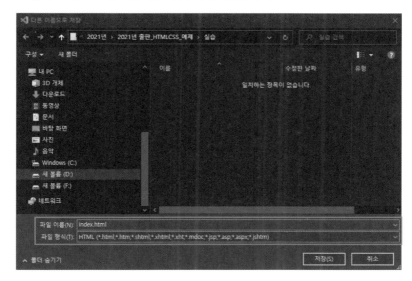

5. ❶사이드 바에 방금 저장한 index.html 파일이 만들어지고, ❷편집 영역에는 실습 폴더 안에 index.html 문서가 있고 커서가 깜박입니다.

6. 편집 영역에서 html:5를 입력하고 [Enter]를 누르면 자동으로 HTML5로 선언한 HTML 문서가 만들어집니다.

7. [Ctrl]+[Z]를 눌러 이전 상태로 돌아간 다음 편집 영역에서 '!(느낌표)'를 입력하고 [Enter]를 누릅니다.

8. HTML 문서가 만들어집니다.

① 〈title〉〈/title〉 태그에 문서를 대표할 수 있는 제목을 한글 또는 영어로 입력합니다. 이번에는 영어로 exercise HTML로 입력합니다.

② HTML 문서의 〈body〉〈/body〉 사이에 시작하는 〈h1〉 제목 태그를 입력하고 '마음을 채우는 한 끼 도서출판 책밥'을 입력합니다. 다음으로 줄 내림 할 곳에 〈br〉 태그를 입력하고 끝나는 태그 〈/h1〉을 입력합니다.

③ h1 제목 요소 밑에 시작하는 〈p〉 문단 시작 태그를 입력하고 '반복되는 일상에 지친 당신에게 새로운 에너지를 공급하는 책을 만들겠습니다. 정성껏 준비한 한 끼로 독자 여러분의 마음을 든든하게 채워 드립니다.'를 입력하고 줄 내림 할 곳에 〈br〉 태그를 입력합니다.

④ 끝나는 태그 〈/p〉을 입력하고 저장합니다.

HTML

```
<!DOCTYPE html>
<html lang="en">
  <head>
    <meta charset="UTF-8">
    <meta http-equiv="X-UA-Compatible" content="IE=edge">
    <meta name="viewport" content="width=device-width,
initial-scale=1.0">
 ①  <title>exercise HTML</title>
   </head>
   <body>
 ②  <h1>마음을 채우는<br>한 끼<br>도서출판 책밥</h1>
      <p>반복되는 일상에 지친 당신에게 새로운 에너지를 공급하는 책을 만들겠습니다.  <br>
 ③ 정성껏 준비한 한 끼로 독자 여러분의 마음을 든든하게 채워 드립니다.</p> ④
   </body>
</html>
```

크롬 브라우저에서 확인

작성한 html 문서를 크롬에서 확인하겠습니다. ❶크롬 브라우저 탭에 제목 태그에 적은 exercise HTML 텍스트가 표시되고 ❷body 사이에 〈h1〉 제목, 〈p〉 문단, 〈br〉 줄 내림 태그가 적용된 텍스트가 표시됩니다.

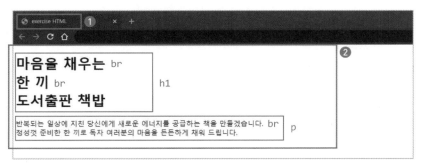

➕ 비주얼 스튜디오 코드에서 [Open with live server] 확장 기능을 사용하려면 이전에 index.html로 저장되어 있어야 합니다.

입력한 HTML을 확인하는 방법은 비주얼 스튜디오 코드에서 오른쪽 버튼을 클릭한 후 [Open with live server] 확장 기능을 사용하면 크롬 브라우저에서 쉽게 확인할 수 있습니다.

마크업 한 HTML 문서를 크롬 브라우저에서 확인했나요? 여기까지 잘됐다면 여러분만의 HTML 문서를 처음 만든 것입니다. 시작이 반이라는 말이 있죠? [실습]을 잘 따라 하다 보면 구상하는 HTML 문서를 누구보다 잘 만들 수 있을 거예요.

이미지(Images) 태그와 속성

문서를 입력하다 보면 자세한 설명을 위해 이미지를 삽입해야 할 때가 있습니다. HTML에서 이미지를 삽입할 수 있는 방법은 이미지 태그와 속성을 사용하는 것입니다.

| 01 | 〈img, src, alt〉를 이용하여 이미지 삽입하기

이미지를 삽입할 때는 〈img〉 태그와 src, alt 속성을 사용합니다. img 태그는 시작하는 태그만 있고 Inline 특징이 있습니다.

이미지 태그 입력하기

1. 〈img를 입력하고 src 속성을 입력합니다.
2. 큰따옴표 안에 이미지 경로와 파일 이름과 형식을 입력합니다.(64쪽)
3. src 속성 옆에 alt 속성과 속성값을 입력합니다.
4. 〉를 입력합니다.

```
<img src="이미지 경로와 파일이름과 종류" alt="대체 텍스트">
      이미지 시작 태그                            닫는 태그
```

➕ 웹 표준에서는 <img> 태그를 사용하면 alt 속성(대체 텍스트 48쪽)을 반드시 입력하라고 권고합니다. 사용자를 위한 세심한 배려이니 잊지 말고 꼭 입력하세요.

HTML

```
<img src="icon2.png" alt="image">
```

크롬 브라우저에서 확인

| 02 | 이미지 파일 경로(file paths)

HTML 페이지에 이미지를 삽입하기 위해서는 이미지가 있는 위치, 즉 이미지 파일 경로를 정확하게 입력해야 HTML 문서에 이미지를 표시할 수 있습니다. 이미지 파일 위치에 따라서 파일 경로가 달라지는데, 상대적인 파일 경로와 절대적인 파일 경로가 있습니다. 다음에서 알아봅니다.

상대적인 파일 경로(Relative file path)

HTML 파일을 기준으로 이미지가 HTML 파일과 같은 폴더에 있는 경우, HTML 파일보다 이미지가 상위 폴더에 있거나 하위 폴더에 있는 경우 이미지 경로를 인식하는 방법입니다.

절대적인 파일 경로(absolute file path)

컴퓨터 또는 서버를 기준으로 시작 지점부터 이미지 위치까지 경로를 말합니다. 우리가 살고 있는 집주소처럼 절대적으로 고정적인 전체 경로입니다.

다음은 폴더에서 HTML 파일과 이미지 파일 위치에 따라 경로가 달라지는 이미지 파일의 상대 경로 사례입니다.

상대적인 파일 경로	설명
〈img src="image.jpg"〉	image.jpg 파일은 HTML 파일과 같은 폴더에 있습니다.
〈img src="imgs/image.png"〉	image.png 파일은 imgs 폴더 안에 있고 HTML 파일은 imgs 폴더 밖에 있습니다.
〈img src="/imgs/image.gif"〉	image.gif 파일은 현재 웹의 루트 imgs 폴더 안에 있고 HTML 파일은 imgs 폴더 밖에 있습니다.
〈img src="../image.svg"〉	image.svg 파일은 현재 폴더에서 한 단계 위의 폴더에 있습니다.

다음 표는 이미지 파일의 절대 경로 사례입니다.

절대적인 파일 경로	설명
〈img src="https://eroica-design.github.io/htmlcss/imgs/image.jpg"〉	image.jpg 파일은 https://eroica-design.github.io/htmlcss 에 imgs 폴더 안에 있습니다.
〈img src="D:\imgs\image.jpg"〉	image.jpg 파일은 내컴퓨터 D드라이브 안에 imgs 폴더 안에 있습니다.

HTML 파일에 이미지를 삽입할 때 절대 경로로 삽입하고 서버에 업로드 후에 HTML 문서에 접속하면 이미지가 표시되지 않을 수 있습니다. 왜냐하면 서버 이미지 경로와 개인 컴퓨터 이미지 경로가 다르기 때문입니다. 서버에 올린 HTML 문서에 이미지가 보이게 하기 위해서는 절대 경로를 모두 상대 경로로 수정해야 합니다. 따라서 HTML 문서에 이미지를 삽입할 때는 절대 경로보다 상대 경로로 마크업하는 것이 좋습니다.

| 03 | HTML에서 사용할 수 있는 이미지 파일 형식

이미지에는 많은 파일 형식이 있지만 모든 파일 형식을 HTML에 사용할 수는 없습니다. 크롬, 익스플로러, 사파리 등 크롬 브라우저에서 표시되는 이미지 파일 형식과 특징은 다음과 같습니다.

줄임말	파일 포맷	파일 형식	특징
APNG	Animated Portable Network Graphics	.apng	png 파일에서 확장되어 애니메이션 GIF처럼 이미지를 애니메이션으로 표현할 때 사용합니다. 인터넷 익스플로러 브라우저에서는 사용할 수 없는 단점이 있습니다. 배경색을 투명하게 지원합니다.
GIF	Graphics Interchange Format	.gif	256 컬러로 이미지를 표현하기 때문에 아이콘같이 색이 적은 이미지에 사용하기에 적합합니다. 배경색을 투명하게 지원하지만 이미지당 색 1개만 투명 설정이 가능합니다. 애니메이션을 지원합니다.
ICO	Microsoft Icon	.ico, .cur	마이크로소프트 윈도우의 아이콘에 쓰이는 파일입니다. 웹사이트 favicon으로 사용합니다.
JPEG	Joint Photographic Expert Group image	.jpg, .jpeg, .jfif, .pjpeg, .pjp	사진과 같이 다양한 색을 표현하는 이미지에 사용합니다. 투명도와 애니메이션을 지원하지 않습니다.
PNG	Portable Network Graphics	.png	GIF 파일처럼 배경을 투명하게 할 수 있습니다. GIF 파일보다 많은 색을 표현할 수 있어서 사진 이미지로도 사용합니다. 최근에 많이 사용하는 이미지 파일 중 하나입니다.
SVG	Scalable Vector Graphics	.svg	벡터 그래픽을 표현하기 위한 이미지 파일입니다. 어도비 일러스트레이터에서 제작과 수정이 가능합니다. 배경색을 투명하게 지원합니다.

이번에는 58쪽에서 작성했던 index.html 파일에 이미지를 삽입해보겠습니다. 삽입할 이미지는 웹사이트에서 다운로드해서 [imgs] 폴더에 저장하겠습니다.

1. HTML 파일과 이미지 파일을 구분하기 편하게 이미지만 저장하는 폴더를 만듭니다. 실습 폴더 안에 새로운 폴더를 만들고 폴더 이름을 'imgs'라고 입력합니다.

➕ 지금은 파일 몇 개만 사용하지만 실무에서는 많은 HTML 파일과 이미지들을 사용하기 때문에 찾는 데 많은 시간이 들기도 합니다. 그래서 HTML과 이미지 파일을 빨리 구분하고 찾기 위해 폴더를 만들고 그 안에 이미지 파일만 저장합니다. 그러면 홈페이지를 효율적으로 유지 보수할 수 있습니다.

2. 사용할 이미지를 웹사이트에서 다운로드합니다. 크롬 웹브라우저를 실행하고 주소 입력 폼에 https://eroica-design.github.io/htmlcss/를 입력하고 사이트에 접속합니다. 페이지 중간쯤에 3개의 책 이미지가 보입니다. 첫 번째 책 이미지 위에 마우스를 놓고 오른쪽 마우스로 클릭해 메뉴가 나오면 [이미지를 다른 이름으로 저장]을 선택하고 앞서 만든 imgs 폴더에 저장합니다. imgs 폴더에 icon1.png 파일이 저장됩니다.

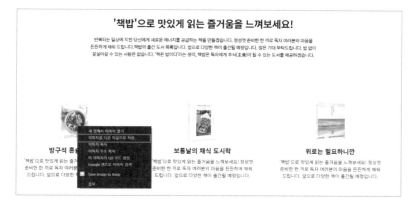

3. HTML 페이지에 이미지를 삽입하기 위해 p 태그 다음 줄에 img 태그와 src, alt 속성을 입력합니다.

4. 〈img 시작 태그를 입력하고 한 칸 띄고 src 속성을 입력합니다. src 속성 다음에 =(등호)와 큰따옴표를 입력하고 큰따옴표 사이에 "imgs/icon1.png"를 입력합니다. 그리고 바로 옆에 대체 텍스트 태그 alt를 입력하고 =(등호)를 입력하고 큰따옴표를 입력 후 '방구석 혼술 라이프 책'이라고 입력합니다.

HTML

```
<h1>마음을 채우는<br>한 끼<br>도서출판 책밥</h1>
<p>반복되는 일상에 지친 당신에게 새로운 에너지를 공급하는 책을 만들겠습니다. <br> 정성껏
준비한 한 끼로 독자 여러분의 마음을 든든하게 채워 드립니다.</p>
<img src="imgs/icon1.png" alt="방구석 혼술 라이프 책">
```

크롬 브라우저에서 확인

사이트에서 다운로드한 이미지 icon1.png가 표시되었습니다.

하이퍼링크(Hyperlinks)

HTML이 사용자에게 인기가 높아진 이유는 링크 기능 때문이라고 해도 과언이 아닙니다. 사용자들이 링크를 통해 다른 페이지로 이동할 수 있기 때문에 연결된 정보를 많이 볼 수 있습니다. 이것을 하이퍼링크(Hyperlink)라고 하고 〈a〉 태그로 표기합니다. 이것은 텍스트, 이미지, 이메일에 적용할 수 있고, 링크를 적용한 텍스트나 이미지는 마우스를 올리면 포인터가 손가락으로 변합니다. 〈a〉 태그는 Inline 요소로 수평으로 배열됩니다.

| 01 | 이미지에 링크 적용하기

〈a〉 태그를 이용해 이미지를 클릭하면 '책밥' 사이트(URL : http://www.bookisbob. co.kr)가 탭(페이지)으로 열리도록 해보겠습니다.

링크 적용하기

1. 〈a 태그로 시작하고 href 속성에 이동할 페이지 URL을 입력합니다.
2. 책밥 사이트를 현재 탭(페이지)에서 열기 위해서는 target 속성을 입력하고 속성값은 "_self"로 입력합니다. 〉로 닫습니다.
3. img 태그를 입력하고 src 속성에 이미지 폴더와 이미지 이름, 형식을 imgs/n-book1. png로 입력합니다.
4. 대체 텍스트 속성을 alt로 입력하고 속성값으로 "방구석 혼술 라이프 책표지"를 입력합니다.
5. 끝나는 태그 〈/a〉로 마무리합니다.

HTML

```html
<a href="https://www.bookisbab.co.kr/" target="_self">
  <img src="imgs/icon1.png" alt="방구석 혼술 라이프 책표지">
</a>
```

| 02 | 텍스트에 링크 적용하기

텍스트에 하이퍼링크를 적용해서 페이지 이동하는 방법은 이미지 링크와 비슷합니다. 이미지만 텍스트로 바꾸면 됩니다.

링크 적용하기

1. 〈a 태그로 시작하고 href 속성에 이동할 페이지 URL을 입력합니다.
2. 책밥 사이트를 새로운 탭(페이지)에서 열기 위해서는 target 속성을 입력하고 속성값은 "_blank"로 입력합니다. 〉로 닫습니다.
3. 클릭할 텍스트 '책밥'을 입력합니다.
4. 끝나는 태그 〈/a〉로 마무리합니다.

HTML

```
<a href="https://www.bookisbab.co.kr/" target="_blank">책밥</a>
```

| 03 | 이메일에 링크 적용하기

이메일 주소를 입력하는 대신 링크에 입력하면 좀 더 쉽게 이메일을 보낼 수 있습니다.

링크 적용하기

1. 〈a 태그로 시작하고 href 속성에 mailto:를 입력하고 이메일 주소를 입력합니다.
2. 클릭할 이메일 텍스트 'send email'을 입력합니다.
3. 끝나는 태그 〈/a〉로 마무리합니다.

HTML

```
<a href="mailto:person@samplesite.com">send email</a>
```

| 04 | 주소(URL) 입력하기

링크 기능을 사용하기 위해서는 반드시 이동하고자 하는 페이지 주소를 입력해야 합니다. 이미지 경로에 절대 경로와 상대 경로가 있듯이 페이지 링크 주소에도 절대 경로 주소(absolute URL)와 상대 경로 주소(relative URL)가 있습니다.

절대 경로 주소 형식은 네이버(https://www.naver.com), 책밥(https://www.bookis bab.co.kr)처럼 'http://www'로 시작합니다. 상대 경로 주소는 'http://www' 없이 시작합니다. sub/sub.html(서브 폴더 안에 sub.html 파일), main/index.html(메인 폴더 안에 index.html 파일), imgs/n-book.png(이미지 폴더 안에 n-book.png 파일)과 같이 입력합니다. 상대 경로 주소를 사용하기 위해서는 폴더 구조가 서버 폴더 구조와 같아야 합니다.

실습 이미지를 클릭해 새로운 탭(페이지)으로 열기

이번 실습에서는 삽입한 이미지에 링크를 적용해서 새로운 탭(페이지)에 책밥 사이트를 열겠습니다.

1. 58쪽에서 입력했던 'index.html' 문서를 사용합니다. 비주얼 스튜디오 코드를 실행하고 index.html 문서를 열어주세요.
2. 〈body〉〈/body〉 사이에 시작 태그 〈a를 입력하고 href 속성을 입력합니다. 속성값으로 큰따옴표 사이에 이동하고자 하는 페이지 주소 https://www.bookisbab. co.kr를 입력합니다.
3. 책밥 사이트를 새로운 탭(페이지)에서 열기 위해 target 속성을 입력하고 큰따옴표 사이에 '_blank' 속성값을 입력합니다.
4. 대체 텍스트 속성 alt를 입력하고 큰따옴표 사이에 속성값으로 이미지를 연상할 수 있는 단어를 입력합니다.
5. 끝나는 〈/a〉 태그로 마무리합니다.

HTML

```
<body>
  <h1>마음을 채우는 <br>한 끼 <br>도서출판 책밥 </h1>
```

```
<p>반복되는 일상에 지친 당신에게 새로운 에너지를 공급하는 책을 만들겠습니다. <br> 정성껏
준비한 한 끼로 독자 여러분의 마음을 든든하게 채워 드립니다.</p>
<a href="https://www.bookisbab.co.kr/" target="_blank">
<img src="imgs/icon1.png" alt="방구석 혼술 라이프 책표지"></a>
</body>
```

크롬 브라우저에서 확인

책 이미지에 링크가 적용되어서 마우스 포인터가 손가락으로 변합니다. 클릭하면
책밥 사이트가 새로운 탭(페이지)으로 열립니다.

실습 **텍스트를 클릭해 새로운 탭(페이지)으로 열기**

계속해서 이번에는 텍스트에 링크를 적용해 책밥 사이트를 열겠습니다.

1. 58쪽의 [실습]에서 입력했던 index.html 문서를 이어서 사용합니다. 비주얼 스튜디오
   코드에서 index.html 문서를 열어주세요.
2. 앞에서 입력한 ＜a href="https://www.bookisbab.co.kr/" target="_blank"＞＜img
   src="imgs/icon1.png" alt="방구석 혼술 라이프 책표지"＞＜/a＞를 지웁니다.

3. 〈body〉〈/body〉 사이에 시작 태그 〈a를 입력하고 href 속성을 입력합니다. 속성값으로 큰따옴표 사이에 이동하고자 하는 페이지 주소 https://www.bookisbab.co.kr를 입력합니다.

4. 책밥 사이트를 새로운 탭(페이지)에서 열기 위해 target 속성을 입력하고 큰따옴표 사이에 '_blank' 속성값을 입력합니다. 〉로 닫습니다.

5. 링크를 적용할 '책밥' 텍스트를 입력합니다.

6. 끝나는 〈/a〉 태그로 마무리합니다.

HTML

```
<h1>마음을 채우는<br>한 끼<br>도서출판 책밥</h1>
<p>반복되는 일상에 지친 당신에게 새로운 에너지를 공급하는 책을 만들겠습니다. <br> 정성껏
준비한 한 끼로 독자 여러분의 마음을 든든하게 채워 드립니다.</p>
<a href="https://www.bookisbab.co.kr/" target="_blank">책밥
사이트</a>
```

크롬 브라우저에서 확인

비주얼 스튜디오 코드에서 마우스 오른쪽 버튼을 클릭 후 [Open with live server]을 눌러 크롬 브라우저에서 확인합니다. '책밥 사이트' 텍스트에 링크가 적용되어 텍스트에 파란색과 밑줄이 적용됩니다. 마우스를 올리면 마우스 포인터가 손가락으로 변하고 클릭하면 책밥 사이트가 새로운 탭(페이지)으로 열립니다.

목록(List) 태그

책에 목차가 있듯이 HTML 파일에는 페이지 이동을 위해 제목을 차례로 늘어놓은 목록이 있습니다. HTML에서 목록은 웹사이트 페이지를 이동하기 위해 GNB (Global Navigation Bar) 메뉴를 만들 때와 페이지 목록을 만들 때 필요합니다. 이때 사용하는 목록 태그가 ul li와 ol li 등 입니다. ul, ol과 같은 목록 태그는 반드시 li 태그와 같이 사용하는 태그로 부모와 자식처럼 같이 다니는 그룹입니다. ul은 부모이고 li는 자식 같은 관계이기에 HTML에서는 ul 안에 li를 입력합니다. ul과 ol의 차이점은 ul은 순서 없는 목록 태그이고, ol 태그는 순서 있는 목록 태그라는 것입니다. ul li, ol li 태그는 블록 레벨(Block level)로 표시합니다.

| 01 | 순서 없는 목록 〈ul li〉

ul은 unordered list의 약자로 순서가 지정되지 않은 목록 리스트를 입력할 때 사용합니다. 순서가 지정되지 않은 목록은 ul 태그로 시작하고 각 목록 항목은 li 태그로 시작합니다. ul li 태그는 ul 안에 li를 입력하며 부모와 자식처럼 함께 사용합니다. ul li 태그는 웹브라우저에서 기본적으로 작은 검은색 원 모양 글머리로 표시됩니다.

<ul> 태그 입력하기

1. 〈body〉〈/body〉 사이에 시작하는 〈ul〉 태그를 입력합니다.
2. 시작하는 〈li〉 태그를 입력하고 '책밥의 시간' 텍스트를 입력한 후 끝나는 태그 〈/li〉를 입력합니다. 추가적으로 필요한 텍스트를 동일하게 입력합니다.
3. 끝나는 태그 〈/ul〉를 입력합니다.

HTML

```
<ul>
    <li>책밥의 시간 </li>
    <li>첫 번째 </li>
    <li>1일#하루 </li>
    <li>취미 실용 </li>
</ul>
```

크롬 브라우저에서 확인

- 책밥의 시간
- 첫 번째
- 1일#하루
- 취미 실용

| 02 | 순서 있는 목록 〈ol li〉

ol은 ordered list의 약자입니다. 순서가 지정되어 있는 목록 리스트를 입력할 때 사용합니다. 순서가 지정된 목록은 ol 태그로 시작하고 각 목록 항목은 li 태그로 시작합니다. ol li 태그는 ol 안에 li를 입력하며 부모와 자식처럼 함께 사용합니다. ol, li 태그는 웹브라우저에서 기본적으로 아라비아 숫자가 자동으로 글머리에 표시됩니다.

<ol> 태그 입력하기

1. 〈body〉 〈/body〉 사이에 시작하는 〈ol〉 태그를 입력합니다.
2. 시작하는 〈li〉 태그를 입력하고 '책밥의 시간' 텍스트를 입력한 후 끝나는 태그 〈/li〉를 입력합니다. 추가적으로 필요한 텍스트를 동일하게 입력합니다.
3. 끝나는 태그 〈/ul〉를 입력합니다.

HTML

시작하는 〈ol〉 요소와 끝나는 〈/ol〉 요소 사이에 li 태그를 입력합니다.

```
<ol>
    <li>책밥의 시간</li>
    <li>첫 번째</li>
    <li>1일#하루</li>
    <li>취미 실용</li>
</ol>
```

크롬 브라우저에서 확인

← → C ⌂

1. 책밥의 시간
2. 첫 번째
3. 1일#하루
4. 취미 실용

실습 순서 없는 목록에 순서 적용하기

순서 없는 목록 태그 ul은 웹페이지에 GNB(Global Navigation Bar) 메뉴를 구성할 때 사용합니다. 이번 실습에서는 ul li, ol li 태그를 사용해서 수직적인 GNB(Global Navigation Bar) 메뉴를 만들겠습니다.

1. 비주얼 스튜디오 코드에서 새 텍스트 파일을 만들고 파일 이름과 형식은 gnb.html로 입력하고 저장합니다.(58쪽)
2. HTML 기본 구성을 만듭니다.(60쪽)
3. 〈body〉〈/body〉 사이에 〈ul〉〈li〉〈/li〉〈/ul〉 태그를 입력합니다.
4. 〈ul〉 안의 〈li〉 태그에 '책밥의 시간' 글자를 입력하고 끝나는 태그 〈/li〉를 입력합니다.
5. '책밥의 시간' 글자 다음에 〈ol〉〈li〉〈/li〉〈/ol〉 태그를 입력합니다.
6. 〈li〉〈/li〉에 '취미' '소설' '시' 텍스트를 입력합니다.
7. 끝나는 태그 〈/ul〉로 마무리합니다.

HTML

```html
<body>
  <ul>
    <li>책밥의 시간
      <ol>
        <li>취미</li>
        <li>소설</li>
        <li>시</li>
      </ol>
    </li>
    <li>첫 번째</li>
    <li>1일#하루</li>
    <li>취미 실용</li>
  </ul>
</body>
```

크롬 브라우저에서 확인

비주얼 스튜디오 코드에서 마우스 오른쪽 버튼 클릭 후 [Open with live server]를 눌러 크롬 브라우저에서 확인합니다. 목록 태그를 사용해서 GNB(Global Navigation Bar)를 만들었습니다.

표(Table) 태그

웹사이트를 이용하다 보면 공지 사항, 모집 안내, 행사 안내, 정보 안내 등 테이블 (표) 형태의 게시판을 자주 볼 수 있습니다. 웹사이트에서 HTML로 게시판 리스트를 만들 때 table 태그를 사용합니다. table 태그는 ul li 목록 태그처럼 thead, tbody, tr, td 태그와 그룹을 이룹니다. table의 내부 셀(cell)은 행(row)과 열(columns)로 구성됩니다. table 태그는 블록 레벨(Block level)로 표시됩니다.

표 태그 입력하기

1. 〈body〉〈/body〉 사이에 〈table〉 〈/table〉 태그를 입력합니다. 〈table〉 〈/table〉 사이에 표 제목 〈thead〉 〈/thead〉 태그를 입력합니다.
2. 〈thead〉 〈/thead〉 사이에 표 제목들을 가로 행(row)으로 정렬하기 위해 〈tr〉 〈/tr〉을 입력합니다.
3. 〈tr〉 〈/tr〉 사이에 〈th〉〈/th〉를 입력하고 표 제목에 해당하는 단어를 입력합니다.
4. 표 내용 영역은 〈tbody〉〈/tbody〉 태그를 입력합니다. 표 내용을 가로 행(row)으로 정렬하기 위해서 〈tr〉〈/tr〉 태그를 입력하고 표 내용은 〈td〉〈/td〉 태그를 입력합니다.
5. 〈td〉〈/td〉에는 HTML의 모든 요소(텍스트, 이미지, 목록, 기타 테이블 등)를 입력합니다.
6. 끝내는 〈/table〉 태그로 마무리합니다.

HTML

```
<table> ①
  <thead>
  ② <tr>
      <th>순서</th>
    ③ <th>제목</th>
    </tr>
  </thead>
```

```
④ <tbody>
    <tr>
⑤ ┌─   <td>3</td>
   │     <td>뉴스를 알려드립니다.</td>
    </tr>
    <tr>
      <td>2</td>
      <td>정보를 알려드립니다.</td>
    </tr>
    <tr>
      <td>1</td>
   └─   <td>안내를 알려드립니다.</td>
    </tr>
  </tbody>
⑥ </table>
```

크롬 브라우저에서 확인

마우스 오른쪽 버튼을 클릭한 후 [Open with live server]를 실행해 크롬 브라우저
에서 확인합니다.

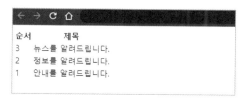

테이블 제목에 사용한 <th></th> 태그는 표 내용과 달리 굵은 글자로 표시됩
니다. 웹브라우저에서 확인할 때 익숙한 테이블에 구분 선이 안 보여서 당황한 적
이 있나요? 테이블 구분 선은 CSS에서 적용하기 때문에 HTML에서는 선이 없습니
다. (표의 선 만들기368쪽)

실습 3열 3행 표 만들기

table 태그를 사용하여 제목, 작성자, 날짜를 표시하는 제목과 게시물 리스트 3줄로 나열된 표를 만들겠습니다.

1. 비주얼 스튜디오 코드에서 새 텍스트 파일을 만들고 파일 이름과 형식을 table.html로 입력하고 저장합니다. 편집 영역에서 html:5를 입력하고 [Enter]를 눌러 HTML5로 선언한 HTML 문서를 만듭니다.(42쪽)
2. 〈body〉〈/body〉 사이에 〈table〉 태그를 입력하고 〈thead〉〈/thead〉 사이에 제목 가로 행을 구성하는 〈tr〉 태그를 입력합니다.
3. 〈tr〉〈/tr〉 사이에 〈th〉〈/th〉 제목 태그를 입력해서 제목, 작성자, 날짜를 입력하고 끝나는 〈/tr〉 태그로 마무리합니다. 표 제목이 완성되었습니다.
4. 표 내용은 〈tbody〉〈/tbody〉 사이에 제목 가로 행을 구성하는 〈tr〉로 시작하는 태그를 입력하고 〈td〉〈/td〉를 사용해서 제목에 맞는 내용을 입력합니다. 표 내용 입력이 끝나면 끝나는 태그 〈/tr〉를 입력합니다.
5. 끝나는 태그 〈/table〉로 마무리합니다.

HTML

```
<body>
  <table>
    <thead>
      <tr>
        <th>제목</th>
        <th>작성자</th>
        <th>날짜</th>
      </tr>
    </thead>
    <tbody>
      <tr>
        <td>연필파스텔로 만나는 릴리안의 특별한 일상 파스텔 그림</td>
        <td>관리자</td>
        <td>2022.8.12</td>
      </tr>
      <tr>
        <td>환경을 생각하는 업사이클링 패턴으로 만드는 감성 소품</td>
        <td>사용자</td>
        <td>2022.7.10</td>
      </tr>
      <tr>
        <td>사는 것보다 예쁜 코바늘 손뜨개 니트백 첫 번째 뜨개 가방</td>
        <td>관리자</td>
        <td>2022.6.20</td>
      </tr>
    </tbody>
  </table>
</body>
```

- 제목 그룹 → 제목 가로행
- 내용 그룹 → 리스트 가로행 (×3)

크롬 브라우저에서 확인

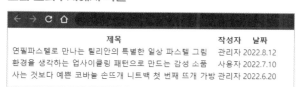

폼(Form) 태그

정보를 찾기 위해 입력 폼에 검색어를 입력하는 경우가 있습니다. 입력한 데이터를 서버에 전송하기 위해 대화형 컨트롤을 포함하는 문서 구역을 만들 때 사용하는 태그가 form 태그입니다. form 태그는 input, label, button 등의 태그를 포함할수 있습니다.

| 01 | 인풋(input) 태그

input 태그는 검색어, 텍스트, 패스워드, 이메일 등을 입력할 때 사용합니다. 이것은 입력 필드를 정의할 때 사용하며 form 태그 안에 입력됩니다. 사용자가 텍스트, 패스워드, 검색 등 데이터 타입(유형)에 맞게 입력하기 위해 식별자 속성 타입(type)은 text, password, search 등이 있습니다. 추가 식별자 속성으로 아이디(id), 네임(name) 등의 속성과 속성값을 입력합니다.

input 태그는 Inline elements로 수평 표시됩니다.

<input> 태그 입력하기

1. ⟨form⟩ ⟨/form⟩ 태그 사이에 ⟨input 태그를 입력합니다.
2. type, id, name 속성에 각각 속성값을 입력합니다.
3. placeholder는 input 태그 안에 들어갈 안내 글을 표시하는 속성입니다. placeholder 속성에 원하는 텍스트를 입력합니다.

HTML

```
<form>
  <input type="text" id="title" name="name"
placeholder="여기에 입력하세요">
</form>
```

| 02 | 레이블(label) 태그

입력 폼만 보여서 당황했나요? 입력 폼 옆에 제목이 있으면 어떤 폼인지 빠르게
파악할 수 있겠죠. 그래서 텍스트 타입(type) 속성은 input 태그에 제목을 표시하
기 위해서 label과 함께 사용하며 label 태그는 Inline으로 표시됩니다.

<label> 태그 입력하기

1. 앞에서 입력한 〈input〉 태그 앞에 〈label〉 태그를 입력하고 제목을 입력합니다.
2. 끝나는 태그 〈/label〉로 마무리합니다.

HTML

```
<form>
  <label for="bsearch"> &#x1F50E; 검색</label>
  <input type="search" id="bsearch" placeholder="책 제목을 입력하세요">
  <input type="submit" value="제출">
</form>
```

크롬 브라우저에서 확인

아이콘이 있는 검색 폼 만들기

이번 실습에서는 검색 아이콘과 버튼을 적용한 검색 폼을 만들겠습니다. 보통 검색 아이콘은 이미지 파일로 디자인하는데, 이미지가 없을 때 HTML에 코드만 입력하면 사용할 수 있습니다. 이번에는 16진수 (hexadecimal) unicode 아이콘을 적용하겠습니다.

아이콘 유니코드 안내 사이트 : https://www.w3schools.com/charsets/ref_emoji.asp

1. 비주얼 스튜디오 코드에서 새 텍스트 파일을 만들고 파일 이름과 형식을 'search.html'로 하고 저장합니다.(58쪽)
2. 〈body〉〈/body〉 사이에 〈form〉 시작 태그를 입력합니다.
3. 〈label for="bsearch"〉을 입력하고 돋보기 아이콘을 입력하기 위해서 코드 &#x와 16진수 1F50E;를 입력합니다. "검색"을 입력하고 〈/label〉을 입력합니다.
4. 〈input〉 시작 태그에 type은 search, id는 title, placeholder에 "책 제목을 입력하세요" 글자를 속성과 속성값으로 입력합니다.
5. 〈input〉 시작 태그에 속성과 속성값으로, type은 submit, value는 제출이라 입력합니다.
6. 끝나는 〈/form〉 태그로 마칩니다.

HTML

```
<form>
  <label for="bsearch"> &#x1F50E; 검색</label>
  <input type="search" id="bsearch" placeholder="책 제목을 입력하세요">
  <input type="submit" value="제출">
</form>
```

크롬 브라우저에서 확인

비주얼 스튜디오 코드에서 마우스 오른쪽 버튼을 클릭 후 [Open with live server]를 실행합니다. 돋보기 이미지가 있는 검색창이 완성됩니다.

버튼(button) 태그

HTML 문서에 클릭할 수 있는 버튼이 필요하면 button 태그를 사용합니다. button 태그는 HTML에서 버튼 모양으로 표시됩니다. button 태그는 Inline으로 표시됩니다.

HTML5에서 button 태그에 추가된 속성과 속성값이 있습니다. 그중에 hyperlink 처럼 페이지를 이동하고 페이지를 설정할 수 있는 formaction 속성과 속성값을 소개합니다.

종류	설명
formaction	form 데이터가 서버로 제출될 때 도착할 URL을 입력합니다. type 속성이 submit일 때 사용할 수 있습니다.
formtarget	form 데이터를 어디에 표시할지 설정합니다. 속성값으로는 _blank, _self, _parent, _top, 프레임 이름을 사용할 수 있습니다. target과 비슷합니다.

예제로 button을 클릭하면 책밥 사이트가 새로운 페이지에서 열리는 button을 구현해보겠습니다.

<button> 태그 입력하기

1. 〈form〉 〈/form〉 태그 사이에 〈button〉 태그를 입력합니다.
2. formaction 속성에 보낼 주소를 속성값으로 입력합니다.
3. formtarget 속성에 속성값으로 _blank을 입력합니다.
4. 버튼 제목을 입력하고 끝나는 태그 〈/button〉로 마무리합니다.

HTML

```
<form>
  <button type="submit" formaction="https://www.bookisbab.
  co.kr/" formtarget="_blank">책밥 사이트로 이동</button>
</form>
```

크롬 브라우저에서 확인

비주얼 스튜디오 코드에서 마우스 오른쪽 버튼을 클릭 후 [Open with live server]
를 실행합니다.

미디어(Media) 태그

웹페이지에서 이미지와 텍스트만으로는 정보를 전달하기 부족할 때가 있습니다. 보다 흥미롭고 생생한 정보를 전달하기 위해 다양한 멀티미디어 파일을 사용하기도 합니다. 이번 장에서는 비디오와 오디오 태그 사용법과 유튜브를 연결하는 방법을 알아보겠습니다.

| 01 | 비디오(video) 태그

웹브라우저에서 지원하는 비디오 파일 형식은 'MP4, WebM, OGG' 등이 있습니다. 이 중 'OGG' 파일은 사파리 브라우저에서 지원하지 않습니다. 비디오 파일을 웹브라우저에 표시하는 방법은 앞에서 배운 이미지 파일을 연결하는 방법과 비슷합니다. (63쪽) video 태그는 블록 레벨(block-level)로 표시됩니다.

<video> 태그 입력하기

1. 〈video 태그를 입력합니다.
2. 비디오 사이즈를 설정할 width(너비), height(높이) 속성과 속성값을 입력합니다.
3. 영상을 자동으로 실행하는 autoplay 속성 또는 비디오를 플레이, 스톱, 사운드를 조절할 수 있는 controls 속성을 입력하고〉로 닫습니다.
4. 〈video〉 태그 안에 〈source 태그를 입력하고 src 속성과 속성값으로 비디오 파일 위치 경로와 비디오 파일 이름과 확장자를 입력합니다.
5. type 속성과 video/mp4 속성값을 입력하고〉로 닫습니다.
6. 끝나는 〈/video〉 태그로 마무리합니다.

video 태그를 지원하지 못하는 오래된 웹브라우저 버전을 사용하는 사용자가 있다면 "Your browser does not support the video tag."라는 대체 텍스트가 보이도록 안내 문구를 입력합니다.

➕ 비디오 파일(MP4 파일)이 없다면 MP4 비디오 파일을 무료로 제공해주는 픽사베이(https://pixabay.com/ko/videos/) 사이트에서 비디오 메뉴를 클릭하면 파일을 무료로 다운로드할 수 있습니다.

HTML

```
<video width="320" height="240" controls>
  <source src="movie.mp4" type="video/mp4">
  Your browser does not support the video tag.
</video>
```

크롬 브라우저에서 확인

비주얼 스튜디오 코드에서 마우스 오른쪽 버튼을 클릭 후 [Open with live server]를 실행합니다.

| 02 | 오디오(audio) 태그

크롬 브라우저에서 지원하는 오디오 파일 형식은 'MP3, WAV, OGG' 파일이 있습니다. 이중 'OGG' 파일은 사파리 브라우저에서 지원하지 않습니다. 오디오 파일을 연결하는 방법은 우리가 앞에서 배운 이미지 파일을 연결하는 방법과 비슷합니다. 그리고 오디오 태그와 함께 사용하는 속성과 속성값이 있는데 많이 사용하는 속성과 속성값 위주로 알아보겠습니다. audio 태그는 inline으로 표시됩니다.

<audio> 태그 입력하기

1. 〈audio 태그를 입력합니다.
2. audio 파일에 플레이·스톱·사운드 조절 기능을 부여하는 controls 속성과 자동 실행 기능을 부여하는 autoplay 속성을 입력하고 〉로 닫습니다.
3. 〈source 태그를 입력하고 src 속성과 속성값으로 오디오 파일 위치 경로와 오디오 파일 이름과 확장자를 입력합니다.
4. type 속성과 audio/mpeg 속성값을 입력하고〉로 닫습니다.
5. 끝나는 〈/audio〉 태그로 마무리합니다.

audio 태그를 지원하지 못하는 오래된 웹브라우저 버전을 사용한다면 "Your browser does not support the audio tag."라는 대체 텍스트가 보이도록 안내 문구를 입력합니다.

➕ 오디오 파일, MP3 파일이 없다면 MP3 파일을 무료로 제공해주는 픽사베이 사이트 상단에서 음악 메뉴(https://pixabay.com/ko/music/)를 클릭하면 파일을 무료로 다운로드할 수 있습니다.

HTML

```
<audio controls autoplay>
  <source src="piano.mp3" type="audio/mpeg">
  Your browser does not support the audio tag.
</audio>
```

크롬 브라우저에서 확인

비주얼 스튜디오 코드에서 마우스 오른쪽 버튼을 클릭 후 [Open with live server]를 실행합니다.

| 03 | 유튜브(youtube) 연결

웹페이지에 비디오 파일을 사용하기 위해서는 파일 형식이 'MP4, WebM, OGG'이어야 합니다. 다른 파일이라면 해당 확장자로 변환해야 합니다. 그런데 이것이 조금 번거롭게 느껴진다면 웹페이지에서 youtube를 링크하면 편리하게 영상을 사용할 수 있습니다. youtube 사이트에 회원 가입을 하고 비디오 파일을 업로드하면 가장 쉽게 웹페이지에 동영상을 삽입할 수 있습니다.

실습 **유튜브 영상을 HTML 페이지에 삽입하기**

1. youtube 에 접속해서 사용하고자 하는 영상을 선택하고 [공유]를 클릭합니다.

2. 다음과 같이 SNS에 공유할 수 있는 공유 버튼들이 나오면 첫 번째 [퍼가기] 아이콘을 클릭합니다.

3. 동영상 퍼가기 제목 아래에 있는 소스를 선택하고 전체 복사(ctrl+c) 합니다.

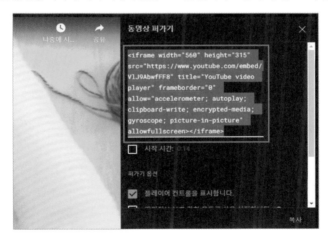

4. HTML 페이지 〈body〉와 〈/body〉 사이에 붙이기([Ctrl]+[V]) 합니다. 비디오 사이즈 조절이 필요하면 width와 height 속성에 숫자 속성값을 수정합니다.

```
<iframe width="560" height="315" src="https://www.
youtube.com/embed/VlJ9AbwfFF8" title="YouTube video
player" frameborder="0" allow="accelerometer; autoplay;
clipboard-write; encrypted-media; gyroscope; picture-in-
picture" allowfullscreen></iframe>
```

크롬 브라우저에서 확인

비주얼 스튜디오 코드에서 마우스 오른쪽 버튼을 클릭 후 [Open with live server] 를 실행합니다.

의미론적인 요소로 구성된 HTML5 페이지 구조

HTML이 HTML5 버전으로 업그레이드되면서 의미 부여된 요소(elements), 즉 태그(tag)가 추가되었습니다. 또한 시각적인 기능은 없지만 구역을 구분하기 위해 div 또는 span처럼 사용성 높은 요소(태그)도 있습니다. 의미 있는 HTML 요소의 장점은 웹브라우저와 개발자에게 내용의 의미를 전달할 수 있다는 것입니다. 즉, 의미론적 요소(태그)만 봐도 어떤 의미인지 대략 짐작할 수 있습니다.

HTML5에서 header, nav, section, article, aside, footer 등 의미를 전달할 수 있는 요소(태그)가 추가되었습니다. 웹페이지 화면 구역을 위해 의미를 정의할 수 있는 의미론적(semantic) 요소(elements)에 대해 알아보겠습니다.

화면에서 HTML의 의미론적 요소(elements)

〈header〉	
〈nav〉	
〈section〉	〈aside〉
〈article〉	
〈footer〉	

| 01 | 헤더(header) 태그

header 태그는 요소 소개 및 페이지 탐색에 도움을 주는 콘텐츠를 나타낼 때 사용하며 제목 〈h1〉~〈h6〉, 로고, 검색, 폼, 탐색, 작성자 이름 등의 요소를 포함할 수 있습니다. 한 HTML 페이지 내에 여러 header 요소가 존재할 수 있습니다. header 태그는 블록 레벨(block level)로 표시됩니다.

HTML

```html
<header>
  <img src="imgs/logo.png" alt="logo">
  <h1>제목</h1>
</header>
```

| 02 | 내비게이션(nav) 태그

nav 태그는 navigation의 약자입니다. 이것은 페이지 내 또는 다른 페이지로 링크를 보여주는 내비게이션을 나타낼 때 사용하며, 메뉴, 목차, 색인에 자주 사용합니다. 이때 nav 태그는 블록 레벨(block level)로 표시됩니다.

HTML

```html
<nav>
  <a href="#">책밥의 신간</a>
  <a href="#">첫 번째</a>
  <a href="#">1일#하루</a>
  <a href="#">취미실용</a>
</nav>
```

| 03 | 섹션(section) 태그

section 태그는 HTML 페이지 내에 제목 〈h2〉~〈h6〉이 있는 주제별 독립적인 콘텐츠 그룹을 나타낼 때 사용합니다. 챕터, 도입 또는 소개, 새로운 소식, 연락처 정보에 대한 안내에 사용합니다. section 태그는 블록 레벨(block level)로 표시됩니다.

HTML

```
<section>
    <h2>마음을 채우는 한 끼 도서출판 책밥</h2>
    <p>반복되는 일상에 지친 당신에게 새로운 에너지를 공급하는 책을 만들겠습니다. 정성껏 준비한
한 끼로 독자 여러분의 마음을 든든하게 채워 드립니다.</p>
</section>
```

| 04 | 아티클(article) 태그

article 태그는 HTML 페이지 내에 제목 〈h2〉~〈h6〉와 함께 독립적인 콘텐츠 구역을 나타낼 때 사용합니다. 사용자 의견, 게시판, 블로그 글, 매거진이나 뉴스 기사에 사용하며 독립적으로 배포가 가능해야 합니다. 블로그처럼 페이지 내에 여러 개의 글을 article로 구분하고 보여줄 수 있습니다. article 태그는 블록 레벨 (block level)로 표시됩니다.

HTML

```
<article>
    <h3>'책밥'으로 맛있게 읽는 즐거움을 느껴보세요!</h3>
    <p>반복되는 일상에 지친 당신에게 새로운 에너지를 공급하는 책을 만들겠습니다. 정성껏 준비한
한 끼로 독자 여러분의 마음을 든든하게 채워 드립니다.책밥의 출간 도서 목록입니다. 앞으로 다양한 책이
출간될 예정입니다. 많은 기대 부탁드립니다. 밥 없이 잘살아갈 수 있는 사람은 없습니다. '책은 밥이다'
라는 생각, 책밥은 독자에게 주식(主食)이 될 수 있는 도서를 제공하겠습니다.</p>
</article>
```

| 05 | 어사이드(aside) 태그

aside 태그는 section, article 태그에 적용할 수 없거나 간접적으로 관련되는 콘텐츠에 사용합니다. aside 태그는 블록 레벨(block level)로 표시됩니다.

HTML

```
<aside>
  <p>섹션이나 아티클 요소에 적용하기 부족한 내용을 입력하세요.</p>
</aside>
```

| 06 | 푸터(footer) 태그

footer 태그는 바닥 글에 콘텐츠 구역을 나타낼 때 사용합니다. 저작권 안내, 담당자 연락, 사이트 맵, 문서 상단으로 이동하는 버튼, 관계 있는 사이트 링크 콘텐츠에 사용합니다. 한 HTML 페이지 내에 여러 footer 요소가 존재할 수 있습니다. footer 태그는 블록 레벨(block level)로 표시됩니다.

HTML

```
<footer>
  <p>Copyright by &copy;책밥 All rights reserved</p>
</footer>
```

실습 의미론적 HTML 페이지 만들기

이번 실습에서는 의미론적인 요소를 사용하여 HTML 페이지를 만들어보겠습니다.

1. imgs 폴더를 만들고 다음 주소(https://eroica-design.github.io/htmlcss/)에 방문해서 오른쪽 마우스를 눌러서 책밥 로고 이미지(top_logo.png)를 imgs 폴더에 저장하세요.(96쪽)
2. imgs 폴더 상위에 index.html 파일을 만들고 아래 코드를 따라서 입력하세요.(58쪽)

HTML

```
<!DOCTYPE html>
<html lang="ko">
  <head>
    <meta charset="UTF-8">
    <title>Semantic exercise HTML</title>
  </head>
  <body>
    <header>
      <img src="imgs/top_logo.png" alt="logo">
      <h1>책밥</h1>
    </header>
    <nav>
      <a href="#">책밥의 신간</a>
      <a href="#">첫 번째</a>
      <a href="#">1일#하루</a>
      <a href="#">취미실용</a>
    </nav>
    <section>
      <h2>마음을 채우는 한 끼 도서출판 책밥</h2>
      <p>반복되는 일상에 지친 당신에게 새로운 에너지를 공급하는 책을 만들겠습니다. 정성껏
준비한 한 끼로 독자 여러분의 마음을 든든하게 채워 드립니다.</p>
    </section>
    <article>
      <h3>'책밥'으로 맛있게 읽는 즐거움을 느껴보세요!</h3>
  <p>반복되는 일상에 지친 당신에게 새로운 에너지를 공급하는 책을 만들겠습니다. </p>
    </article>
    <aside>
      <p>섹션이나 아티클 요소에 적용하기 부족한 내용을 입력하세요.</p>
    </aside>
    <footer>
      <p>Copyright by &copy;책밥 All rights reserved</p>
    </footer>
  </body>
</html>
```

크롬 브라우저에서 확인

비주얼 스튜디오 코드에서 마우스 오른쪽 버튼을 클릭 후 [Open with live server]를 실행합니다.

책밥

책밥의 신간 첫 번째 1일#하루 취미실용

마음을 채우는 한 끼 도서출판 책밥

반복되는 일상에 지친 당신에게 새로운 에너지를 공급하는 책을 만들겠습니다. 정성껏 준비한 한 끼로 독자 여러분의 마음을 든든하게 채워 드립니

'책밥'으로 맛있게 읽는 즐거움을 느껴보세요!

반복되는 일상에 지친 당신에게 새로운 에너지를 공급하는 책을 만들겠습니다.

섹션이나 아티클 요소에 적용하기 부족한 내용을 입력하세요.

Copyright by ©책밥 All rights reserved

크롬 브라우저에서 표시된 화면이 93쪽의 HTML의 의미론적 요소(elements)처럼 보이지 않아서 실망스러운가요? HTML의 의미론적 요소처럼 레이아웃을 배치하기 위해서는 CSS에서 스타일링을 해야 합니다. 293쪽에서 css의 flex 속성을 학습 후 HTML의 의미론적 요소처럼 레이아웃을 해보겠습니다.

CSS로 HTML 페이지 스타일링하기

CSS만으로 웹페이지를 구성할 수 있을까요? 답은 '불가능'입니다. 왜냐하면 CSS는 HTML을 스타일링하는 언어로 HTML 없이 단독으로 사용할 수 없기 때문입니다. CSS는 HTML 문서의 글자 색, 자간, 단어 간격, 행간, 박스 선, 배경색 등을 지정하고 레이아웃하는, HTML의 종속형 언어입니다. 또한 하나의 HTML에 여러 개의 CSS 스타일을 적용해 다양한 디자인을 만들 수도 있습니다.

CSS 입력법(Syntax)

CSS는 'Cascading Style Sheets'의 줄임말이며 CSS 파일 형식은 '.css'입니다. CSS는 선택자(Selector)와 선언(Declaration)으로 구성되는 규칙 기반 언어입니다. 입력 방법은 스타일링하고자 하는 HTML 요소를 선택(Selector)하는 것입니다. 선택 기능을 하는 선택자는 HTML 문서에서 스타일링하고 싶은 것을 꼭 집어서 선택하면 됩니다. 그런 다음 '{}'(중괄호curling bracket)를 입력합니다. 중괄호 안에 속성(property)을 입력하고 쌍점(colon)으로 구분하고 속성값(value)을 입력합니다. 속성값 다음에 ; 쌍반점(semicolon)으로 마칩니다. 속성과 속성값을 지정하는 것을 선언(declaration)이라고 합니다. 선언(declaration)할 때, 여러 개의 속성을 동시에 입력할 수 있습니다.

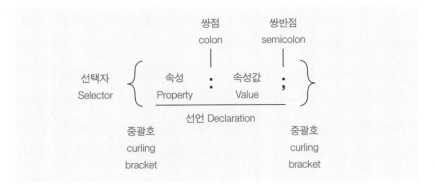

HTML 문서에서 'h1'의 글자 색을 빨간색으로 하고 글자 크기를 26px로 만들어보겠습니다.

CSS 입력 예시

HTML 문서에서 'h1' 태그 제목을 선택하고 다음과 같이 입력합니다. 다음은 h1의 글자 색을 빨간색으로 하고 글자 크기는 26px로 스타일링한다는 CSS입니다. CSS 를 입력할 때는 한 줄로 해도 되고 가독성을 위해 여러 줄로 해도 됩니다.

➕ 선택한다는 것은 html에서 '어떤 태그를 편집(스타일링)하겠다'라고 선언하는 것입니다.

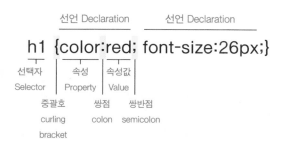

한 줄로 입력한 CSS code

```
h1 {
    color:red;
    font-size:26px;
}
```

여러 줄로 입력한 CSS code

HTML에서 CSS 코드 입력하기

CSS를 HTML과 연결하는 방법은 'internal, external, inline' 3가지가 있습니다. 여기서는 먼저 'internal' 방식을 알아보고 나머지는 뒤에서 자세히 알아보겠습니다. (122쪽)

HTML 문서에서 head 요소 사이에 있는 style 태그의 시작과 끝 사이에 CSS를 입력합니다. CSS에서 글자 색을 지정하기 위해서는 'color' 속성을 사용하고 원하는 컬러를 속성값으로 입력합니다. 글자 크기를 지정하기 위해서는 'font-size' 속성을 사용하고 원하는 크기와 단위(px)를 입력합니다. 여기서는 'Red'와 '26px'을 입력했습니다.

```
<!DOCTYPE html>
<html lang="ko">
<head>
  <meta charset="UTF-8">
  <title>CSS</title>
  <style>
    h1{
      color:red;
      font-size: 26px;
    }
  </style>
</head>
<body>
  <h1>페이지 내에서 가장 중요한 제목 h1</h1>
  <p>문단은 Paragraph라고 하고 문단의 내용을 입력할 때 사용합니다.</p>
  <p>P태그는 항상 새로운 줄에서 시작합니다.</p>
</body>
</html>
```

크롬 브라우저에서 확인

← → C ⌂

페이지 내에서 가장 중요한 제목 h1

문단은 Paragraph라고 하고 문단의 내용을 입력할 때 사용합니다.

P태그는 항상 새로운 줄에서 시작합니다.

선택자(Selectors)의 종류

앞서 CSS 입력 방법에서 'h1 요소(elements)'를 선택자로 사용했습니다. CSS에는 다양한 종류의 선택자가 있는데 그중 요소(elements), 아이디(id), 클래스(class) 선택자를 알아보겠습니다.

| 01 | 요소(element)

'요소(element)' 선택자는 '태그(tag)' 선택자라고도 합니다. 앞에서 공부한 HTML 요소(element)를 선택자로 사용하며 요소 선택자는 그룹으로 선택할 수 있습니다.

h1과 h2를 개별 선택해 CSS 입력하기

제목 요소인 h1, h2를 선택자로 각각 선택해서 color에 'red'를 입력합니다. 다음으로 p 요소의 color에는 'blue'를 입력하고 그 아래 'font-size'를 '16px'로 지정하겠습니다.

```
<!DOCTYPE html>
<html lang="ko">
  <head>
    <meta charset="UTF-8">
    <title>CSS</title>
    <style>
      h1{
        color:red;
      }
      h2{
        color:red;
      }
      p{
        color:blue;
```

```
        font-size: 16px;
      }
    </style>
  </head>
  <body>
    <h1>제목 h1</h1>
    <p>문단은 Paragraph라고 하고 문단의 내용을 입력할 때 사용합니다.</p>
    <h2>제목 h2</h2>
    <p>P태그는 항상 새로운 줄에서 시작합니다.</p>
  </body>
</html>
```

크롬 브라우저에서 확인

비주얼 스튜디오 코드에서 마우스 오른쪽 버튼을 클릭 후 [Open with live server]
를 실행합니다.

h1과 h2를 그룹 선택해 CSS 입력하기

h1과 h2가 같은 색이므로 그룹으로 선택해 CSS 스타일을 지정해보겠습니다. 다음
과 같이 한 줄에 입력하고 ','를 입력합니다. 개별 선택 방식보다 CSS 코드가 간결
해졌습니다.

```
<!DOCTYPE html>
<html lang="ko">
  <head>
    <meta charset="UTF-8">
    <title>CSS</title>
    <style>
      h1, h2{
        color:red;
      }
      p{
        color:blue;
        font-size: 16px;
      }
    </style>
  </head>
  <body>
    <h1>제목 h1</h1>
    <p>문단은 Paragraph라고 하고 문단의 내용을 입력할 때 사용합니다.</p>
    <h2>제목 h2</h2>
    <p>P태그는 항상 새로운 줄에서 시작합니다.</p>
  </body>
</html>
```

크롬 브라우저에서 확인

비주얼 스튜디오 코드에서 마우스 오른쪽 버튼을 클릭 후 [Open with live server]
를 실행합니다.

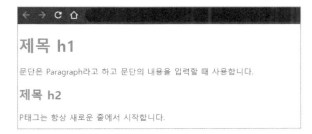

| 02 | 아이디(#)

아이디(id) 속성은 HTML 태그에 특정 아이디를 붙여 CSS 효과를 개별적으로 적용하는 것입니다. 이것은 HTML 문서에서 특정 요소를 선택할 때 사용합니다. 아이디 선택자는 HTML에서는 'id="name"'이라 입력하고 CSS에서는 '#name'으로 입력합니다. 이때 #(샵) 기호는 CSS에서 id를 의미합니다. 아이디에는 name(이름)과 #이 함께 선택자로 사용됩니다. 아이디는 HTML 문서에서 특정 요소를 선택할 때 사용합니다. 여기서 중요한 점은 아이디는 고유 식별자이기 때문에 한 HTML 문서에서 한 번만 사용해야 한다는 것입니다. 같은 아이디 이름을 HTML 한 페이지에서 여러 번 사용하면 자바스크립트에서 지정한 id와 부딪혀 오류가 발생할 수 있습니다. 추가로 아이디 네임은 대소문자를 구분하기 때문에 이를 유의하여 정확하게 입력합니다.

HTML 입력 예	CSS 입력 예

id="name"	#name{
	color:red;
	font-size:16px;
	}

➕ 아이디 네임을 작명할 때 숫자, 대문자, 특수문자로 시작할 수 없습니다. 또한 아이디는 대소문자를 구분하며 공백이 있으면 안 됩니다.

잘못된 예	바른 예
# 1 name	#name1

HTML과 CSS 입력하기

HTML h1 제목 요소에 선택자를 아이디 'title'로 하고 색은 '빨간색'으로 표시하겠습니다.

```html
<!DOCTYPE html>
<html lang="ko">
  <head>
    <meta charset="UTF-8">
    <title>CSS</title>
    <style>
      #title{
            color:red;
      }
    </style>
  </head>
  <body>
    <h1 id="title">제목h1</h1>
    <p>문단은 Paragraph라고 하고 문단의 내용을 입력할 때 사용합니다.</p>
  </body>
</html>
```

크롬 브라우저에서 확인

| 03 | 클래스(.)

CSS에서 클래스 선택자는 HTML 태그의 클래스 속성을 선택자로 지정하는 것입니다.

클래스 선택자는 HTML에서 'class="name"'로 입력되고 CSS에서 '.name'으로 입력됩니다. 이때 '.(마침표)' 기호는 CSS에서 '클래스'를 의미합니다. 클래스는 '.(마침표)'와 'name(이름)'으로 구성된 선택자입니다. 클래스 선택자는 HTML 문서에서 여러 요소를 한 번에 선택할 때 사용됩니다. 여기서 클래스와 아이디의 차이점은 다음과 같습니다. HTML 한 페이지에서 한 번만 사용될 수 있는 아이디와는 다르게, 클래스는 HTML 한 페이지에서 같은 이름의 클래스가 여러 번 사용되고 공유될 수 있습니다.

추가로 클래스 네임은 대소문자를 구분하기 때문에 이를 유의하여 정확하게 입력해야 합니다.

HTML 입력 예	CSS 입력 예

class="name"	.name1{
	color:blue; font-size:16px
	}

➕ 클래스 네임은 숫자로 시작될 수 없으며 대소문자를 구분하여 공백 없이 작명해야 합니다.

잘못된 예	바른 예
. 1 name	.name1

HTML과 CSS 입력하기

p 요소(문단)를 클래스 네임 'blue1'으로 입력하고 글자 색을 파란색, 크기는 '16px'으로 설정해보겠습니다. 클래스 선택자를 아이디 선택자 밑에 추가로 입력합니다.

```html
<!DOCTYPE html>
<html lang="ko">
  <head>
    <meta charset="UTF-8">
    <title>CSS</title>
    <style>
      #title{color:red;}
      .blue1{color:blue; font-size:16px}
    </style>
  </head>
  <body>
    <h1 id="title">제목 h1</h1>
    <p class="blue1">문단은 Paragraph라고 하고 문단의 내용을 입력할 때 사용합니다.</p>
  </body>
</html>
```

크롬 브라우저에서 확인

| 04 | 모든(*)

'*' 별표(asterisk)는 모든 요소를 선택할 때 사용하는 선택자입니다. 아이디나 클래스와는 다르게 특정한 선택자 이름이 없습니다.

HTML 입력 예	CSS 입력 예

없음	*{
	color:blue; font-size:20px;
	}

HTML과 CSS 입력하기

모든 글자 색을 '파란색'으로, 크기는 '20px'로 만들어봅니다.

```html
<!DOCTYPE html>
<html lang="ko">
  <head>
    <meta charset="UTF-8">
    <title>CSS</title>
    <style>
      *{color:blue; font-size:20px}
    </style>
  </head>
  <body>
    <h1>제목 h1</h1>
    <p>문단은 Paragraph라고 하고 문단의 내용을 입력할 때 사용합니다.</p>
  </body>
</html>
```

크롬 브라우저에서 확인

제목 h1

문단은 Paragraph라고 하고 문단의 내용을 입력할 때 사용합니다.

| 05 | 그룹(,)

그룹 선택자는 요소(태그)와 클래스 등 여러 선택자를 같이 사용할 때 필요한 선택
자입니다. 여러 선택자는 ',(쉼표, comma)'로 구분합니다. ','를 사용하면 코드의 중
복 입력을 방지해 간결한 코드 입력이 가능합니다.

HTML 입력 예	CSS 입력 예

`<h1> </h1>`
`<p> </p>`
`<h2 class="title2"> </h2>`
	`h1, p, .title2{`
	`color:orange;`
	`}`

HTML과 CSS 입력하기

그룹 선택자를 사용해 모든 글자 색을 주황색으로 만들어보겠습니다.

```html
<!DOCTYPE html>
<html lang="ko">
  <head>
    <meta charset="UTF-8">
    <title>CSS</title>
    <style>
      h1, p, .title2{color:orange;}
    </style>
  </head>
  <body>
    <h1>제목 h1</h1>
    <p>문단은 Paragraph라고 하고 문단의 내용을 입력할 때 사용합니다.</p>
    <h2 class="title2">제목 h2</h2>
    <p>문단은 Paragraph라고 하고 문단의 내용을 입력할 때 사용합니다.</p>
  </body>
</html>
```

크롬 브라우저에서 확인

| 06 | 자손 선택자(한 칸 띄기)

자손 선택자는 부모 요소 아래의 자손 요소 전체를 선택할 때 사용합니다. 자손을 선택할 때는 부모 요소를 먼저 입력하고 한 칸을 띄어서 사용합니다. 자손 선택자를 사용하면 코드 중복 입력을 방지해 간결한 코드 입력이 가능합니다.

HTML 입력 예	CSS 입력 예

``
<ul>
  <li>자식
    <ol>
      <li>자손</li>
    </ol>
  </li>
</ul>
``
	``
	ul li{ color:red;
	}
	``

CSS에서 자손 선택자를 입력할 때는 부모 선택자를 입력한 후 한 칸 띄고 자손 선택자를 입력합니다.

HTML과 CSS 입력하기

❶ ul이 부모 요소이고 li는 자식 요소입니다. 그리고 ul의 자식 요소인 li 안에 있는
부모 요소 ol과 자식 요소 li를 추가합니다. (74쪽)

❷ ul 입장에서 ol의 자식 요소인 li는 자손입니다. 그래서 ul 아래의 모든 li(ol에 li까지)
를 전부 선택하기 위해 자손 선택자를 한 칸 띄고 빨간색 글자로 표시합니다.

```html
<!DOCTYPE html>
<html lang="ko">
  <head>
    <meta charset="UTF-8">
    <title>CSS</title>
    <style>
      ul li{color:red;}
    </style>
  </head>
  <body>
    <ul>
      <li>자식
        <ol>
          <li>자손</li>
        </ol>
      </li>
    </ul>
  </body>
</html>
```

크롬 브라우저에서 확인

ul 입장에서 ol 자식 요소인 li는 자손입니다. 그래서 ul의 li 요소, ol의 li 요소가 빨
간색으로 표시됩니다.

| 07 | 자식 선택자(>)

자식 선택자는 부모 요소 바로 아래의 자식 요소를 선택할 때 사용합니다. 여기서 자손 선택자와 자식 선택자의 차이는 다음과 같습니다. 자손 선택자는 부모 요소 아래의 모든 자손 요소를 선택할 때 사용됩니다. 하지만 자식 선택자는 부모 요소 바로 아래에 있는 자식 요소만을 선택할 때 사용됩니다. 자식 선택자는 '>'(오른쪽 꺽쇠 괄호, greater than)를 사용합니다. 자식 선택자는 자식 선택자를 사용하면 코드의 중복 입력을 방지해 코드를 간결하게 입력할 수 있습니다.

HTML 입력 예	CSS 입력 예

`<ul>`
　`<li>`자식
　　`<ol>`
　　　`<li>`자손`</li>`
　　`</ol>`
　`</li>`
`</ul>`
	`ol > li{`
	`color:blue;`
	`}`

CSS에서 자식 선택자를 입력할 때는 부모 선택자를 입력한 후 한 칸 띄고 >를 입력한 다음 자식 선택자를 입력합니다.

```
                     부모 요소
                     자식 요소 선택
ol > li{
    color:blue;
    }
```

HTML과 CSS 입력하기

❶ ul이 부모 요소이고 li가 자식 요소입니다. 그리고 ul의 자식 요소인 li 안에 있는 부모 요소 ol과 i 자식 요소 li를 추가합니다.

❷ ul 입장에서 ol의 자식 요소인 li는 자손입니다. 그래서 ol 아래의 li(ol에 li까지)만 선택하기 위해 자식 선택자 ">"을 사용해서 파란색 글자로 표시합니다.

```html
<!DOCTYPE html>
<html lang="ko">
  <head>
    <meta charset="UTF-8">
    <title>CSS</title>
    <style>
      ol > li{color:blue;}
    </style>
  </head>
  <body>
    <ul>
      <li>자식
        <ol>
          <li>자식</li>
        </ol>
      </li>
    </ul>
  </body>
</html>
```

크롬 브라우저에서 확인

ul의 자식 요소 li는 검은색이고 ol의 자식 요소 li만 파란색으로 표시됩니다.

- 자식
  1. 자식

가상(pseudo) 클래스

여러 사이트를 검색하다 보면 방문했던 페이지의 메뉴 색과 방문하지 않은 페이지의 메뉴 색이 다르게 표시된 것을 볼 수 있습니다. 또한 링크가 걸린 텍스트나 버튼에 마우스를 올리면 글자 색이나 배경색이 변하는 것을 경험한 적이 있을 것입니다. 이러한 기능들은 사용자에게 시각적, 기능적 편리함을 주기 때문에 웹사이트에서 많이 사용됩니다. 이를 CSS의 '앵커 가상 클래스(Anchor Pseudo-classes)'라고 합니다. 앵커 가상 클래스는 :link, :visited, :hover, :active 등 다양한 스타일로 표현합니다.

가상 클래스의 종류	설명
:link	링크가 연결된 페이지를 한 번도 방문하지 않은 상태, 즉, 기본 상태의 스타일입니다.
:visited	링크가 연결된 페이지를 한 번이라도 방문하면 표현되는 스타일입니다.
:hover	마우스 커서가 링크 위에 올라가면 표현되는 스타일입니다.
:active	마우스를 클릭하고 있는 상태를 표현하는 스타일입니다.

➕ 입력 방법 : a 요소 옆에 :(colon)를 입력한 후 가상 클래스를 입력하면 됩니다.

HTML과 CSS 입력하기

link는 초록색, visited는 주황색, 마우스를 올리면 색이 변하는 hover는 빨간색, 클릭하면 보라색으로 변하는 가상 클래스 링크를 만들겠습니다.

```
<!DOCTYPE html>
<html lang="ko">
  <head>
    <meta charset="UTF-8">
    <title>CSS</title>
    <style>
```

```
        a:link{color:green;}
        a:visited{color:orange;}
        a:hover{color:red;}
        a:active{color:violet;}
    </style>
  </head>
  <body>
    <p><a href="#">가상 클래스 링크</a></p>
  </body>
</html>
```

크롬 브라우저에서 확인

a:link는 기본 링크 색

a:visited는 방문 후 링크 색

a:hover는 마우스를 올렸을 때 링크 색

a:active는 마우스를 클릭할 때 링크 색

HTML 페이지에 CSS 연결하기

웹 초기에는 CSS를 HTML 파일 안에 함께 사용했습니다. 그 결과 소스가 복잡해져 정보와 스타일을 구분하기 어려웠습니다. 이후 웹 사용자가 많아지고 HTML 페이지도 많아져 코드를 관리하는 시간이 크게 증가했습니다. 따라서 좀 더 편리한 관리를 위한 정보와 스타일의 구분이 필요해짐에 따라 HTML과 CSS 파일을 분리한 후에 서로 연결하게 되었습니다.

앞에서 CSS는 HTML과 연결되는 종속형 언어라고 했습니다. HTML에 스타일링을 적용하기 위해서는 CSS를 연결해야 합니다. 이때 연결 방법은 외부 스타일 (External CSS), 내부 스타일(Internal CSS), 인라인 스타일(Inline CSS)로 3가지입니다. 이것들은 독립적으로도 사용될 수 있고, 혼합해서 사용될 수도 있습니다.

혼합해서 사용할 때는 기억할 것이 있습니다. 외부 스타일과 인라인 스타일을 함께 사용하는 경우 인라인 스타일이 우선 적용됩니다. 가령 외부 스타일에서 h1 요소에 빨간색을 적용하고, 인라인에서 같은 h1 요소에 파란색을 적용한 경우 크롬 브라우저에서 h1 요소는 파란색으로 표시됩니다. 따라서 3가지 스타일을 혼합해서 사용할 때는 우선순위를 고려해서 사용해야 합니다. 이제 3가지 연결 방법에 대해 각각 알아보겠습니다.

| 01 | 외부(External CSS) 스타일

이 방법은 HTML과 CSS 파일을 분리해서 각각 파일 형식으로 만드는 것으로 가장 권장하는 방법입니다. 왜냐하면 HTML에 내용을 만들거나 수정할 때는 HTML 파일만 수정하면 CSS 스타일을 유지할 수 있고, 스타일만 변경할 때는 CSS 파일만 열어서 수정하면 되기 때문입니다. 예를 들어 CSS 파일을 별도로 만들어 외부 스타일로 연결한 후 선택자 h1의 속성값을 수정하면, 모든 HTML 파일의 h1 글자 색을 한 번에 변경할 수 있습니다. 예제로 HTML 파일에 CSS를 외부 스타일로 연결해서 h1 제목 요소의 글자 색을 빨간색으로 만들어보겠습니다.

HTML 파일 만들기

1. 비주얼 스튜디오 코드에서 새 텍스트 파일을 만들고 파일 이름과 형식을 'activity1.html'로 입력하고 저장합니다.(58쪽) 〈h1〉〈/h1〉 사이에 '가장 중요한 제목1'이라고 입력합니다.

```html
<!DOCTYPE html>
<html lang="ko">
  <head>
    <meta charset="UTF-8">
    <title>CSS</title>
  </head>
  <body>
    <h1>가장 중요한 제목1</h1>
  </body>
</html>
```

CSS 파일 만들기

1. 새 CSS 파일을 입력하겠습니다. 독립적인 CSS 파일을 만들기 위해 비주얼 스튜디오 코드에서 새 텍스트 파일을 만들고 '파일-다른 이름으로 저장'을 실행해 파일 이름은 style, 파일 형식은 css로 저장합니다.

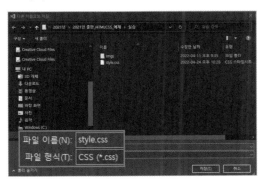

2. 2의 CSS 파일에 선택자를 h1으로 하고 {} 안에 color:red를 입력한 후 ;(세미 콜론, semi colon)으로 마칩니다.

```css
h1{color: red;}
```

HTML과 CSS 연결하기

1. 앞의 1~2에서 activity.html 파일과 style.css 파일이 생성되었습니다. 이제 두 파일을 외부 스타일 방식으로 연결해보겠습니다.

❶ 〈head〉〈/head〉 요소(태그) 안의 〈link〉 요소(태그)의 rel 속성에 stylesheet 속성 값을 입력합니다.

❷ CSS 파일을 연결하기 위해 href 속성에 CSS 파일 위치를 입력합니다. HTML과 CSS가 같은 폴더 안에 있으면 파일 경로 없이 CSS 파일 이름을 적어주면 됩니다.

```
<link rel="stylesheet" href="style.css">
```
스타일 시트와의 관계를   스타일 시트 파일을
의미하는 rel 속성과   연결하는 href 속성과
stylesheet 속성값   파일 이름의 속성값
rel은 relationship의 약자

```
<!DOCTYPE html>
<html lang="ko">
  <head>
    <meta charset="UTF-8">
    <title>CSS</title>
    <link rel="stylesheet" href="style.css">
  </head>
  <body>
    <h1>가장중요한 제목1</h1>
  </body>
</html>
```

➕ 다음은 HTML과 CSS 파일을 비주얼 스튜디오 코드에서 본 화면입니다. 분할 편집기를 이용하면 HTML과 CSS를 동시에 볼 수 있습니다.

1. 분할하려는 파일의 탭 위에서 오른쪽 마우스를 클릭하여 메뉴를 실행합니다.

2. 메뉴 하단을 보면 '위쪽으로 분할', '아래쪽으로 분할', '왼쪽으로 분할', '오른쪽으로 분할'과 같이 분할 방향을 지정할 수 있습니다. 우리는 CSS 파일을 오른쪽에 분할하기 위해서 '오른쪽으로 분할'을 선택합니다.

❸ HTML은 왼쪽, CSS 파일은 오른쪽으로 분할되어 한눈에 보기 편해졌습니다.

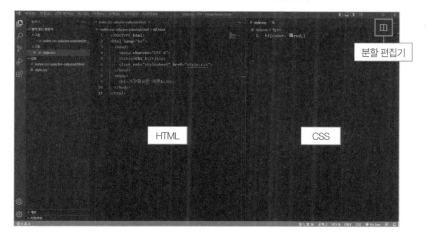

분할 편집기

HTML   CSS

크롬 브라우저에서 확인

비주얼 스튜디오 코드에서 HTML 화면 위에 마우스 오른쪽 버튼을 클릭 후
[Open with live server]를 실행합니다.

← → C ⌂

가장 중요한 제목1

⊕ CSS 화면에서는 live server 미리보기가 안 됩니다.

| 02 | 내부(Internal CSS) 스타일

내부(internal CSS) 연결 방법은 앞서 예시로 사용한 방식으로, 스타일 태그 (<style> </style>)를 활용하여 HTML 페이지 내에 CSS를 직접 입력하는 방식입니다.

이 방식은 HTML 파일 안에 CSS가 포함되어야 하기 때문에 HTML을 추가할 때마다 CSS를 새로 입력해야 합니다. HTML의 페이지 수만큼 CSS가 반복되고, 수정이 필요할 때마다 HTML 페이지를 열어서 수정해야 합니다. 이러한 단점 때문에 내부 스타일 방식(Internal CSS)보다 외부 스타일 방식(External CSS)이 권장됩니다.

예제로 HTML 파일에 CSS를 내부 스타일(Internal CSS)로 연결해서 h1 제목 요소의 글자 색을 파란색으로 만들어보겠습니다.

HTML 파일 만들고 style 태그 내에 CSS 속성 입력하기

1. 비주얼 스튜디오 코드에서 새 텍스트 파일을 만들고 '파일-다른 이름으로 저장'을 실행해 파일 이름과 형식을 'activity2.html'로 입력하고 저장합니다.(58쪽)
2. <h1> </h1> 사이에 '가장 중요한 제목1'이라고 입력합니다.

```html
<!DOCTYPE html>
<html lang="ko">
  <head>
    <meta charset="UTF-8">
    <title>CSS</title>
  </head>
  <body>
    <h1>가장 중요한 제목1</h1>
  </body>
</html>
```

3. <head></head> 사이에 style 요소를 입력하고 선택자 h1을 입력합니다. { } 안에 color:blue를 입력하고 ;(세미콜론, semi colon)으로 마칩니다.

```
<!DOCTYPE html>
<html lang="ko">
  <head>
    <meta charset="UTF-8">
    <title>CSS</title>
    <style>
      h1{color:blue;}
    </style>
  </head>
  <body>
    <h1>가장 중요한 제목1</h1>
  </body>
</html>
```

크롬 브라우저에서 확인

비주얼 스튜디오 코드에서 마우스 오른쪽 버튼을 클릭 후 [Open with live server]을 실행해 크롬 브라우저에서 확인합니다.

가장 중요한 제목1

| 03 | 인라인(Inline CSS)

인라인(Inline CSS) 입력 방법은 HTML 파일 내에 한 요소에만 style 요소를 사용해서 CSS를 직접 입력하는 방식입니다. 이 방식은 특별한 경우가 아닌 한 권장하지 않습니다. 왜냐하면 CSS와 HTML 파일이 섞여 있어 코드의 가독성이 낮기 때문입니다. 또한 코드를 수정할 때 모든 HTML 파일을 열어서 수정해야 하므로 비효율적입니다.

예제로 HTML 파일에 CSS를 인라인 스타일(Inline CSS)로 연결해서 h1 제목 요소의 글자 색을 초록색으로 만들어보겠습니다.

1. 비주얼 스튜디오 코드에서 새 텍스트 파일을 만들고 '파일-다른 이름으로 저장'을 실행해 파일 이름과 형식을 'activity2.html'로 입력하고 저장합니다.(58쪽)
〈h1〉〈/h1〉 사이에 '가장 중요한 제목1'이라고 입력합니다.

```
<!DOCTYPE html>
<html lang="ko">
  <head>
    <meta charset="UTF-8">
    <title>CSS</title>
  </head>
  <body>
    <h1>가장 중요한 제목1</h1>
  </body>
</html>
```

2. ⟨h1 다음에 style 속성을 입력한 후 =(등호, equal)를 입력합니다. ""(큰따옴표) 안에 color:green을 입력하고 ;(세미콜론, semi colon)으로 마칩니다.

```html
<!DOCTYPE html>
<html lang="ko">
 <head>
    <meta charset="UTF-8">
    <title>CSS</title>
 </head>
 <body>
    <h1 style="color:green;">가장 중요한 제목1</h1>
 </body>
</html>
```

크롬 브라우저에서 확인

비주얼 스튜디오 코드에서 HTML 화면 위에 마우스 오른쪽 버튼을 클릭 후 [Open with live server]를 실행합니다.

가장 중요한 제목1

실습 **제목 글자 색 적용하기**

이번 실습에서는 우리가 이미 입력한 의미론적 웹 HTML 파일에 h1, h2 제목과 p 문단에 색을 적용하겠습니다. CSS는 외부 스타일 시트(external CSS)와 인라인 스타일(inline CSS) 2가지를 사용해서 다음과 같이 스타일을 적용하겠습니다.

• 외부 스타일 시트 h1 제목 : 오렌지색, h2 제목: 파란색, p 문단 요소: 보라색
• 인라인 스타일 시트 p 문단 요소 : 회색

1. 96쪽의 [실습]에서 입력한 의미론적웹 HTML파일을 열겠습니다.

```html
<!DOCTYPE html>
<html lang="ko">
  <head>
    <meta charset="UTF-8">
    <title>exercise HTML</title>
  </head>
  <body>
    <header>
    <img src="imgs/top_logo.png" alt="logo">
    <h1>책밥</h1>
    </header>
    <nav>
      <a href="#">책밥의 신간</a>
      <a href="#">첫 번째</a>
      <a href="#">1일#하루</a>
      <a href="#">취미실용</a>
    </nav>
    <section>
      <h2>마음을 채우는 한 끼 도서출판 책밥</h2>
      <p>반복되는 일상에 지친 당신에게 새로운 에너지를 공급하는 책을 만들겠습니다. 정성껏
준비한 한 끼로 독자 여러분의 마음을 든든하게 채워 드립니다.</p>
    </section>
    <article>
      <h3>'책밥'으로 맛있게 읽는 즐거움을 느껴보세요!</h3>
      <p>반복되는 일상에 지친 당신에게 새로운 에너지를 공급하는 책을 만들겠습니다. </p>
    </article>
    <footer>
      <p>Copyright by &copy;책밥 All rights reserved</p>
    </footer>
  </body>
</html>
```

2. 외부(External CSS) 스타일 시트로 연결하기 위해서 style.css 파일을 생성합니다. 다시 HTML 파일을 열어 〈head〉〈/head〉 사이에 다음과 같이 입력합니다.

```html
<head>
  <meta charset="UTF-8">
  <title>exercise HTML</title>
  <link rel="stylesheet" href="style.css">
</head>
```

3. style.css 파일의 h1 선택자에 color: orange, h2 선택자에 color: blue, p 선택자에 color: violet을 입력합니다.

```css
h1{
    color: orange;
  }
h2{
    color: blue;
}
p{
    color: violet;
}
```

4. P 요소에는 인라인 스타일을 활용하겠습니다. 〈p 요소 다음에 style =를 입력한 후 ""(큰따옴표) 안에 color:gray를 입력하고 ;(세미콜론, semi colon)으로 마칩니다

```html
<section>
    <h2>마음을 채우는 한 끼 도서출판 책밥</h2>
    <p style="color:gray;"> 반복되는 일상에 지친 당신에게 새로운 에너지를 공급
하는 책을 만들겠습니다. 정성껏 준비한 한 끼로 독자 여러분의 마음을 든든하게 채워드립니다.</p>
</section>
<article>
    <h3>'책밥'으로 맛있게 읽는 즐거움을 느껴보세요!</h3>
    <p style="color:gray;"> 반복되는 일상에 지친 당신에게 새로운 에너지를 공급
하는 책을 만들겠습니다. </p>
</article>
```

크롬 브라우저에서 확인

비주얼 스튜디오 코드에서 HTML 화면 위에 마우스 오른쪽 버튼을 클릭 후 [Open with live server]를 실행합니다.

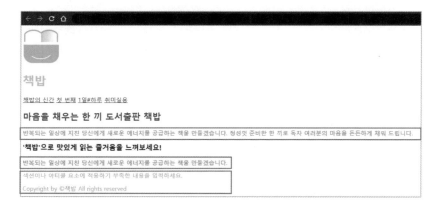

p 요소 글자 색이 어떤가요? 외부 스타일 시트에서는 p{color: violet;}으로 설정했으나 브라우저에서 보이는 색은 회색입니다. 이렇게 보이는 이유는 스타일 시트에 인라인 스타일이 적용되기 때문입니다. 그래서 외부 스타일 시트에 p 요소 전체가 보라색이 적용되지 않고, 최종적으로 사용된 인라인 스타일 시트에서 p 요소에 지정한 gray 컬러가 적용된 것입니다.

➕ 스타일 시트를 혼합해서 사용하면 다음과 같이 스타일 시트가 적용됩니다.
- 외부 스타일 시트와 내부 스타일 시트를 혼합해서 사용할 경우 내부 스타일 시트의 스타일이 우선 적용됩니다.
- 내부 스타일 시트와 인라인 스타일 시트를 혼합해서 사용할 경우 인라인 스타일 시트의 스타일이 우선 적용됩니다.
- 스타일 시트를 혼합해서 사용할 경우, Inline(인라인) > Internal(내부) > External(외부) 스타일 순으로 스타일 시트가 적용됩니다.

폰트(Fonts)

웹페이지의 매력적인 폰트(Fonts)는 사용자에게 호감을 주며 배경과 잘 어울리는 폰트 색상과 크기는 가독성을 높여줍니다. 그만큼 웹페이지에서 폰트는 중요한 역할을 합니다. 이번에는 CSS에서 적용할 수 있는 폰트 스타일, 사이즈, 패밀리, 폰트 두께(weight)에 대해 알아보고 구글 웹폰트를 사용해보겠습니다.

| 01 | 패밀리(family)

font-family 속성은 폰트의 모양을 정의하는 속성입니다. 속성값으로는 Serif, Sans serif, Monospace, Cursive, Fantasy로 5가지가 있습니다. 다음은 5가지 영문 폰트의 특징에 대한 설명입니다. (구글 웹폰트 : 142쪽)

font-family 속성	설명
Serif fonts	글자의 가장자리에 작은 돌기가 있습니다. 한글의 명조체와 비슷합니다.
Sans serif fonts	글자의 가장자리에 돌기가 없습니다. 한글 고딕체와 비슷합니다.
Monospace fonts	글자의 고정된 폭을 유지하도록 만들어진 글자로, 컴퓨터나 특정 용도의 목적을 위해 사용됩니다.
Cursive fonts	손으로 쓴 필기체와 비슷합니다.
Fantasy fonts:	장식과 재미 요소가 많은 글자입니다.

CSS의 font-family 속성값에는 여러 개의 폰트명을 나열할 수 있습니다. 물론 하나의 폰트만 사용하는 것도 가능합니다. 여러 개의 폰트명이 나열된 경우 ,(쉼표)로 각 폰트명을 구분합니다. 가장 먼저 언급된 폰트로 웹페이지의 폰트를 설정하며, 해당 폰트가 설치되어 있지 않은 경우, 그다음에 언급된 순서대로 폰트를 설정합니다. 만약 폰트 이름이 한 단어 이상으로 이루어진 경우 반드시 ''(작은따옴표)를 사용해야 합니다.

예제로 125쪽의 [실습]에서 사용한 HTML 파일의 제목에 font-family 속성을 적용해보겠습니다. h2 제목 요소의 font-family 속성에 Times New Roman, Times, serif 속성값을 적용하고, h3 제목 요소의 font-family 속성에 arial, helvetica, Sans serif 속성값을 적용해보겠습니다.

HTML

1. 비주얼 스튜디오 코드를 실행하고 125쪽의 [실습]에서 사용한 HTML 파일을 엽니다.

```html
<!DOCTYPE html>
<html lang="ko">
  <head>
    <meta charset="UTF-8">
    <title>exercise HTML</title>
    <link rel="stylesheet" href="style.css">
  </head>
  <body>
    <header>
    <img src="imgs/top_logo.png" alt="logo">
    <h1>책밥</h1>
    </header>
    <nav>
      <a href="#">책밥의 신간</a>
      <a href="#">첫 번째</a>
      <a href="#">1일#하루</a>
      <a href="#">취미실용</a>
    </nav>
    <section>
      <h2>마음을 채우는 한 끼 도서출판 책밥</h2>
      <p style="color:gray;">반복되는 일상에 지친 당신에게 새로운 에너지를 공급
하는 책을 만들겠습니다. 정성껏 준비한 한 끼로 독자 여러분의 마음을 든든하게 채워 드립니다.</p>
    </section>
    <article>
      <h3>'책밥'으로 맛있게 읽는 즐거움을 느껴보세요!</h3>
      <p style="color:gray;">반복되는 일상에 지친 당신에게 새로운 에너지를 공급
하는 책을 만들겠습니다. </p>
```

```
    </article>
    <footer>
      <p>Copyright by &copy;책밥 All rights reserved</p>
    </footer>
  </body>
</html>
```

CSS

h2 요소의 font-family 속성에 'Times New Roman', Times, serif; 속성값을 적용합니다. 다음으로 h3 요소의 font-family 속성에 Arial, Helvetica, sans-serif; 속성값을 적용합니다.

```css
h1{
    color: orange;
}
h2{
    color: blue;
    font-family: 'Times New Roman', Times, serif;
}
h3{
    font-family: Arial, Helvetica, sans-serif;
}
p{
    color: violet;
}
```

크롬 브라우저에서 확인

비주얼 스튜디오 코드에서 HTML 화면 위에 마우스 오른쪽 버튼을 클릭 후 [Open with live server]를 실행합니다.

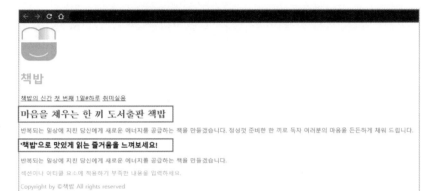

font-family 속성이 적용된 부분이 노란색 박스로 표시되었습니다. 제목 h2 요소에는 font-family: Times New Roman, Times, serif 폰트가 적용되었고, 제목 h3 요소에는 font-family: Arial, Helvetica, sans-serif; 폰트가 적용되었습니다.

이때 h2 요소의 font-family는 언급된 여러 개의 폰트 중 가장 먼저 언급된 Times New Roman으로 적용된 것을, h3 요소의 font-family는 언급된 여러 개의 폰트 중 가장 먼저 언급된 Arial로 적용된 것 역시 확인할 수 있습니다.

| 02 | 스타일(style)

font-style 속성은 글자의 기울임을 설정하는 속성입니다. font-style 속성에는 normal, italic, oblique 3가지 종류가 있습니다.

font-style 속성	설명
normal	폰트의 기본 모양으로 표시됩니다.
italic	폰트가 기울어져 표시됩니다.
oblique	italic 폰트와 같이 기울어진 모양이지만, italic 폰트는 italic으로 디자인된 것이고, oblique 폰트는 normal 폰트를 단순히 기울이기만 한 것입니다.

예제로 앞에서 사용한 HTML 파일에 h2 제목 요소의 font-style 속성의 italic 속성 값을 적용해보겠습니다. HTML 파일은 위에 font-family를 적용한 파일을 사용합니다.

HTML

비주얼 스튜디오 코드를 실행하고 130쪽의 [실습]에서 사용한 HTML 파일을 엽니다.

```
<!DOCTYPE html>
<html lang="ko">
  <head>
    <meta charset="UTF-8">
    <title>exercise HTML</title>
    <link rel="stylesheet" href="style.css">
  </head>
  <body>
    <header>
    <img src="imgs/top_logo.png" alt="logo">
    <h1>책밥</h1>
    </header>
    <nav>
      <a href="#">책밥의 신간</a>
```

```
        <a href="#">첫 번째</a>
        <a href="#">1일#하루</a>
        <a href="#">취미실용</a>
    </nav>
    <section>
        <h2>마음을 채우는 한 끼 도서출판 책밥</h2>
        <p style="color:gray;">반복되는 일상에 지친 당신에게 새로운 에너지를 공급
하는 책을 만들겠습니다. 정성껏 준비한 한 끼로 독자 여러분의 마음을 든든하게 채워 드립니다.</p>
    </section>
    <article>
        <h3>'책밥'으로 맛있게 읽는 즐거움을 느껴보세요!</h3>
        <p style="color:gray;">반복되는 일상에 지친 당신에게 새로운 에너지를 공급
하는 책을 만들겠습니다.</p>
    </article>
    <footer>
        <p>Copyright by &copy;책밥 All rights reserved</p>
    </footer>
</body>
</html>
```

CSS 파일

h2 제목 요소의 font-style 속성의 속성값을 italic으로 입력합니다.

```
h1{
    color: orange;
    }
h2{
    color: blue;
    font-family: 'Times New Roman', Times, serif;
    font-style: italic;
}
h3{
    font-family: Arial, Helvetica, sans-serif;
}
p{
```

```
    color: violet;
}
```

크롬 브라우저에서 확인

비주얼 스튜디오 코드에서 HTML 화면 위에 마우스 오른쪽 버튼을 클릭 후
[Open with live server]를 실행합니다.

font-style : italic이 적용된 부분이 노란색 박스로 표시되었습니다. italic이 적용되
어 글씨가 기울어진 것을 확인할 수 있습니다.

| 03 | 사이즈(size)

font-size 속성은 글자 크기를 다루는 속성입니다. 웹디자인의 심미성과 가독성을 위해서는 폰트 크기를 화면에 적합하도록 설정해야 합니다. 이때 HTML 문서 내용 중의 제목은 제목 요소 h1~h6을 사용해야 합니다. font-size를 설정하기 위해서는 반드시 단위(Unit)을 함께 사용해야 합니다. 단위는 절대적인 크기(absolute size) 단위와 상대적인 크기(relative size) 단위로 구분할 수 있습니다. 절대적인 크기 단위는 명시된 크기 그대로 설정할 때 사용하고, 웹브라우저에서 크기를 변경할 수 없습니다. 상대적인 크기 단위는 사용자가 웹브라우저에서 크기를 직접 설정할 수 있습니다. 절대적인 크기 단위에는 px, pt, cm, mm 등이 있으며, 상대적인 크기 단위에는 em, rem, %, vw, vh 등이 있습니다. 이 책에서는 절대적인 단위인 px을 기본적으로 사용했습니다.

절대적인 크기 단위(absolute size)

단위	의미
px	pixels(스크린의 픽셀을 기준으로 하는 단위)
pt	points
in	inches(1in=96px=2.54cm)
cm	centimeters
mm	millimeters

상대적인 크기 단위(relative size)

단위	의미
em	비례 단위(1em=16px이며 2em은 32px 크기)
rem	루트(root) 요소를 기준으로 비례적으로 크기를 지정합니다.(root의 폰트 크기가 20px 크기이면 1rem은 20px 크기)
%	기본 크기는 100%로 지정하고 그에 대한 크기는 상대적으로 설정
vw	브라우저 창 크기를 뷰포트(viewport)라고 하며 뷰포트 가로 너비의 1%에 비례하는 크기(500px 너비의 뷰포트일 때, 1vw=5px)
vh	브라우저 창 크기를 뷰포트(viewport)라고 하며 뷰포트 세로 너비의 1%에 비례하는 크기(900px 높이의 뷰포트일 때, 1vh=9px)

예제로 133쪽의 [실습]에서 사용한 HTML 파일에 font-size 속성을 적용해보겠습니다. h2 제목 요소의 font-size 속성의 속성값을 2로 하고 단위는 em으로 적용하겠습니다. 다음으로 h3 제목 요소의 font-size 속성의 속성값을 16px로 적용하겠습니다.

HTML

1. 비주얼 스튜디오 코드를 실행하고 133쪽의 [실습]에서 사용한 HTML 파일을 엽니다.

```html
<!DOCTYPE html>
<html lang="ko">
  <head>
    <meta charset="UTF-8">
    <title>exercise HTML</title>
    <link rel="stylesheet" href="style.css">
  </head>
  <body>
    <header>
    <img src="imgs/top_logo.png" alt="logo">
    <h1>책밥</h1>
    </header>
    <nav>
      <a href="#">책밥의 신간</a>
      <a href="#">첫 번째</a>
      <a href="#">1일#하루</a>
      <a href="#">취미실용</a>
    </nav>
    <section>
      <h2>마음을 채우는 한 끼 도서출판 책밥</h2>
        <p style="color:gray;">반복되는 일상에 지친 당신에게 새로운 에너지를 공급
하는 책을 만들겠습니다. 정성껏 준비한 한 끼로 독자 여러분의 마음을 든든하게 채워 드립니다.</p>
    </section>
    <article>
      <h3>'책밥'으로 맛있게 읽는 즐거움을 느껴보세요!</h3>
        <p style="color:gray;">반복되는 일상에 지친 당신에게 새로운 에너지를 공급
하는 책을 만들겠습니다. </p>
```

```
    </article>
    <footer>
      <p>Copyright by &copy;책밥 All rights reserved</p>
    </footer>
  </body>
</html>
```

CSS 파일

h2 제목 요소의 font-size 속성의 속성값을 2로 하고 단위는 em으로 적용합니다.
다음으로 h3 제목 요소의 font-size 속성의 속성값을 16px로 적용합니다.

```
h1{
    color: orange;
  }
h2{
    color: blue;
    font-family: 'Times New Roman', Times, serif;
    font-style: italic;
    font-size: 2em;
}
h3{
    font-family: Arial, Helvetica, sans-serif;
    font-size: 16px;
}
p{
    color: violet;
}
```

크롬 브라우저에서 확인

비주얼 스튜디오 코드에서 HTML 화면 위에 마우스 오른쪽 버튼을 클릭 후 [Open with live server]를 실행합니다.

h2 요소의 폰트 사이즈를 확인해보겠습니다. 크롬 브라우저에서 [F12] 또는 오른쪽 마우스 클릭 후 검색하여 '개발자 도구' 창을 열어 확인하면 2em이 32px 사이즈임을 확인할 수 있습니다.

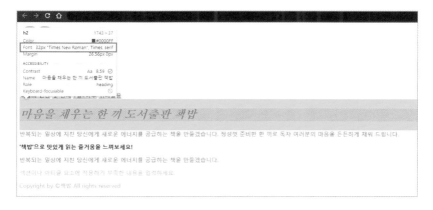

| 04 | 웨이트(font-weight)

weight는 무게라는 뜻으로 폰트에서는 글자의 두께를 말합니다. font-weight는 폰
트의 두께를 설정할 때 사용하는 속성으로 normal, bold 등과 같이 속성값을 설정
할 수 있으며, 혹은 100, 200... 900 등과 같이 숫자값으로 설정할 수 있습니다.

예제로 앞에서 사용한 HTML 파일에 p 문단 요소의 font-size 속성의 속성값을
bold로 적용하겠습니다.

CSS 파일

p 문단 요소의 font-size 속성의 속성값을 bold로 입력합니다.

```css
h1{
    color: orange;
  }
h2{
    color: blue;
    font-family: 'Times New Roman', Times, serif;
    font-style: italic;
    font-size: 2em;
}
h3{
    font-family: Arial, Helvetica, sans-serif;
    font-size: 16px;
}
p{
    color: violet;
    font-weight: bold;
}
```

크롬 브라우저에서 확인

비주얼 스튜디오 코드에서 HTML 화면 위에 마우스 오른쪽 버튼을 클릭 후 [Open with live server]를 실행합니다.

font-weight : bold가 적용되어 p 문단 요소의 폰트가 두꺼워졌습니다.

| 05 | 구글 웹폰트(Google Web fonts)

구글 웹폰트를 활용하면 PC에 폰트를 설치하지 않고도 HTML과 CSS에 코드를 추가하여 웹사이트에 다양한 폰트를 적용할 수 있습니다. 다음은 구글 웹폰트를 적용하는 방법입니다.

1. 구글 웹폰트 사이트에 접속하기 위해 브라우저 주소창에 'https://fonts.google.com/'을 입력합니다.

2. 구글 웹폰트 사이트(fonts.google.com)가 열리면 [Search Font]에서 원하는 폰트 이름을 검색하거나 각 항목에서 단계별로 폰트를 선택합니다.

❶ [Categories]에서는 원하는 폰트 스타일을 선택할 수 있습니다. 여기서는 특정한 스타일을 선택하지 않고 5가지 모두 선택된 기본값으로 진행하겠습니다.

❷ 원하는 언어를 나라별로 선택할 수 있습니다. 여기서는 'Korean'을 선택했습니다.

❸ san serif, korean에 속하는 여러 가지 서체 중에 대표적인 고딕체 'Noto Sans Korean'을 선택합니다.

3. 'Noto Sans Korean'가 선택되고 다음과 같이 6가지 굵기의 폰트가 열립니다. [Select this style+] 을 클릭하여 원하는 폰트 스타일을 추가합니다.

➕ [Select this style+]를 클릭하면 다양한 두께의 폰트를 다운로드할 수 있습니다.

① 화면 오른쪽에서 추가된 폰트 스타일을 확인할 수 있습니다.

② 추가된 폰트 스타일이 보이지 않는다면 [View selected families]를 클릭합니다.

③ CSS에서 폰트의 두께(font-weight)를 지정할 때 사용합니다.

4. ❶ 코드를 복사해서 HTML 파일 〈head〉 〈/head〉 사이에 붙입니다.

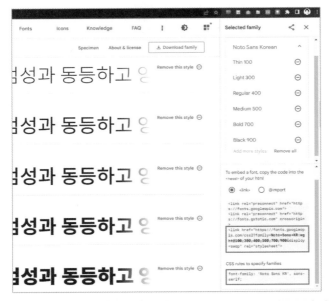

```
<head>
  <meta charset="UTF-8">
  <title>CSS</title>
  <link rel="stylesheet" href="style.css">
  <link href="https://fonts.googleapis.com/css2?family=
Noto+Sans+KR:wght@100;300;400;500;700;900&display=swap"
rel="stylesheet">
</head>
```

2. ❷ 코드를 복사해서 CSS에 font-family 속성과 속성값으로 붙입니다.

```
Selector(선택자){
    font-family: 'Noto Sans KR', sans-serif;
}
```

3. 추가로 폰트 두께를 지정하고 싶다면 font-weight 속성값을 사용해서 폰트 두께를 6가지(100;300;400;500;700;900)로 조절할 수 있습니다.

```
Selector(선택자)
{  font-family : 'Noto Sans KR', sans-serif;
   font-weight : 900 ;
}
```

실습 **구글 웹폰트 적용하기**

앞서 의미론적 웹으로 입력한 137쪽 HTML 파일의 h2, h3 제목 요소와 p 문단 요소에 구글 웹폰트를 적용하겠습니다. h2 요소에는 font-family를 Noto Sans KR로, font-weight는 가장 두꺼운 900으로 설정합니다. h3 요소의 font-weight는 700으로 설정합니다. 마지막으로 p 요소의 font-weight는 가장 얇은 100으로 설정합니다.

HTML

비주얼 스튜디오 코드를 실행하고 137쪽의 [실습]에서 사용한 HTML 파일을 엽니다. 구글 웹폰트에서 Noto Sans KR 구글 웹폰트 소스를 복사해서 〈head〉 〈/head〉 사이에 붙입니다.

```
<!DOCTYPE html>
<html lang="ko">
  <head>
    <meta charset="UTF-8">
    <title>google web font</title>
    <link rel="stylesheet" href="style.css">
    <link href="https://fonts.googleapis.com/css2?family=
Noto+Sans+KR:wght@100;300;400;500;700;900&display=swap" rel
="stylesheet">
  </head>
  <body>
    <header>
      <img src="imgs/top_logo.png" alt="logo">
      <h1>책밥</h1>
    </header>
    <nav>
      <a href="#">책밥의 신간</a>
      <a href="#">첫 번째</a>
      <a href="#">1일#하루</a>
      <a href="#">취미실용</a>
    </nav>
    <section>
      <h2>마음을 채우는 한 끼 도서출판 책밥</h2>
      <p>반복되는 일상에 지친 당신에게 새로운 에너지를 공급하는 책을 만들겠습니다. 정성껏
준비한 한 끼로 독자 여러분의 마음을 든든하게 채워 드립니다.</p>
    </section>
    <article>
      <h3>'책밥'으로 맛있게 읽는 즐거움을 느껴보세요!</h3>
      <p>반복되는 일상에 지친 당신에게 새로운 에너지를 공급하는 책을 만들겠습니다.</p>
    </article>
    <aside>
      <p>섹션이나 아티클 요소에 적용하기 부족한 내용을 입력하세요.</p>
    </aside>
    <footer>
      <p>Copyright by &copy;책밥 All rights reserved</p>
    </footer>
  </body>
```

```
</html>
```

CSS

비주얼 스튜디오 코드를 실행하고 140쪽에서 HTML 파일과 외부 연결(external CSS)로 만든 style.css 파일을 엽니다. h2, h3, p 요소의 font-family를 Noto Sans KR, sans-serif로, font-weight를 각각 900, 700, 100으로 설정합니다.

```
h1{
    color: orange;
}
h2{
    font-size: 32px;
    font-family: 'Noto Sans KR', sans-serif;
    font-weight: 900;

}
h3{
    font-size: 24px;
    font-family: 'Noto Sans KR', sans-serif;
    font-weight: 700;
}
p{
    font-family: 'Noto Sans KR', sans-serif;
    font-weight: 100;
}
```

크롬 브라우저에서 확인

비주얼 스튜디오 코드에서 HTML 화면 위에 마우스 오른쪽 버튼을 클릭 후
[Open with live server]를 실행합니다.

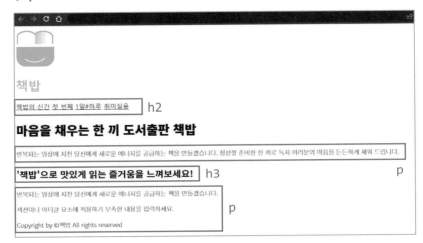

크롬 브라우저에서 [F12] 또는 마우스 오른쪽 버튼을 클릭 후 검사 메뉴를 선택
하여 '개발자 도구' 창을 열어 확인해보면 font-family, font-weight가 적용된 것
을 확인할 수 있습니다.

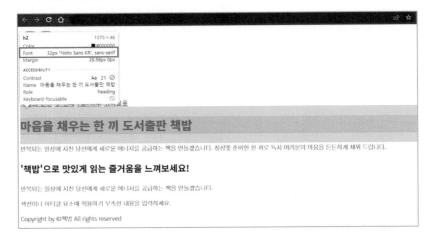

06

컬러(color)

모니터, 스마트폰 액정 등 디스플레이 화면에서 컬러가 없다는 것은 상상할 수 없습니다. 디스플레이에서 색을 표현하는 방식은 RGB로, 빛의 삼원색(Red, Green, Blue)이 조합되어 다양한 색을 나타냅니다. CSS에는 이러한 컬러를 표현하기 위한 방법으로 이름, 16진수, RGB, HSL 등이 있습니다.

| 01 | 이름(names)

빨강, 노랑, 파랑처럼 대표하는 색 외에도 다양한 색이 존재합니다. 가령 빨강에도 오렌지레드, 바이올렛레드 등 무수히 다양한 빨강이 있습니다. 파랑과 노랑도 마찬가지입니다. '이름(name)'은 HTML에서 고유명사로 컬러를 표현하는 방법입니다. CSS/HTML에서 지원하는 컬러 이름은 140여 개가 있습니다. http://www.w3schools.com/colors/colors_names.asp에 방문하면 컬러 이름 리스트를 볼 수 있습니다. 컬러 이름의 속성값은 흰색은 white, 검은색은 black, 파란색은 blue와 같이 표현됩니다.

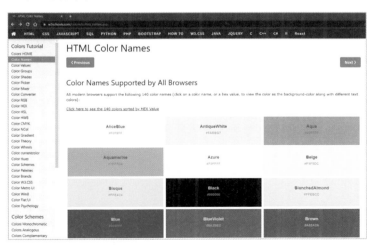

예제로 앞에서 구글 웹폰트를 적용한 HTML 파일에 h2 요소의 color 속성의 속성값을 black으로, h3 요소의 color 속성의 속성값을 blue로 적용하겠습니다.

CSS 파일

147쪽의 [실습]에서 사용한 style.css 파일에 컬러 이름의 속성을 추가하겠습니다. h2 선택자에 color : black을, h3 선택자에 color : blue를 입력합니다.

```css
h1{
    color: orange;
  }
h2{
    font-size: 32px;
    font-family: 'Noto Sans KR', sans-serif;
    font-weight: 900;
    color:black;

}
h3{
    font-size: 24px;
    font-family: 'Noto Sans KR', sans-serif;
    font-weight: 700;
    color: blue;
}
p{
    font-family: 'Noto Sans KR', sans-serif;
    font-weight: 100;
}
```

크롬 브라우저에서 확인

비주얼 스튜디오 코드에서 HTML 화면 위에 마우스 오른쪽 버튼을 클릭 후 [Open with live server]를 실행합니다.

h2 제목 요소는 검은색, h3 제목 요소는 파란색으로 표시됩니다.

| 02 | 16진수(HEX:Hexadecimal)

16진수 컬러는 속성값으로 #RRGGBB로 입력합니다. #(hash)를 입력하고 RR은 빨간색, GG는 녹색, BB는 파란색을 의미하며 색상을 지정하는 00(0~99)과 FF(A~F) 사이의 16진수 정수로 입력합니다. 16진수 속성값으로 흰색은 #ffffff로 표시하고 검정색은 #000000로 입력하며 파란색은 #0000ff로 입력합니다. 영문은 대소문자를 구분하지 않아 #FFFFFF와 #ffffff을 동일시합니다.

예제로 앞에서 사용한 HTML 파일에 h2 요소의 color 속성의 속성값을 #000000(검은색)로, h3 요소의 color 속성의 속성값을 #0000ff(파란색)로 16진수를 사용하여 color 요소의 속성값을 입력하겠습니다.

CSS 파일

실습(150쪽)에서 사용한 style.css 파일에 컬러 이름을 지우고 16진수(HEX) 컬러 속성을 추가하겠습니다. h2 요소의 color 속성의 속성값을 #000000(검은색)로, h3 요소의 color 속성의 속성값을 #0000ff(파란색)로 입력합니다.

```
h1{
    color: orange;
}
h2{
    font-size: 32px;
    font-family: 'Noto Sans KR', sans-serif;
    font-weight: 900;
    color:#000000;

}
h3{
    font-size: 24px;
    font-family: 'Noto Sans KR', sans-serif;
    font-weight: 700;
    color: #0000ff;
}
p{
    font-family: 'Noto Sans KR', sans-serif;
    font-weight: 100;
}
```

크롬 브라우저에서 확인

비주얼 스튜디오 코드에서 HTML 화면 위에 마우스 오른쪽 버튼을 클릭 후
[Open with live server]를 실행합니다.

h2 제목 요소는 검은색, h3 제목 요소는 파란색으로 표시됩니다.

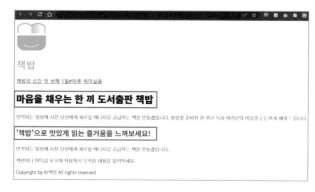

| 03 | RGB(Red, Green, Blue)

RGB 컬러는 속성값으로 rgb(red, green, blue)와 같이 입력합니다. 각 컬러는 ,(쉼표, comma)로 구분하고 red, green, blue의 각 컬러는 0과 255 사이의 값을 가집니다. 예를 들어 red 컬러의 r값에서 가장 높은 255를 입력하고 g, b를 0으로 입력하면 red가 되는데 이것은 rgb(255, 0, 0)로 나타냅니다. 흰색은 rgb(255, 255, 255)로 나타내고 검은색은 rgb(0, 0, 0)으로 나타납니다. 그리고 rgb 컬러에는 alpha 값(투명도)을 추가할 수 있습니다. 투명도 50% rgb 컬러를 표시하기 위해 rgb 다음에 a를 추가해 rgba(0, 0, 0, 0.5)로 나타냅니다. 이때 alpha(투명도)는 0.0~1.0 사이의 소숫값을 가집니다.

예제로 앞에서 사용한 HTML 파일에 h2 요소의 color 속성의 속성값을 rgb(0, 0, 0)로, h3 요소의 color 속성의 속성값을 rgb(0, 0, 255)로, rgb 컬러를 사용하여 속성값을 적용하겠습니다.

CSS 파일

152쪽 실습에서 사용한 style.css 파일에 16진수(HEX) 컬러 속성값을 지우고 rgb 컬러 속성값을 추가하겠습니다. h2 요소의 color 속성의 속성값을 rgb(0,0,0)로, h3 요소의 color 속성의 속성값을 (0,0,255)로 입력합니다.

```
h1{
    color: orange;
  }
h2{

    font-size: 32px;
    font-family: 'Noto Sans KR', sans-serif;
    font-weight: 900;
    color:rgb(0, 0, 0);

}
h3{

    font-size: 24px;
    font-family: 'Noto Sans KR', sans-serif;
    font-weight: 700;
```

```
    color: rgb(0, 0, 255);
}
p{
    font-family: 'Noto Sans KR', sans-serif;
    font-weight: 100;
}
```

크롬 브라우저에서 확인

비주얼 스튜디오 코드에서 HTML 화면 위에 마우스 오른쪽 버튼을 클릭 후
[Open with live server]를 실행합니다. h2 제목 요소는 검은색, h3 제목 요소는
파란색으로 표시됩니다.

| 04 | HSL(Hue, Saturation, Lightness)

HSL 컬러 방식은 색상(Hue), 채도(Saturation), 밝기(Lightness)를 사용하여 컬러를 지정합니다. 여기서 색상(Hue)은 0도에서 360도까지의 색상환입니다. 채도와 밝기는 0~100% 사이의 숫자로 표시합니다.

채도는 숫자가 작을수록 낮습니다. 채도가 0%일 경우 회색, 검은색, 흰색과 같은 무채색으로 나타납니다. 채도가 100%일 경우 빨강, 노랑, 파랑과 같은 원색으로 나타납니다. 밝기는 숫자가 작을수록 어둡습니다. 밝기가 0%일 경우 검은색으로, 100%일 경우 흰색으로 나타납니다.

예제로 앞에서 사용한 HTML 파일에 h2 요소의 color 속성의 속성값을 hsl(0, 0%, 0%);, h3 요소의 color 속성의 속성값을 hsl(240, 100%, 50%);로 HSL을 사용하여 color 속성의 속성값을 적용하겠습니다.

CSS 파일

154쪽 실습에서 사용한 style.css 파일에 rgb 컬러 속성을 지우고 hsl 컬러 속성을 추가하겠습니다. h2 요소의 color 속성의 속성값을 hsl(0, 0%, 0%);로, h3 요소의 color 속성의 속성값을 hsl(240, 100%, 50%);로 입력합니다.

```
h1{
    color: orange;
}
```

```css
h2{
    font-size: 32px;
    font-family: 'Noto Sans KR', sans-serif;
    font-weight: 900;
    color:hsl(0, 0%, 0%);

}
h3{
    font-size: 24px;
    font-family: 'Noto Sans KR', sans-serif;
    font-weight: 700;
    color: hsl(240, 100%, 50%);
}
p{
    font-family: 'Noto Sans KR', sans-serif;
    font-weight: 100;
}
```

크롬 브라우저에서 확인

비주얼 스튜디오 코드에서 HTML 화면 위에 마우스 오른쪽 버튼을 클릭 후 [Open with live server]를 실행합니다. h2 제목 요소는 검은색, h3 제목 요소는 파란색으로 표시됩니다.

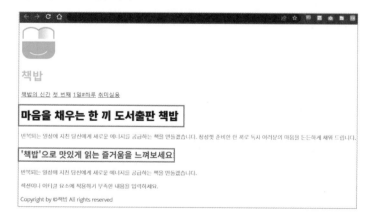

| 05 | 컬러 선택기(Color Picker)

컬러 선택기를 사용하면 원하는 컬러를 CSS에 정확하고 신속하게 속성값으로 사용할 수 있습니다. 각 컬러 모드에 맞는 컬러 선택기를 알아보겠습니다.

1. 크롬 브라우저 검색창에서 color picker를 검색합니다.

2. 다음과 같이 [색상 선택도구] 화면이 열리면 오른쪽 사각형에서 원하는 색을 클릭합니다. 왼쪽 사각형에 선택한 컬러가 표시되고 그 아래로 HEX, RGB, CMYK, HSL 컬러 속성값을 모두 볼 수 있습니다.

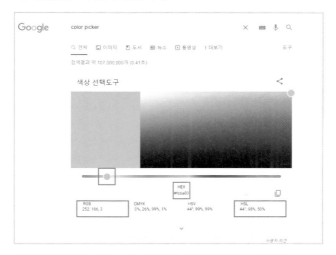

➕ 원형 슬라이더를 좌우로 드래그하면 원하는 색조를 선택할 수 있습니다.

텍스트 스타일링(Text styling)

사용자 편의성이 높은 페이지는 가독성이 높습니다. 문단 정렬과 자간, 단어 간격, 행간을 세밀하게 조절하면 가독성이 높고 매력적인 페이지를 만들 수 있습니다. 이번 에는 텍스트 스타일링 속성에 대해 알아보겠습니다.

| 01 | 텍스트 정렬(align)

text-align 속성은 왼쪽, 가운데, 오른쪽, 양끝 등 원하는 방향으로 텍스트를 정렬할 수 있는 속성입니다. 정렬 속성값은 아래와 같습니다.

속성값	설명
left	텍스트를 왼쪽으로 정렬합니다.
center	텍스트를 가운데로 정렬합니다.
right	텍스트를 오른쪽으로 정렬합니다.
justify	텍스트를 잡지나 신문처럼 양끝을 맞춥니다.

예제로 실습(146쪽)의 HTML 파일에서, h2 제목 요소의 text-align 속성의 속성값을 center로 설정해 가운데 정렬하고, footer 요소의 align 속성의 속성값을 right으로 설정하여 오른쪽 정렬하겠습니다.

HTML

구글 웹폰트를 적용한 145쪽의 [실습] HTML 파일을 사용합니다.

```
<!DOCTYPE html>
<html lang="ko">
  <head>
    <meta charset="UTF-8">
    <title>google web font</title>
```

```html
    <link rel="stylesheet" href="style.css">
    <link href="https://fonts.googleapis.com/css2?family=Noto
+Sans+KR:wght@100;300;400;500;700;900&display=swap" rel=
"stylesheet">
  </head>
  <body>
    <header>
     <img src="imgs/top_logo.png" alt="logo">
     <h1>책밥</h1>
    </header>
    <nav>
       <a href="#">책밥의 신간</a>
       <a href="#">첫 번째</a>
       <a href="#">1일#하루</a>
       <a href="#">취미실용</a>
    </nav>
    <section>
       <h2>마음을 채우는 한 끼 도서출판 책밥</h2>
       <p>반복되는 일상에 지친 당신에게 새로운 에너지를 공급하는 책을 만들겠습니다. 정성껏
준비한 한 끼로 독자 여러분의 마음을 든든하게 채워 드립니다.</p>
    </section>
    <article>
       <h3>'책밥'으로 맛있게 읽는 즐거움을 느껴보세요!</h3>
       <p>반복되는 일상에 지친 당신에게 새로운 에너지를 공급하는 책을 만들겠습니다. </p>
    </article>
    <aside>
       <p>섹션이나 아티클 요소에 적용하기 부족한 내용을 입력하세요.</p>
    </aside>
    <footer>
      <p>Copyright by &copy;책밥 All rights reserved</p>
    </footer>
  </body>
</html>
```

CSS

h2 제목 요소에 text-align 속성을 추가한 후 속성값을 center로 입력합니다. 다음
으로 footer 요소에도 text-align 속성을 추가하고 속성값을 right로 입력합니다.

```css
h1{
    color: orange;
  }
h2{
    font-size: 32px;
    font-family: 'Noto Sans KR', sans-serif;
    font-weight: 900;
    color:hsl(0, 0%, 0%);
    text-align: center;
}
h3{
    font-size: 24px;
    font-family: 'Noto Sans KR', sans-serif;
    font-weight: 700;
    color: hsl(240, 100%, 50%);
}
p{
    font-family: 'Noto Sans KR', sans-serif;
    font-weight: 100;
}
footer{
    text-align: right;
}
```

크롬 브라우저에서 확인

비주얼 스튜디오 코드에서 마우스 오른쪽 버튼을 클릭 후 [Open with live server]를 실행해 크롬 브라우저에서 확인합니다. h2 제목 요소는 가운데 정렬되었고, footer 요소는 오른쪽 정렬되었습니다.

| 02 | 데코레이션(decoration)

text-decoration는 텍스트를 장식하는 속성입니다. 속성값으로는 선의 유형(실선, 점선 등), 선의 색, 선의 위치(underline, line through 등)가 있습니다. 예를 들어 a 태그 등을 활용하여 hyperlink를 적용하면 텍스트에 밑줄이 표시되는데, 이때 text-decoration 속성의 속성값을 설정하여 밑줄을 표시하지 않을 수 있습니다.

다음은 text-decoration 속성값입니다.

속성값	설명
underline	텍스트에 밑줄이 표시됩니다.
line-through	텍스트를 가로지르는 가운뎃줄이 표시됩니다.
dotted	텍스트 밑줄이 점선으로 표시됩니다.
none	밑줄을 표시하지 않습니다

예제로 앞에서 사용한 HTML 파일에 a 링크 요소가 적용된 메뉴의 밑줄을 지우고 h2 제목 요소에 빨간색 점선으로 표시해보겠습니다.

HTML

구글 웹폰트를 적용한 158쪽의 실습 HTML을 사용하겠습니다.

```html
<!DOCTYPE html>
<html lang="ko">
  <head>
    <meta charset="UTF-8">
    <title>google web font</title>
    <link rel="stylesheet" href="style.css">
    <link href="https://fonts.googleapis.com/css2?family=Noto+Sans+KR:wght@100;300;400;500;700;900&display=swap" rel="stylesheet">
  </head>
  <body>
    <header>
      <img src="imgs/top_logo.png" alt="logo">
      <h1>책밥</h1>
    </header>
    <nav>
      <a href="#">책밥의 신간</a>
      <a href="#">첫 번째</a>
      <a href="#">1일#하루</a>
      <a href="#">취미실용</a>
    </nav>
    <section>
      <h2>마음을 채우는 한 끼 도서출판 책밥</h2>
      <p>반복되는 일상에 지친 당신에게 새로운 에너지를 공급하는 책을 만들겠습니다. 정성껏 준비한 한 끼로 독자 여러분의 마음을 든든하게 채워 드립니다.</p>
    </section>
    <article>
      <h3>'책밥'으로 맛있게 읽는 즐거움을 느껴보세요!</h3>
      <p>반복되는 일상에 지친 당신에게 새로운 에너지를 공급하는 책을 만들겠습니다. </p>
    </article>
    <aside>
      <p>섹션이나 아티클 요소에 적용하기 부족한 내용을 입력하세요.</p>
```

```
    </aside>
    <footer>
      <p>Copyright by &copy;책밥 All rights reserved</p>
    </footer>
  </body>
</html>
```

CSS

a요소의 text-decoration 속성의 속성값을 none으로, h2 요소의 text-decoration 속성의 속성값을 underline #ff0000 dotted로 입력합니다.

```
h1{
    color: orange;
  }
a{
    text-decoration: none;
}
h2{
    font-size: 32px;
    font-family: 'Noto Sans KR', sans-serif;
    font-weight: 900;
    color:hsl(0, 0%, 0%);
    text-align: center;
    text-decoration:underline #ff0000 dotted;
}
h3{
    font-size: 24px;
    font-family: 'Noto Sans KR', sans-serif;
    font-weight: 700;
    color: hsl(240, 100%, 50%);
}
p{
    font-family: 'Noto Sans KR', sans-serif;
    font-weight: 100;
}
```

```
footer{
    text-align: right;
}
```

크롬 브라우저에서 확인

비주얼 스튜디오 코드에서 HTML 화면 위에 마우스 오른쪽 버튼을 클릭 후 [Open with live server]를 실행합니다. a 링크 요소가 적용된 메뉴의 밑줄이 없어지고, h2 요소에 빨간색 점선 밑줄이 표시됩니다.

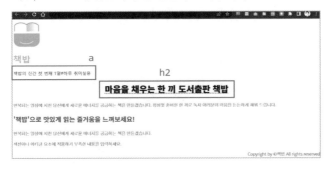

| 03 | 들여쓰기(indent)

text-indent는 문단의 첫 번째 줄을 들여쓰는 속성입니다. 속성값은 양수와 음수 모두 가능합니다. 속성값으로 양수(+)를 사용하면 첫 번째 줄 텍스트가 오른쪽으로 이동합니다. 음수(-)를 속성값으로 사용하면 첫 번째 줄 텍스트가 왼쪽으로 이동합니다. 숫자는 단위와 함께 입력되는데, 이때 단위로는 %, px, em, rem 등이 사용됩니다. 예제로 162쪽의 [실습] 파일의 h3 제목 요소 아래 p 문단 요소의 text-indent의 속성값을 5%로 설정하여 들여쓰기를 하겠습니다.

HTML

구글 웹폰트를 적용한 162쪽의 실습 HTML 파일에 h3 제목 요소 아래의 p 문단 요소에 클래스 네임 text-style를 추가합니다.

```
<article>
    <h3>'책밥'으로 맛있게 읽는 즐거움을 느껴보세요!</h3>
    <p class="text-style">반복되는 일상에 지친 당신에게 새로운 에너지를 공급하는
책을 만들겠습니다.</p>
</article>
```

CSS

클래스 선택자 .text-style를 입력하고 text-indent 속성에 속성값을 5%로 입력합니다.

```
h1{
    color: orange;
    }
a{
    text-decoration: none;
}
h2{
    font-size: 32px;
    font-family: 'Noto Sans KR', sans-serif;
    font-weight: 900;
    color:hsl(0, 0%, 0%);
```

```
    text-align: center;
    text-decoration:underline #ff0000 dotted;
}
h3{
    font-size: 24px;
    font-family: 'Noto Sans KR', sans-serif;
    font-weight: 700;
    color: hsl(240, 100%, 50%);
}
p{
    font-family: 'Noto Sans KR', sans-serif;
    font-weight: 100;
}
footer{
    text-align: right;
}
.text-style{
    text-indent: 5%;
}
```

크롬 브라우저에서 확인

비주얼 스튜디오 코드에서 HTML 화면 위에 마우스 오른쪽 버튼을 클릭 후 [Open with live server]를 실행합니다. text-incent 속성의 속성값을 적용한 부분이 빨간 박스로 표시되었습니다. 빨간 박스를 보면 클래스 네임을 text-style로 지정한 p 요소만 5% 안으로 들어왔습니다.

| 04 | 자간(letter spacing)

letter spacing은 글자 사이의 간격을 조절할 때 사용하는 속성입니다. 속성값으로는 양수와 음수 모두 가능합니다. 양수를 속성값으로 사용하면 글자 사이 간격이 넓어지고 음수를 속성값으로 사용할 경우 좁아집니다. 속성값의 단위로는 %, px, em, rem 등이 사용됩니다.

예제로 162쪽의 [실습] 파일을 사용하겠습니다. h3 제목 요소 아래 p 문단 요소에 letter-spacing을 사용하여 글자 간격을 좁혀보겠습니다.

HTML

162쪽에서 구글 웹폰트를 적용한 [실습] 파일에 h3 제목 요소 아래의 p 문단 요소에 클래스 네임 text-style를 추가합니다.

```
<article>
    <h3>'책밥'으로 맛있게 읽는 즐거움을 느껴보세요!</h3>
    <p class="text-style"> 반복되는 일상에 지친 당신에게 새로운 에너지를 공급하는
책을 만들겠습니다. </p>
</article>
```

CSS

클래스 선택자 .text-style를 입력하고 letter-spacing 속성의 속성값을 -3px로 입력합니다.

```
.text-style{
    text-indent: 5%;
    letter-spacing: -3px;
}
```

크롬 브라우저에서 확인

비주얼 스튜디오 코드에서 HTML 화면 위에 마우스 오른쪽 버튼을 클릭 후 [Open with live server]를 실행합니다. letter-spacing 속성의 속성값을 적용한 부분이 빨간 박스로 표시되었습니다. 빨간 박스를 보면 클래스 네임을 text-style로 지정한 p 요소만 자간 간격이 -3px 좁아졌습니다.

| 05 | 단어 간격(word spacing)

word spacing은 단어 사이의 간격을 조절할 때 사용하는 속성입니다. 속성값으로는 양수와 음수 모두 가능합니다. 양수를 속성값으로 사용하면 단어 간격이 넓어지고 음수를 속성값으로 사용하면 좁아집니다. 이때 word spacing는 글자 간격에 영향을 주지 않습니다. 속성값의 단위로는 %, px, em, rem 등이 사용됩니다.

예제로 실습(162쪽) HTML 파일을 사용하겠습니다. h3 제목 요소 아래의 p 문단 요소에 word-spacing 속성을 사용하여 글자 간격을 넓히겠습니다.

HTML

162쪽에서 구글 웹폰트를 적용한 [실습] 파일에 h3 제목 요소 아래의 p문단 요소에 클래스 네임 text-style을 추가합니다.

```html
<article>
    <h3>'책밥'으로 맛있게 읽는 즐거움을 느껴보세요!</h3>
        <p class="text-style">반복되는 일상에 지친 당신에게 새로운 에너지를 공급하는
책을 만들겠습니다. </p>
</article>
```

CSS

클래스 선택자 .text-style에 word-spacing 속성의 속성값을 1em로 입력합니다.

```css
.text-style{
    text-indent: 5%;
    letter-spacing: -3px;
    word-spacing: 1em;
}
```

크롬 브라우저에서 확인

비주얼 스튜디오 코드에서 HTML 화면 위에 마우스 오른쪽 버튼을 클릭 후 [Open with live server]를 실행합니다.

word-spacing 속성의 속성값을 적용한 부분이 빨간 박스로 표시되었습니다. 빨간 박스를 보면 클래스 네임을 text-tyle로 지정한 p 요소의 단어 사이의 간격이 넓어 졌습니다.

| 06 | 행간(line height)

line height는 글줄 간격(행간)을 조절할 때 사용하는 속성입니다. 속성값으로는 양수와 음수 모두 가능합니다. 양수를 속성값으로 사용하면 글줄 간격이 넓어지고 음수를 속성값으로 사용하면 좁아집니다. line height는 letter spacing, word spacing에 영향을 주지 않습니다. 속성값의 단위로는 %, px, em, rem 등이 사용됩니다.

예제로 168쪽에서 만든 [실습] HTML 파일을 사용하겠습니다. h3 제목 요소 아래의 p 문단 요소에 line-height를 사용하여 행간을 넓혀보겠습니다.

HTML

168쪽에서 구글 웹폰트를 적용한 [실습] 파일에 h3 제목 요소 아래의 p 문단 요소에 다음과 같은 글을 추가합니다.

```html
<article>
    <h3>'책밥'으로 맛있게 읽는 즐거움을 느껴보세요!</h3>
    <p class="text-style">반복되는 일상에 지친 당신에게 새로운 에너지를 공급하는
책을 만들겠습니다. 정성껏 준비한 한 끼로 독자 여러분의 마음을 든든하게 채워 드립니다.책밥의 출간
도서 목록입니다. 앞으로 다양한 책이 출간될 예정입니다. 많은 기대 부탁드립니다. 밥 없이 잘살아갈
수 있는 사람은 없습니다. '책은 밥이다'라는 생각, 책밥은 독자에게 주식(主食)이 될 수 있는 도서를 제공
하겠습니다.</p>
</article>
```

CSS

클래스 선택자 .text-style에 font-size 속성과 속성값 20px을 입력합니다. 다음으로 line-height 속성에 속성값 1.5를 입력합니다.

```css
.text-style{
    text-indent: 5%;
    letter-spacing: -3px;
    word-spacing: 1em;
    font-size: 20px;
    line-height: 1.5;
}
```

크롬 브라우저에서 확인

비주얼 스튜디오 코드에서 HTML 화면 위에 마우스 오른쪽 버튼을 클릭 후 [Open with live server]를 실행합니다.

word-spacing 속성의 속성값을 적용한 부분이 빨간 박스로 표시되었습니다. 빨간 박스를 보면 클래스 네임을 text-tyle로 지정한 p 요소의 행간이 넓어집니다.

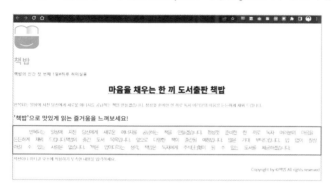

➕ line-height의 속성값을 단위 없이 숫자만 입력할 경우 줄 높이는 font-size 기준 비율로 정해집니다. 예를 들어 font-size가 20px일 때 line-height 속성값을 1.5라고 입력한 경우 20px의 150% 값으로 설정되기 때문에 line-height 높이값은 30px이 됩니다. 이때 20px 높이의 위와 아래에 각각 5px의 여백이 생겨서 행간 높이는 총 30px가 됩니다.

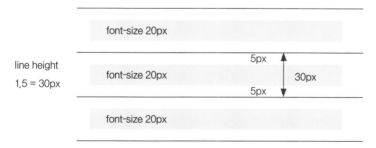

박스 모델(Box Model)

HTML 페이지의 콘텐츠 크기를 정하기 위해서 CSS에서 박스 모델(Box Model) 속성을 사용합니다. CSS 박스 모델은 모든 HTML Element(요소)를 감싸는 상자로서 콘텐츠 크기(width, height)와 테두리 선(border), 안쪽 여백(padding), 바깥 여백(margin) 속성으로 구성되어 있습니다. 다음 HTML 파일을 사용해서 박스 모델(box model)의 형태에 대해 설명하겠습니다. 1번 div 요소 안에 h2 제목 요소와 p 문단 요소를 입력하면 div와 h2, p 요소는 block level로 표시되기 때문에 박스 모델(box model)은 크롬 브라우저에서 중첩 표시됩니다.

HTML

HTML5 기본 문법에서 〈body〉〈/body〉 사이에 다음과 같이 입력합니다. (42쪽)
❶ 〈body〉〈/body〉 사이에 〈div〉〈/div〉를 입력합니다.
❷ 〈div〉〈/div〉 사이에 〈h2〉〈/h2〉를 입력합니다.
❸ 〈h2〉〈/h2〉 사이에 "마음을 채우는 한 끼 도서출판 책밥"을 입력합니다.
❹ 〈h2〉〈/h2〉의 아래에 〈p〉〈/p〉를 입력합니다.
❺ 〈p〉〈/p〉 사이에 "반복되는 일상에 지친 당신에게 새로운 에너지를 공급하는 책을 만들겠습니다. 정성껏 준비한 한 끼로 독자 여러분의 마음을 든든하게 채워 드립니다."를 입력합니다.

```
<body>
❶ <div>
❷❸  <h2>마음을 채우는 한 끼 도서출판 책밥</h2>
❹❺  <p>반복되는 일상에 지친 당신에게 새로운 에너지를 공급하는 책을 만들겠습니다.
    정성껏 준비한 한 끼로 독자 여러분의 마음을 든든하게 채워 드립니다.</p>
   </div>
</body>
```

위 HTML에 div와 h2 제목 요소, p 문단의 박스 모델(Box Model)을 시각적으로 명확하게 구분하기 위해 붉은색을 적용했습니다. div 안에 h2, p 요소가 중첩 표시됩니다.

| 01 | 크기(width, height)

콘텐츠의 크기를 설정하기 위해 너비 width, 높이 height 속성을 사용해서 원하는 크기의 박스를 만들 수 있습니다. 예제로 172쪽의 HTML에서 div 요소를 사용해서 너비 600px, 높이 300px 크기의 박스를 만들어보겠습니다.

HTML

172쪽 HTML 파일을 이용합니다.

CSS

div 요소의 width 속성에 속성값 600px을, height 속성에 속성값 300px을 입력합니다.

```
div{
    width: 600px;
    height: 300px;
}
```

크롬 브라우저에서 확인

비주얼 스튜디오 코드에서 마우스 오른쪽 버튼을 클릭 후 [Open with live server]를 실행해 크롬 브라우저에서 확인합니다. 크롬 브라우저에서 [F12]를 누르거나 마우스 오른쪽 버튼을 클릭 후 검사 메뉴를 클릭하여 '개발자 도구' 창을 열어줍니다. '마음을 채우는…' 제목 위에 마우스를 위치시키고 마우스 오른쪽 버튼을 클릭해 [검사] 메뉴를 클릭합니다.

❶ 요소 선택 버튼을 클릭합니다.
❷ div 요소 영역에 마우스를 오버하면 div 요소 속성이 툴팁으로 보입니다.
❸ div 요소를 클릭하면 오른쪽 하단에 박스 속성이 나타납니다.

| 02 | 테두리 선(border)

박스의 크기를 설정한 후 border 속성을 이용해서 박스에 테두리 선(border)을 적용할 수 있습니다. 테두리 선(border) 속성을 통해 선 굵기, 선 종류, 선 색 등을 설정합니다.

다음은 테두리 선을 표시하는 속성입니다.

속성값	설명
border-width	px, em 등을 속성값의 단위로 하여 선 굵기를 설정합니다.
border-style	선의 스타일을 설정합니다. 속성값으로 none(선 없음), dotted(점선), dashed(파선), solid(실선), double(2줄) 등이 있습니다.
border-color	선의 색을 설정합니다. 속성값으로 컬러 이름, 16진수, RGB, HSL 등을 사용합니다.

예제로 HTML에서 div 요소를 사용해서 너비 600px 높이 300px 크기 박스에 border 속성을 사용해서 굵기 1px, 실선, 파란색 테두리를 만들어보겠습니다.

HTML

172쪽 HTML 파일을 이용합니다.

CSS

div 요소의 border-width 속성에 속성값 1px를, border-style 속성에 속성값 solid를, border-color에 속성값 #0000ff를 입력합니다.

```
div{
    width: 600px;
    height: 300px;
    border-width: 1px;
    border-style: solid;
    border-color: #0000ff;
}
```

크롬 브라우저에서 확인

비주얼 스튜디오 코드에서 HTML 화면 위에 마우스 오른쪽 버튼을 클릭 후
[Open with live server]를 실행합니다. div 요소의 너비 600px, 높이 300px 크기
박스에 굵기가 1px이고, 실선이며, 파란색 테두리가 만들어졌습니다.

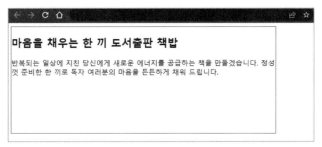

➕ border-width, border-style, border-color 속성은 여러 줄로 입력하기 때문에 코드가 길어지는 단점
이 있습니다. 코드를 줄이기 위해 한 줄(border shorthand)로 입력할 수 도 있습니다.(101쪽) 한 줄로 속
성값을 입력하는 경우는 아래와 같습니다. 순서대로 border-width, border-style, border-color의 속성
값이 됩니다.

CSS

```
div{
    width: 600px;
    height: 300px;
    border: 1px solid #0000ff;
}
```

테두리 선(border)을 원하는 면에만 표시할 수 있습니다. CSS의 테두리 선 속성은
border-top, border-right, border-bottom, border-left이고 속성값을 입력하는 방식
은 border shorthand의 속성값과 같습니다.

속성값	설명	속성값	설명
border-top	테두리의 상단 선을 표시합니다.	border-bottom	테두리의 하단 선을 표시합니다.
border-right	테두리의 오른쪽 선을 표시합니다.	border-left	테두리의 왼쪽 선을 표시합니다.

예제로 HTML에서 div 요소를 사용해서 너비 600px 높이 300px 크기 박스에 border-top, border-bottom 속성을 사용하여 상단 선은 굵기 1px, 실선, 파란색으로 설정하고 하단 선은 굵기 2px, 점선, 빨간색으로 설정하겠습니다.

HTML

172쪽 HTML 파일을 이용합니다.

CSS

border: 1px solid #0000ff;를 지웁니다. div 요소의 border-top 속성에 속성값 1px, solid, #0000ff을 순서대로 입력합니다. border-bottom 속성에 속성값 2px, dotted, #ff0000을 순서대로 입력합니다.

```
div{
    width: 600px;
    height: 300px;
    border-top: 1px solid #0000ff;
    border-bottom: 2px dotted #ff0000;
}
```

크롬 브라우저에서 확인

비주얼 스튜디오 코드에서 HTML 화면 위에 마우스 오른쪽 버튼을 클릭 후 [Open with live server]를 실행합니다. border-top 속성의 속성값을 적용한 부분이 위쪽의 빨간 박스로 표시되었습니다. 빨간 박스를 보면, div 요소의 너비 600px, 높이 300px 크기 박스에 굵기가 1px이고, 실선이며, 파란색인 위쪽 테두리가 생성됩니다. border-bottom 속성의 속성값을 적용한 부분이 아래쪽의 빨간 박스로 표시되었습니다. 빨간 박스를 보면, div 요소의 너비 600px, 높이 300 크기 박스에 굵기가 2px이고, 점선이며, 빨간색인 위쪽 테두리가 생성됩니다.

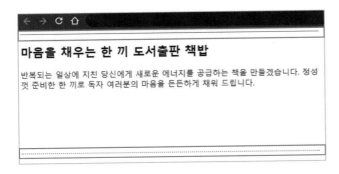

| 03 | 여백(padding, margin)

CSS에서는 테두리 선(border)을 기준으로 안쪽 여백과 바깥쪽 여백을 각각 설정할수 있습니다. 안쪽 여백 속성은 padding이고 바깥쪽 여백 속성은 margin입니다. padding 속성은 테두리 선 border 내부에 콘텐츠 여백을 설정하며 margin은 테두리 선 border 바깥쪽에 여백을 설정합니다.

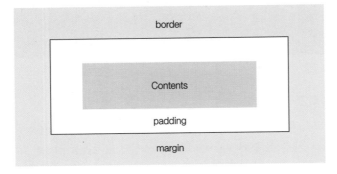

● Padding(안쪽 여백)

CSS에서 안쪽 여백의 속성은 위쪽부터 시계 방향 순서대로 padding-top, padding-right, padding-bottom, padding-left이고, 속성값의 단위는 px, em, rem과 %가 사용됩니다.

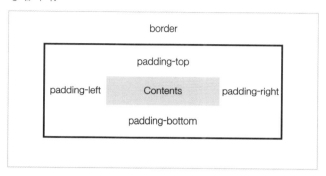

➕ padding 속성은 속성값으로 음수를 허용하지 않습니다.

속성값	설명
padding-top	테두리의 상단 안쪽 여백을 표시합니다.
padding-right	테두리의 오른쪽 안쪽 여백을 표시합니다.
padding-bottom	테두리의 하단 안쪽 여백을 표시합니다.
padding-left	테두리의 왼쪽 안쪽 여백을 표시합니다.

예제로 HTML에서 div 요소를 사용해서 너비 600px 크기 박스의 border 속성의 속성값을 굵기 1px, 실선, 검은색으로 설정합니다. 다음으로, padding-top, padding-left 속성을 사용하여 상단에 10px 여백을 설정하고, 좌측에 3em(48px) 여백을 표시하겠습니다.

HTML

172쪽 HTML 파일을 이용합니다.

CSS

div 요소의 padding-top 속성에 속성값 10px을, border-bottom 속성에 속성값 3em을 순서대로 입력합니다.

```
div{
    width: 600px;
    border: 1px solid #000000;
    padding-top: 10px;
    padding-left: 3em;
}
```

크롬 브라우저에서 확인

비주얼 스튜디오 코드에서 HTML 화면 위에 마우스 오른쪽 버튼을 클릭 후 [Open with live server]를 실행합니다. border-top 속성의 속성값을 적용한 부분이 위쪽의 빨간 박스로 표시되었습니다. 상단 안쪽 여백이 10px, 왼쪽 안쪽 여백 3em(48px)로 설정되었습니다.

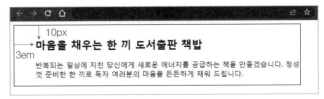

크롬 개발자 도구에서 확인

크롬 브라우저에서 [F12] 또는 마우스 오른쪽 버튼 클릭 후 검색하여 '개발자 도구' 창을 열면 padding 값이 적용된 것을 확인할 수 있습니다.

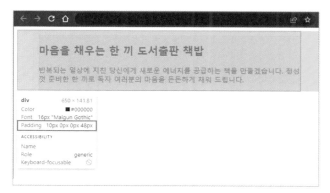

➕ padding-top, padding-right, padding-bottom, padding-left 속성은 여러 줄로 입력하기 때문에 코드가 길어지는 단점이 있습니다. 코드를 간결하게 하기 위해 한 줄(border shorthand)로 입력할 수도 있습니다. 속성값 입력 순서는 top right bottom left이고 한 칸 띄어 씁니다.

CSS

```
div{
    width: 600px;
    border: 1px solid #000000;
    padding: 10px 0 0 3em;
}
```

● Margin(바깥 여백)

margin 속성은 테두리 선(border) 기준으로 바깥쪽 여백을 설정하는 속성입니다. 이때 박스와 박스 사이의 간격을 margin 속성으로 설정할 수 있습니다.

CSS에서 바깥 여백의 속성은 위쪽부터 시계 방향 순서대로 margin-top, margin-right, margin-bottom, margin-left이고, 속성값의 단위로는 px, em, rem과 %가 사용됩니다.

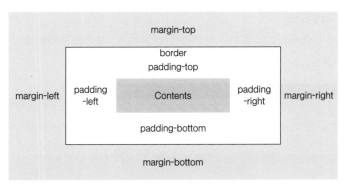

➕ margin 속성은 속성값으로 음수를 허용합니다.

속성값	설명
margin-top	테두리 선 상단 바깥쪽 여백을 표시합니다.
margin-right	테두리 선 오른쪽 바깥쪽 여백을 표시합니다.
margin-bottom	테두리 선 하단 바깥쪽 여백을 표시합니다
margin-left	테두리 선 왼쪽 바깥쪽 여백을 표시합니다.

예제로 HTML에서 div 요소를 사용해서 너비 600px 박스의 border 속성의 속성값을 굵기 1px, 실선, 검은색으로 설정합니다. 다음으로 margin-top, margin-left 속성을 사용하여 상단에 10px, 좌측에 3em(48px)으로 바깥쪽 여백을 표시하겠습니다.

HTML

172쪽 HTML 파일을 이용합니다.

CSS

div 요소의 border 속성에 속성값 1px, solid, #000000을 순서대로 입력합니다.
다음으로 margin-top 속성에 속성값 10px를 입력합니다.
마지막으로 margin-left 속성에 속성값 3em을 입력합니다.

```
div{
    width: 600px;
    border: 1px solid #000000;
    margin-top: 10px;
    margin-left: 3em;
}
```

크롬 브라우저에서 확인

비주얼 스튜디오 코드에서 HTML 화면 위에 마우스 오른쪽 버튼을 클릭 후
[Open with live server]를 실행합니다. border 속성의 속성값이 적용되어 너비
600px, 높이 300px 크기 박스에 1px 굵기, 실선, 검정 테두리가 적용되었습니다.
margin-top과 margin-left 속성의 속성값을 각각 적용한 부분이 빨간색 화살표로
표시되었습니다. 화살표를 보면 상단 바깥쪽 여백이 10px, 왼쪽 바깥쪽 여백이
3em(48px)로 설정됩니다.

크롬 개발자 도구에서 확인

크롬 브라우저에서 [F12] 또는 마우스 오른쪽 버튼 클릭 후 검사 메뉴를 클릭하여 '개발자 도구' 창을 열어줍니다.

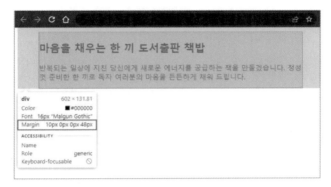

➕ margin-top, margin-right, margin-bottom, margin-left 속성은 여러 줄로 입력하기 때문에 코드가 길어지는 단점이 있습니다. 코드를 줄이기 위해 한 줄(border shorthand)로 입력할 수도 있습니다. 한 줄로 속성값을 입력하는 경우는 아래와 같습니다. 순서대로 margin-top, margin-right, margin-bottom, margin-left의 속성값이 됩니다.

CSS

```
div{
    width: 600px;
    border: 1px solid #000000;
    margin: 10px 0 0 3em;
}
```

| 04 | 둥근 모서리(radius)

border-radius 속성은 사각형의 모서리를 둥글게 만들 때 사용하는 속성입니다. 둥근 정도는 CSS의 border-radius 속성의 속성값으로 지정합니다.

예제로 사각형 네 모서리를 같은 크기와 모양으로 둥글게 만드는 방법, 2개씩 대각선으로 같게 만드는 방법, 네 모서리를 각각 다르게 둥글리는 방법에 대해 알아보겠습니다.

먼저 네 모서리에 같은 크기와 모양으로 둥글리는 방법으로 CSS에서 border-radius 속성을 사용합니다. HTML에서 div 요소에 클래스 선택자 radius1 클래스 네임을 사용하고, CSS에서 border-radius 속성과 속성값을 입력합니다.

HTML

HTML5 기본 문법에서 〈body〉〈/body〉 사이에 다음과 같이 입력합니다. 42쪽의 HTML 페이지(Documents)의 기본 구성이나 58쪽의 [실습]을 참고하세요.

❶ 〈body〉〈/body〉 사이에 〈div〉〈/div〉를 입력합니다.
❷ div 요소에 클래스 네임 radius1을 추가합니다.
❸ 〈div class="radius1"〉〈/div〉 사이에 〈h2〉〈/h2〉를 입력합니다.
❹ 〈h2〉〈/h2〉 사이에 "첫째 속성값 한 개"을 입력합니다.
❺ 〈h2〉〈/h2〉의 아래에 〈p〉〈/p〉를 입력합니다.
❻ 〈p〉〈/p〉 사이에 "4개 모서리 둥근 모양이 같습니다"를 입력합니다.

```
    <body>
❶❷ <div class="radius1">
❸❹     <h2>첫째 속성값 한개</h2>
❺❻     <p>4개 모서리 둥근 모양이 같습니다.</p>
    </div>
    </body>
```

CSS

.rasius 클래스의 border-radius 속성의 속성값으로 10px을 입력합니다.

```
.radius1{
    width: 200px;
    height: 200px;
    border: 2px solid #000000;
    border-radius: 10px;
}
```

크롬 브라우저에서 확인

비주얼 스튜디오 코드에서 HTML 화면 위에 마우스 오른쪽 버튼을 클릭 후 [Open with live server]를 실행합니다. div 요소의 너비 200px, 높이 200px 크기 박스에 굵기가 2px이고, 실선이며, 검정색 테두리가 만들어졌습니다. 이때 border-radius 속성의 속성값이 10px로 설정되어 테두리가 둥글게 설정되었습니다.

두 번째로 CSS에서 border-radius 속성에 속성값 2개를 사용해 사각형 네 모서리를 대각선 방향으로 같게 설정하겠습니다.

HTML

185쪽에서 실행한 HTML의 〈body〉〈/body〉 사이에 다음과 같이 입력합니다.

❶ 〈body〉〈/body〉 사이에 있는 〈div class="radius1"〉〈/div〉 아래에 〈div〉〈/div〉를 입력합니다.

❷ div 요소에 클래스 네임 radius2를 추가합니다.

❸ 〈div class="radius2"〉〈/div〉 사이에 〈h2〉〈/h2〉를 입력합니다.

❹ 〈h2〉〈/h2〉 사이에 "둘째 속성값 두 개"을 입력합니다.

❺ ③에서 입력한 〈h2〉〈/h2〉의 아래에 〈p〉〈/p〉를 입력합니다.

❻ 〈p〉〈/p〉 사이에 "대각선 방향의 모서리 둥근 모양이 같습니다"를 입력합니다.

```
    <body>
      <div class="radius1">
          <h2>첫째 속성값 한개</h2>
          <p>4개 모서리 둥근 모양이 같습니다.</p>
❶     </div>
❷     <div class="radius2">
❸ ❹      <h2>둘째 속성값 두개</h2>
❺ ❻      <p>대각선 방향의 모서리 둥근 모양이 같습니다.</p>
      </div>
    </body>
```

CSS

radius2 클래스의 border-radius 속성의 속성값으로 1em, 3em을 순서대로 입력합니다. 이때 border-radius 속성의 속성값 2개 중 첫 번째는 왼쪽 상단 모서리와 오른쪽 하단 모서리의 속성값이고, 두 번째는 오른쪽 상단 모서리와 왼쪽 하단 모서리의 속성값입니다.

```
.radius2{
    width: 200px;
    height: 200px;
    border: 2px solid #000000;
    border-radius: 1em 3em;
}
```

크롬 브라우저에서 확인

비주얼 스튜디오 코드에서 HTML 화면 위에 마우스 오른쪽 버튼을 클릭 후 [Open with live server]를 실행합니다.

div 요소의 너비 200px, 높이 200px 크기 박스에 굵기가 2px이고, 실선이며, 검정 색인 테두리가 만들어졌습니다. 이때 border-radius 속성의 속성값이 1em, 3em으로 설정되어 테두리 선의 대각선 방향끼리 모서리가 둥근 모양이 같습니다.

세 번째로 CSS에서 border-radius 속성에 속성값 4개를 사용해 사각형 네 모서리의 둥근 정도를 각각 설정해보겠습니다. 이때 속성값 4개의 순서는 왼쪽 상단 모서리부터 시작한 시계 방향 순서가 됩니다.

HTML

185쪽에서 실행한 HTNL의 〈body〉 〈/body〉 사이에 다음과 같이 입력합니다.

❶ 〈body〉〈/body〉 사이에, 〈div class="radius2"〉〈/div〉 아래에 〈div〉〈/div〉를 입력합니다.

❷ div 요소에 클래스 네임 radius3를 추가합니다.

❸ 〈div class="radius3"〉〈/div〉 사이에 〈h2〉〈/h2〉를 입력합니다.

❹ 〈h2〉〈/h2〉 사이에 "셋째 속성값 네 개"을 입력합니다.

❺ ③에서 입력한 〈h2〉〈/h2〉의 아래에 〈p〉〈/p〉를 입력합니다.

❻ 〈p〉〈/p〉 사이에 "모서리에 둥근 모양이 각각 다릅니다"를 입력합니다.

```
<body>
    <div class="radius1">
        <h2>첫째 속성값 한개</h2>
        <p>4개 모서리 둥근 모양이 같습니다.</p>
    </div>
    <div class="radius2">
        <h2>둘째 속성값 두개</h2>
        <p>대각선 방향의 모서리 둥근 모양이 같습니다.</p>
    </div>
    <div class="radius3">
        <h2>셋째 속성값 네개</h2>
        <p>모서리에 둥근 모양이 각각 다릅니다.</p>
    </div>
</body>
```

CSS

radius3 클래스의 border-radius 속성의 속성값으로 10px, 20px, 30px, 40px을
순서대로 입력합니다. 여기서 border-radius 속성값들은 띄어쓰기로 구분합니
다. 이때 4개의 속성값은 앞에서부터 순서대로 왼쪽 상단 모서리, 오른쪽 상단 모
서리, 오른쪽 하단 모서리, 왼쪽 하단 모서리의 값이 됩니다.

```
.radius3{
    width: 200px;
    height: 200px;
    border: 2px solid #000000;
    border-radius: 10px 20px 30px 40px;
}
```

크롬 브라우저에서 확인

비주얼 스튜디오 코드에서 HTML 화면 위에 마우스 오른쪽 버튼을 클릭 후 [Open with live server]를 실행합니다. div 요소의 너비 200px, 높이 200px 크기 박스에 굵기가 2px이고, 실선이며, 검정색인 테두리가 만들어졌습니다. 이때 border-radius 속성의 속성값이 10px, 20px, 30px, 40px로 설정되어 모서리의 둥근 정도가 각각 다르게 설정되었습니다.

| 05 | box-sizing

box model을 사용해서 콘텐츠를 구성하는 경우 콘텐츠에 따라 안쪽 여백(padding), 선 굵기(border) 속성에 다양한 속성값을 입력하게 됩니다. 같은 너비(width)와 높이(height) box 2개에 안쪽 여백(padding)값과 선 굵기(border)값을 각각 다르게 입력하면 아래 그림과 같이 box의 너비와 높이가 다르게 표시됩니다.

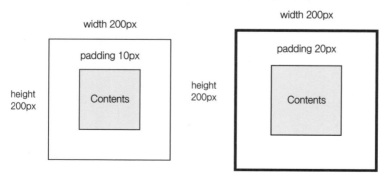

이런 현상은 박스 크기가 여백값(padding)과 선 굵기값(border)까지 포함되어 표시되기 때문에 시각적으로 혼돈이 생길 수 있습니다. 그래서 box 너비값과 높이값에 안쪽 여백, 선 굵기값을 포함하는 기준을 설정해야 합니다. 이때 box-sizing 속성은 박스의 크기 기준을 설정하는 속성입니다. 속성값으로는 contexts-box, border-box가 있습니다.

속성값	설명
content-box	기본값으로 안쪽 여백(padding)값과 선 굵기(border)값을 설정하면 박스 너비값과 높이값이 더해져 표시됩니다.
border-box	기준을 지정하는 속성값으로 안쪽 여백(padding)값과 선 굵기(border)값을 설정하면 박스 너비값과 높이값 안에 포함되어 설정한 너비와 높이값 크기를 유지합니다.

예제로 HTML에서 div 요소를 사용해 각각 content-box, border-box 속성을 사용하는 2개의 박스를 만들어 너비와 높이를 비교하겠습니다.

HTML

HTML5 기본 문법에서 〈body〉 〈/body〉 사이에 다음과 같이 입력합니다. 42쪽의 HTML 페이지(Documents)의 기본 구성이나 58쪽의 [실습]을 참고하세요.

❶ 〈body〉〈/body〉 사이에 〈div class="box1"〉〈/div〉를 입력합니다.
❷ 〈div class="box1"〉〈/div〉 사이에 〈p〉〈/p〉를 입력합니다.
❸ 〈p〉〈/p〉 사이에 "width 300px, height 150px"을 입력합니다.
❹ 〈div class="box1"〉〈/div〉의 아래에 〈div class="box2"〉〈/div〉를 입력합니다.
❺ 〈div class="box2"〉〈/div〉 사이에 〈p〉〈/p〉를 입력합니다.
❻ 〈p〉〈/p〉 사이에 "width 300px, height 150px"을 입력합니다.

```
<body>
  <div class="box1">
    <p>width 300px, height 200px</p>
  </div>

  <div class="box2">
    <p>width 300px, height 200px</p>
  </div>
</body>
```

CSS

.선택자 box1은 width 속성의 속성값으로 300px을, height 속성의 속성값으로 150px를 입력합니다. 다음으로 border 속성의 속성값으로 5px, solid, #0000ff를 입력합니다. 마지막으로 padding 속성의 속성값으로 10px를 입력합니다.

.선택자 box2는 width 속성의 속성값으로 300px을, height 속성의 속성값으로 150px를 입력합니다. 다음으로 border 속성의 속성값으로 10px, solid, #ff0000를 입력합니다. 마지막으로 padding 속성의 속성값으로 20px를 입력합니다.

```
.box1{
    width: 300px;
    height: 150px;
    border: 5px solid #0000ff;
    padding: 10px;
}
.box2{
    width: 300px;
    height: 150px;
    border: 10px solid #ff0000;
    padding: 20px;
}
```

크롬 브라우저에서 확인

비주얼 스튜디오 코드에서 HTML 화면 위에 마우스 오른쪽 버튼을 클릭 후 [Open with live server]를 실행합니다. CSS에서 2개의 박스를 너비와 높이가 같게 설정했지만 화면에 표시된 크기는 다릅니다. 왜냐하면 box-sizing 속성값이 없으면 안쪽 여백(padding)값과 선 굵기(border)값이 포함된 너비와 높이로 표시되기 때문입니다.

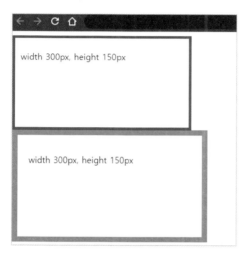

크롬 개발자 도구에서 확인

다음으로 크롬 브라우저에서 [F12] 또는 마우스 오른쪽 버튼 클릭 후 검사 메뉴를 클릭하여 '개발자 도구' 창을 연 후 개발자 도구에서 박스 너비를 확인합니다. 너비값과 높이값이 안쪽 여백값과 선 굵기값이 포함된 값으로 표시되어 너비는 330px, 높이는 180px가 됩니다.

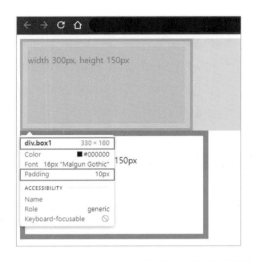

왼쪽 선 굵기값+안쪽 여백값+너비값+오른쪽 여백값+오른쪽 선 굵기값=총 너비값

$$5px + 10px + 300px + 10px + 5px = 330\ px$$

상단 선 굵기값+상단 여백값+너비값+하단 여백값+하단 선 굵기값=총 높이값

$$5px + 10px + 150px + 10px + 5px = 180\ px$$

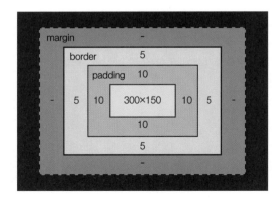

다음은 박스 안쪽 여백 값과 선 굵기 값을 포함하는 box-sizing 속성에 border-box 속성값을 추가하겠습니다. HTML은 192쪽 내용을 그대로 사용합니다.

CSS

```
.box1{
    width: 300px;
    height: 150px;
    border: 5px solid #0000ff;
    padding: 10px;
    box-sizing: border-box;
}
.box2{
    width: 300px;
    height: 150px;
    border: 10px solid #ff0000;
    padding: 20px;
    box-sizing: border-box;
}
```

크롬 브라우저에서 확인

비주얼 스튜디오 코드에서 HTML 화면 위에 마우스 오른쪽 버튼을 클릭 후 [Open with live server]를 실행합니다. box-sizing 속성에 border-box 속성값을 입력하면 안쪽 여백(padding)값과 선 굵기(border)값을 포함한 같은 크기로 표시되어서 시각적으로 명확해졌습니다.

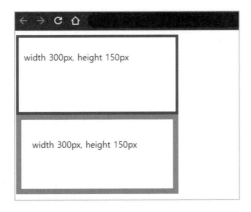

크롬 개발자 도구에서 확인

크롬 브라우저에서 [F12] 또는 마우스 오른쪽 버튼을 클릭 후 검색하여 '개발자 도구' 창을 엽니다. 파란 박스는 안쪽 여백(padding)이 10px, 빨간 박스는 20px로 설정되었지만, ox-sizing과 border-box의 설정값을 입력했기 때문에 파란 박스와 빨간 박스 크기는 같게 표시됩니다. box-sizing 설정과 border-box 설정값이 있을 때와 없을 때의 차이를 잘 기억해두세요.

레이아웃(Layout)

HTML에서 제목, 문단, 그림, 미디어 요소를 박스 모델로 구성하고 페이지 공간에 심미적으로 배열하는 작업을 레이아웃 디자인이라고 합니다. 이번 장에서 CSS 속성과 속성값을 사용해 레이아웃 디자인하는 방법을 알아보겠습니다.

| 01 | float

float 속성은 이미지 요소(elements) 옆에 텍스트를 자연스럽게 왼쪽 또는 오른쪽에 흐르듯 배치하는 속성입니다. 블록 레벨 박스 모델을 수평 정렬할 때도 사용합니다. 속성값으로는 다음 3가지가 있습니다.

속성값	설명
none	기본값으로 float 속성값이 없습니다.
left	요소(element)를 왼쪽으로 배치합니다.
right	요소(element)를 오른쪽으로 배치합니다.

왼쪽 그림은 이미지와 글이 있을 때 만들어지는 레이아웃입니다. 이미지(img) 요소가 왼쪽에 있고 문단(p) 요소가 오른쪽에 흐르듯이 자연스럽게 배치되어 있습니다. 오른쪽 그림은 왼쪽과 반대로 되어 있습니다.

이미지

Lorem ipsum dolor sit amet, consectetur adipiscing elit. Pellentesque massa neque, facilisis in tempor eget, rutrum eget nisl. Vestibulum ante ipsum primis in faucibus orci luctus et ultrices posuere cubilia curae; Sed a i nterdum dui. Fusce tempor, leo non rhoncus lacinia, nisi velit efficitur sem, et mattis lorem mauris eu mauris. Etiam semper id sapien nec pulvinar. Integer ac aliquam lacus. Etiam aliquam quis purus in bibendum.

Lorem ipsum dolor sit amet, consectetur adipiscing elit. Pellentesque massa neque, facilisis in tempor eget, rutrum eget nisl. Vestibulum ante ipsum primis in faucibus orci luctus et ultrices posuere cubilia curae; 이미지 nterdum dui. Fusce tempor, leo non rhoncus lacinia, nisi velit efficitur sem, et mattis lorem mauris eu mauris. Etiam semper id sapien nec pulvinar. Integer ac aliquam lacus. Etiam aliquam quis purus in bibendum.

예제로 float 속성을 이용해 레이아웃 디자인을 해보겠습니다.

HTML

HTML5 기본 문법의 〈body〉〈/body〉 사이에 입력합니다. 42쪽의 HTML 페이지(Documents)의 기본 구성 또는 58쪽의 [실습]을 참고하세요.

❶ 〈div〉〈/div〉 요소로 박스를 만듭니다.

❷ 〈div〉〈/div〉 요소 사이의 〈p〉〈/p〉 문단 요소를 입력합니다.

❸ 〈p〉〈/p〉 문단 요소 사이에 〈img〉 요소를 입력하고 이미지가 있는 파일의 경로를 입력합니다. 여기서는 "imgs/top_logo.png"를 입력했습니다. 그리고 alt 속성에 대체 텍스트 "image"를 입력합니다.

❹ img 옆에 다음과 같은 텍스트를 입력합니다.

```
<body>
  <div
    <p><img src="imgs/top_logo.png" alt="image">반복되는 일상에
지친 당신에게 새로운 에너지를 공급하는 책을 만들겠습니다. 정성껏 준비한 한 끼로 독자 여러분의
마음을 든든하게 채워 드립니다. 책밥의 출간 도서 목록입니다. 앞으로 다양한 책이 출간될 예정입니다.
많은 기대 부탁드립니다. 밥 없이 잘살아갈 수 있는 사람은 없습니다. '책은 밥이다'라는 생각, 책밥은
독자에게 주식(主食)이 될 수 있는 도서를 제공하겠습니다.</p>
  </div>
</body>
```

CSS

❶ 〈div〉〈/div〉 요소를 선택자로 입력하고 border 속성의 속성값을 1px, solid, #9b9b9b로 순서대로 입력합니다. 다음으로 width 속성의 속성값을 400px로 입력합니다.

➕ 이때 border 속성의 1px는 테두리 선의 두께를 의미하고 solid는 선의 모양을 실선으로 하며 #9b9b9b는 선의 색상을 의미합니다.

❷ 테두리 선 내부의 〈img〉 요소를 선택자로 입력하고 float 속성의 속성값을
left로 입력합니다. 다음으로 margin 속성의 속성값을 10px로 입력합니다.

⊕ 이때 border 속성의 margin 속성을 사용하면 이미지와 글 간격을 보기 좋게 하기 위해 이미지와 p
요소 텍스트 사이에 간격을 줄 수 있습니다.

```
div{
    border: 1px solid #9b9b9b;
    width: 400px;
}
img{
    float: left;
    margin: 10px;
}
```

크롬 브라우저에서 확인

비주얼 스튜디오 코드에서 HTML 화면 위에 마우스 오른쪽 버튼을 클릭 후
[Open with live server]를 실행합니다. 이미지가 왼쪽에 배치되고 텍스트는 오른
쪽에 배치됩니다.

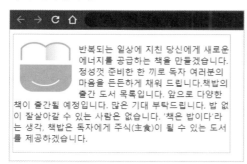

⊕ CSS 화면에서는 [Open with live server] 미리보기가 실행되지 않습니다.

CSS

CSS에서 float 속성의 속성값을 left에서 right로 수정합니다.

```css
div{
    border: 1px solid #9b9b9b;
    width: 400px;
}
img{
    float: right;
    margin: 10px;
}
```

크롬 브라우저에서 확인

비주얼 스튜디오 코드에서 HTML 화면 위에 마우스 오른쪽 버튼을 클릭 후 [Open with live server]를 실행합니다. 이미지가 오른쪽에 배치되고 텍스트는 왼쪽에 배치됩니다.

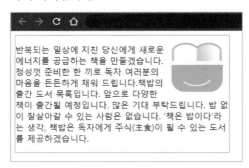

⊕ CSS 화면에서는 [Open with live server] 미리보기가 실행되지 않습니다.

float 속성은 box model을 수평으로 정렬할 때도 사용할 수 있습니다.

HTML

HTML5 기본 문법에서 〈body〉 〈/body〉 사이에 입력합니다. 42쪽의 HTML 페이지(Documents) 기본 구성 또는 58쪽의 [실습]을 참고합니다.

❶ 〈div〉〈/div〉 요소로 박스를 만들고 클래스 네임 box1을 입력합니다.
❷ 〈div〉〈/div〉 요소로 박스를 만들고 클래스 네임 box2을 입력합니다.
❸ 〈div〉〈/div〉 요소로 박스를 만들고 클래스 네임 box3을 입력합니다.

```
<body>
  <div class="box1"></div>
  <div class="box2"></div>
  <div class="box3"></div>
</body>
```

CSS

❶ div 요소를 선택자로 입력하고 float 속성의 속성값을 left로 입력합니다. 그다음 width 속성의 속성값을 100px, height 속성의 속성값을 100px로 입력합니다.

　➕ float : left는 왼쪽 정렬을, width는 박스 너비를, height는 박스 높이를 입력합니다.

❷ 클래스 네임 box1을 선택자로 입력하고 border 속성의 속성값을 5px, solid, #ff0000(빨간색) 순서대로 입력합니다.

　➕ 이때 5px는 테두리 선의 두께, solid는 선의 모양을 실선으로, #ff0000은 선의 색깔을 의미합니다.

❸ 클래스 네임 box2을 선택자로 입력하고 border 속성의 속성값을 5px, solid, #00ff00(연두색) 순서대로 입력합니다.

　➕ 이때 5px는 테두리 선의 두께, solid는 선의 모양을 실선으로, #00ff00은 선의 색깔을 의미합니다.

❹ 클래스 네임 box3을 선택자로 입력하고 border 속성의 속성값을 5px, solid, #0000ff(파란색) 순서대로 입력합니다.

　➕ 이때 5px는 테두리 선의 두께, solid는 선의 모양을 실선으로, #0000ff은 선의 색깔을 의미합니다.

```
① div{
     float: left;
     width: 100px;
     height: 100px;
   }
② .box1{
     border: 5px solid #ff0000;
   }
③ .box2{
     border: 5px solid #00ff00;
   }
④ .box3{
     border: 5px solid #0000ff;
   }
```

롬 브라우저에서 확인

비주얼 스튜디오 코드에서 HTML 화면 위에 마우스 오른쪽 버튼을 클릭 후
[Open with live server]를 실행합니다. block line 박스가 수평으로 정렬되었
습니다.

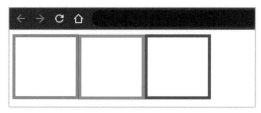

➕ 이때 float은 수평 정렬된 레이아웃을 할 때 활용되는 것을 확인할 수 있습니다.

| 02 | clear

float 속성을 사용할 때 주의할 점이 있습니다. float 속성은 강력해서 이것을 사용한 이후에 다음으로 사용하는 모든 요소들은 float 속성에 영향을 받아 정확한 위치를 설정하기가 힘들어집니다. 이때 float 속성을 제어하는 clear 속성을 사용하여 float 속성의 영향을 끊을 수 있습니다.

clear 속성의 속성값은 다음과 같습니다.

속성값	설명
none	기본값으로 float 속성 아래로 요소가 중첩되지 않습니다.
left	float 속성값이 left일 때 요소가 float 속성 아래 왼쪽으로 배치됩니다.
right	float 속성값이 right일 때 요소가 float 속성 아래 오른쪽으로 배치됩니다.
both	float 속성값이 left 또는 right일 때 요소가 float 속성 아래쪽으로 배치됩니다.

HTML

HTML5 기본 문법에서 〈body〉〈/body〉 사이에 입력합니다. 42쪽의 HTML 페이지(Documents) 기본 구성 또는 58쪽의 [실습]을 참고하세요.

❶ 〈div〉〈/div〉 요소로 박스를 만듭니다.

❷ 〈div〉〈/div〉 요소 사이에 〈p〉〈/p〉 문단 요소를 입력합니다.

❸ 〈p〉〈/p〉 문단 요소 사이에 〈img〉 이미지 요소를 입력하고 이미지가 있는 파일 경로를 입력합니다. 여기서는 "imgs/top_logo.png"를 입력했습니다. 그리고 alt 속성에 대체 텍스트 "image"를 입력합니다.

❹ 〈div〉〈/div〉 요소 사이에 새로운 〈p〉〈/p〉 문단 요소를 입력합니다.

❺ 〈p〉〈/p〉 문단 사이에 클래스 네임을 clear로 입력하고 다음과 같이 텍스트를 입력합니다.

```
<body>
❶ <div>         ❸
  ❷ <p><img src="imgs/top_logo.png" alt="image">반복되는 일상에
지친 당신에게 새로운 에너지를 공급하는 책을 만들겠습니다.  </p>
  ❹ <p class="clear">책밥의 출간 도서 목록입니다. 앞으로 다양한 책이 출간될 예정
입니다. 많은 기대 부탁드립니다. 밥 없이 잘살아갈 수 있는 사람은 없습니다. '책은 밥이다'라는 생각,
책밥은 독자에게 주식(主食)이 될 수 있는 도서를 제공하겠습니다.</p>
  </div>
</body>
```

CSS

❶ div 요소를 선택자로 입력하고 border 속성의 속성값을 1px, solid, #9b9b9b(회
색)로 순서대로 입력합니다. 다음으로 width 속성의 속성값을 400px로 입력합
니다.

　➕ 이때 1px는 테두리 선의 두께, solid는 선의 모양을 실선으로, #9b9b9b는 선의 색상을 의미합니다.

❷ 테두리 선 내부의 img 요소를 선택자로 입력하고 float 속성의 속성값을 right로
입력합니다. 다음으로 margin 속성의 속성값을 10px로 입력합니다.

　➕ 이때 margin 속성을 사용하면 이미지와 글 간격을 보기 좋게 하기 위해 이미지와 p 요소 텍스트 사이
에 간격을 줄 수 있습니다.

```
❶ div{
    border: 1px solid #9b9b9b;
    width: 400px;
  }
❷ img{
    float: right;
    margin: 10px;
  }
```

크롬 브라우저에서 확인

비주얼 스튜디오 코드에서 HTML 화면 위에 마우스 오른쪽 버튼을 클릭 후 [Open with live server]를 실행합니다.

결과와 같이 clear: both가 없을 때 float 속성의 right 속성값이 작용하여 텍스트가 이미지 왼쪽에 위치합니다.

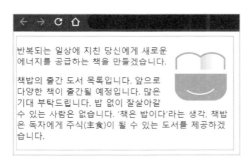

CSS

추가한 클래스 네임 clear 속성의 속성값으로 both를 입력합니다.

```
div{
    border: 1px solid #9b9b9b;
    width: 400px;
}
img{
    float: right;
    margin: 10px;
}
.clear{
    clear: both;
}
```

크롬 브라우저에서 확인

비주얼 스튜디오 코드에서 HTML 화면 위에 마우스 오른쪽 버튼을 클릭 후 [Open with live server]를 실행합니다. clear: both을 추가한 후의 화면을 보면, 클래스 네임이 clear인 〈p〉〈/p〉 문단 요소는 float 속성을 끊고 img 요소 밑에 위치됩니다.

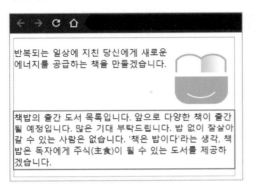

| 03 | overflow

overflow 속성은 텍스트나 이미지가 제한된 박스 영역보다 크거나 많을 때 박스 영역을 무시하고 내용을 다 보여줄지, 박스 영역만큼만 보여줄지 결정하는 속성입니다. overflow 속성의 속성값은 다음과 같습니다.

속성값	설명
visible	기본값으로 내용이 박스 영역을 무시하고 넘쳐 내용 전체가 표시됩니다.
hidden	내용이 박스 영역만큼만 표시됩니다. 넘치는 내용은 잘려 보이지 않습니다.
scroll	박스 크기가 유지되며, 박스에서 벗어나는 내용도 볼 수 있도록 스크롤을 표시합니다.(내용이 부족해도 스크롤바가 항상 표시됩니다.)
auto	내용이 박스 영역보다 많으면 자동으로 스크롤을 표시합니다. 내용이 부족하면 스크롤을 표시하지 않습니다.(내용이 영역을 넘칠 때만 스크롤바가 표시됩니다.)

⊕ scroll vs auto

- scroll : 고정으로 스크롤바가 제공됩니다.
- auto : 본인이 지정한 박스 영역 안에서 스크롤이 생성되며, 영역을 벗어난 내용은 스크롤바를 이용하여 내용을 확인할 수 있습니다.

박스 영역 안에 내용을 입력한 후 overflow 속성과 속성값을 사용하면 내용이 어떻게 표시되는지 알아보겠습니다.

HTML

HTML5 기본 문법에서 〈body〉〈/body〉 사이에 입력합니다. 42쪽의 HTML 페이지(Documents)의 기본 구성 또는 58쪽의 [실습]을 참고하세요.

❶ 〈div〉〈/div〉 요소로 박스를 만들고 클래스 네임 box1을 입력합니다.
❷ 〈div〉〈/div〉 요소 사이에 다음과 같은 텍스트를 입력합니다.

```
<body>
❶<div class="box1">
❷    반복되는 일상에 지친 당신에게 새로운 에너지를 공급하는 책을 만들겠습니다. 정성껏
준비한 한 끼로 독자 여러분의 마음을 든든하게 채워 드립니다. 책밥의 출간 도서 목록입니다.
앞으로 다양한 책이 출간될 예정입니다. 많은 기대 부탁드립니다. 밥 없이 잘살아갈 수 있는
사람은 없습니다. '책은 밥이다'라는 생각, 책밥은 독자에게 주식(主食)이 될 수 있는 도서를
제공하겠습니다.
    </div>
</body>
```

CSS

클래스 네임 box1을 선택자로 입력하고 border 속성의 속성값을 1px, solid, #ff0000(빨간색) 순서대로 입력합니다. 다음으로 width 속성의 속성값을 400px로, height 속성의 속성값을 100px로 입력합니다. 마지막으로 overflow 속성의 속성값을 visible로 입력합니다.

⊕ 이때 1px는 테두리 선의 두께, solid는 선의 모양을 실선으로, #ff0000은 선의 색깔을 의미합니다. width는 박스의 너비를, height는 박스의 높이를 의미합니다.

```
.box1{
    border: 1px solid #ff0000;
    width: 400px;
    height: 100px;
    overflow: visible;
}
```

크롬 브라우저에서 확인

비주얼 스튜디오 코드에서 HTML 화면 위에 마우스 오른쪽 버튼을 클릭 후
[Open with live server]를 실행합니다.

너비 400px, 높이 100px 박스에 #ff0000 색상의 테두리 선이 표시됩니다.
overflow 설정의 설정값을 visible로 입력하자 내용이 박스 영역을 무시하고 넘쳐
나와 표시됩니다.

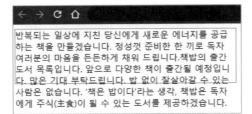

CSS

overflow 속성의 속성값을 hidden으로 수정합니다.

```
.box1{
    border: 1px solid #ff0000;
    width: 400px;
    height: 100px;
    overflow: hidden;
}
```

크롬 브라우저에서 확인

비주얼 스튜디오 코드에서 HTML 화면 위에 마우스 오른쪽 버튼을 클릭 후 [Open with live server]를 실행합니다. 너비 400px, 높이 100px 박스에 #ff0000 색상의 테두리 선이 표시됩니다. overflow 설정의 설정값을 hidden으로 입력하자 내용이 div 박스 영역만큼만 표시되고 나머지 내용은 보이지 않습니다.

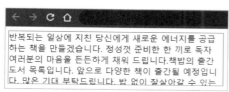

CSS

overflow 속성의 속성값을 scroll로 변경합니다.

```
.box1{
    border: 1px solid #ff0000;
    width: 400px;
    height: 100px;
    overflow: scroll;
}
```

크롬 브라우저에서 확인

비주얼 스튜디오 코드에서 HTML 화면 위에 마우스 오른쪽 버튼을 클릭 후 [Open with live server]를 실행합니다. 너비 400px, 높이 100px 박스에 #ff0000 색상의 테두리 선이 표시됩니다. overflow 설정의 설정값을 scroll로 입력하면 div 박스 영역이 유지되고, 가로세로 스크롤이 표시되고 스크롤을 사용해서 전체 내용을 확인할 수 있습니다.

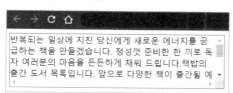

CSS

overflow 속성의 속성값을 auto로 수정합니다.

```
div{
    border: 1px solid #ff0000;
    width: 400px;
    height: 100px;
    overflow: auto;
}
```

크롬 브라우저에서 확인

비주얼 스튜디오 코드에서 HTML 화면 위에 마우스 오른쪽 버튼을 클릭 후 [Open with live server]를 실행합니다.

너비 400px, 높이 100px 박스에 #ff0000 색상의 테두리 선이 표시됩니다. overflow 속성의 속성값을 auto으로 입력하면 내용이 div 박스 영역에 넘치기 때문에 자동으로 세로 스크롤이 표시됩니다.

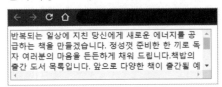

● 이미지와 내용을 2단으로 레이아웃 구성하기

float과 overflow 속성을 사용하여 글이 이미지 밑으로 흐르지 않고, 이미지와 텍스트가 2단인 레이아웃을 구성합니다. 아래 이미지와 같습니다.

HTML

HTML5 기본 문법에서 〈body〉 〈/body〉 사이에 입력합니다. 42쪽의 HTML 페이지(Documents) 기본 구성 또는 58쪽의 [실습]을 참고하세요.

❶ 〈div〉 〈/div〉 요소로 박스를 만들고 클래스 네임 box1을 입력합니다.

❷ 〈div〉〈/div〉 요소 사이에 〈img〉 이미지 요소를 입력하고 이미지가 있는 파일의 경로를 입력합니다. 여기서는 "imgs/top_logo.png"를 입력했습니다. 그리고 alt 속성에 대체 텍스트 "image"를 입력합니다.

❸ 〈p〉〈/p〉 문단 요소에 다음과 같은 텍스트를 입력합니다.

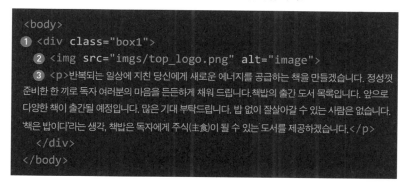

```
<body>
❶ <div class="box1">
    ❷ <img src="imgs/top_logo.png" alt="image">
    ❸ <p>반복되는 일상에 지친 당신에게 새로운 에너지를 공급하는 책을 만들겠습니다. 정성껏
준비한 한 끼로 독자 여러분의 마음을 든든하게 채워 드립니다.책밥의 출간 도서 목록입니다. 앞으로
다양한 책이 출간될 예정입니다. 많은 기대 부탁드립니다. 밥 없이 잘살아갈 수 있는 사람은 없습니다.
'책은 밥이다'라는 생각, 책밥은 독자에게 주식(主食)이 될 수 있는 도서를 제공하겠습니다.</p>
    </div>
</body>
```

CSS

❶ div 요소를 선택자로 입력하고 border 속성의 속성값을 1px, solid, #9b9b9b 순서대로 입력합니다. 다음으로 width 속성의 속성값을 400px로 입력합니다.

  ✛ 이때 1px는 테두리 선의 두께, solid는 선 모양을 실선으로, #9b9b9b는 선의 색상을 의미합니다.

❷ 테두리 선 내부의 img 요소를 선택자로 입력하고 float 속성의 속성값을 left로 입력합니다. 다음으로 margin 속성의 속성값을 10px로 입력합니다.

  ✛ 이때 margin 속성을 사용하면 이미지와 글 간격을 보기 좋게 하기 위해 이미지와 p 요소 텍스트 사이에 간격을 줄 수 있습니다.

❸ p 문단 요소를 선택자로 입력하고 overflow 속성의 속성값으로 auto를 입력합니다.

```
① div{
    border: 1px solid #9b9b9b;
    width: 400px;
}
② img{
    float: left;
    margin: 10px;
}
③ p{
    overflow: auto;
}
```

크롬 브라우저에서 확인

비주얼 스튜디오 코드에서 HTML 화면 위에 마우스 오른쪽 버튼을 클릭 후
[Open with live server]를 실행합니다.

float 속성의 left 속성과 overflow 속성의 auto 속성값이 작용하여 테두리 선 안에
이미지와 텍스트가 2단으로 표시되었습니다.

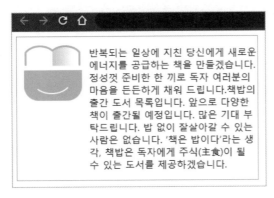

| 04 | display

HTML 요소(element)는 2가지로 표시된다고 학습했습니다. 하나는 수직으로 쌓는 블록(Block)이고, 또 하나는 수평으로 나열하는 인라인(Inline)입니다. (197쪽) 앞에서 Block level 요소를 수평으로 정렬하는 float 속성에 대해 알아보았습니다. (197쪽) 여기서는 display 속성 중 inline-block 속성값에 대해 알아보겠습니다. 이때 display 속성은 웹사이트에 수평으로 정렬되어 있는 GNB(Global navigation bar) 메뉴나 div 박스를 수평 정렬할 때 많이 사용됩니다.

실전 예제 웹사이트에 접속해서(https://eroica-design.github.io/htmlcss/index. html) 개발자 도구를 엽니다.

❶ GNB 메뉴를 보면 수직으로 표시되는 HTML의 li 요소가 ❶-1 CSS의 display 속성의 inline-block 속성값이 적용되어 메뉴가 수평으로 표시됩니다.

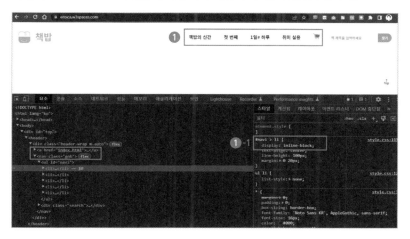

display 속성값 중에서 많이 사용하는 속성 몇 가지를 알아보겠습니다.

속성값	설명
inline	수평 정렬하는 속성으로, HTML의 span 요소처럼 표시됩니다.
block	수직 정렬하는 속성으로, HTML의 div 요소처럼 표시됩니다.
inline-block	HTML에서 수직으로 표시되는 block level 요소를 수평 정렬하는 속성입니다.
none	HTML 요소를 숨기는 속성으로. 속성 사용 시 웹브라우저에서 보이지 않습니다.
flex	레이아웃을 가로와 세로로 정렬하는 레이아웃 전용 속성값입니다. 이것은 CSS의 다른 속성과 함께 사용하기 때문에 사용법이 조금 복잡합니다. 그래서 따로 235쪽에서 자세히 다룹니다.

첫 번째로 수직으로 표시되는 메뉴를 inline-block 속성값을 사용해서 수평으로 만들어보겠습니다.

HTML

76쪽에서 실습한 html 파일의 〈ul〉〈/ul〉과 〈li〉〈/li〉를 사용하여 만든 순서 없는 목록을 사용하겠습니다.

```
<ul>
    <li>책밥의 시간</li>
    <li>첫 번째</li>
    <li>1일#하루</li>
    <li>취미 실용</li>
</ul>
```

CSS

❶ li 요소를 선택자로 입력하고 display 속성의 속성값을 inline-block으로 입력합니다. 다음으로 margin-right 속성의 속성값을 30px로 입력합니다.

➕ <ul></ul>과 <li></li>를 사용하여 만든 메뉴는 기본적으로 수직 정렬됩니다. 또한 margin-right 속성을 사용하여 메뉴 간의 간격을 넓혀주면 가독성을 높일 수 있습니다. block 속성을 inline 속성, 즉 수평으로 변경했기 때문에 메뉴 앞에 있는 점이 표시되지 않습니다.

```
li{
    display: inline-block;
    margin-right: 30px;
}
```

크롬 브라우저에서 확인

비주얼 스튜디오 코드에서 HTML 화면 위에 마우스 오른쪽 버튼을 클릭 후 [Open with live server]를 실행합니다.

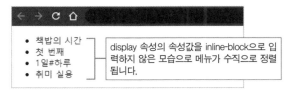

- 책밥의 시간
- 첫 번째
- 1일#하루
- 취미 실용

display 속성의 속성값을 inline-block으로 입력하지 않은 모습으로 메뉴가 수직으로 정렬됩니다.

inline-block 속성값 적용 전 화면

책밥의 시간   첫 번째   1일#하루   취미 실용

display 속성의 속성값을 inline-block으로 입력한 모습으로 메뉴가 수평으로 정렬됩니다.

inline-block 속성값 적용 후 화면

두 번째로 "1일#하루" 메뉴를 display 속성의 none 속성값을 이용해 표시하지 않겠습니다.

HTML

❶ "1일 #하루" 메뉴의 〈li〉〈/li〉 요소에 클래스 네임 none을 입력합니다.

```
<ul>
    <li>책밥의 시간</li>
    <li>첫 번째</li>
    <li class="none">1일#하루</li>
    <li>취미 실용</li>
</ul>
```

CSS

❶ 클래스 네임 none를 선택자로 입력하고 display 속성의 속성값을 none으로 입력합니다.

```
li{
    display: inline-block;
    margin-right: 30px;
}
.none{
    display: none;
}
```

크롬 브라우저에서 확인

비주얼 스튜디오 코드에서 HTML 화면 위에 마우스 오른쪽 버튼을 클릭 후 [Open with live server]를 실행합니다. display 속성의 none 속성값이 적용되어 "1일#하루" 메뉴가 표시되지 않습니다.

책밥의 시간   첫 번째   취미 실용

none 속성값 적용 화면

세 번째로 레이아웃을 수평으로 디자인하기 위해 2개의 div 박스를 수평 정렬하겠습니다.

HTML

HTML5 기본 문법에서 〈body〉〈/body〉 사이에 입력합니다. 42쪽의 HTML 페이지(Documents)의 기본 구성 또는 58쪽의 [실습]을 참고합니다.

❶ 〈div〉〈/div〉 요소로 박스를 만들고 클래스 네임 box1을 입력합니다.
❷ 〈div〉〈/div〉 요소 사이에 〈p〉〈/p〉 문단 요소를 입력하고 그 사이에 가로 정렬을 입력합니다.
❸ 〈div class= "box1"〉〈/div〉 요소 아래에 〈div〉〈/div〉 요소로 박스를 만들고 클래스 네임 "box2"를 입력합니다.
❹ 〈div〉〈/div〉 요소 사이에 〈p〉〈/p〉 문단 요소를 입력하고 그 사이에 가로 정렬을 입력합니다.

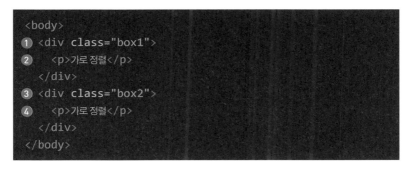

```
<body>
❶ <div class="box1">
❷   <p>가로 정렬</p>
  </div>
❸ <div class="box2">
❹   <p>가로 정렬</p>
  </div>
</body>
```

CSS

❶ div 요소를 선택자로 입력하고 display 속성의 속성값을 inline-block으로 입력합니다. 다음으로 width 속성의 속성값을 300px로, height 속성의 속성값을 150px로 입력합니다.

⊕ display 속성의 속성값을 inline-block으로 입력하면 div 요소들이 수평 정렬됩니다. 또 width는 박스의 너비를, height는 박스의 높이를 입력합니다.

❷ 클래스 네임 box1을 선택자로 입력하고 border 속성의 속성값을 5px, solid, #0000ff 순서대로 입력합니다.

➕ 이때 5px는 테두리 선의 두께, solid는 선의 모양을 실선으로, #0000ff(파란색)은 선의 색깔을 의미합니다.

❸ 클래스 네임 box2를 선택자로 입력하고 border 속성의 속성값을 5px, solid, #ff0000 순서대로 입력합니다.

➕ 이때 5px는 테두리 선의 두께, solid는 선의 모양을 실선으로, #ff0000(빨간색)은 선의 색깔을 의미합니다.

```
❶ div{
      display: inline-block;
      width: 300px;
      height: 150px;
  }
❷ .box1{
      border: 5px solid #0000ff;
  }
❸ .box2{
      border: 5px solid #ff0000;
  }
```

크롬 브라우저에서 확인

비주얼 스튜디오 코드에서 HTML 화면 위에 마우스 오른쪽 버튼을 클릭 후 [Open with live server]를 실행합니다. 클래스 네임이 각각 box1, box2인 div 박스 2개가 수평으로 정렬되었습니다.

➕ inline-block 특성 상 박스 사이에 간격이 생깁니다.

box 수평 정렬

| 05 | position

position 속성은 top, left, right, bottom 좌푯값을 사용하여 HTML 요소를 원하는 곳에 배치할 수 있는 속성입니다. 여러 개의 position 속성값 중 일부는 HTML 문서 흐름에 영향을 받습니다. 이때 HTML 문서 흐름이란 HTML 요소(elements)의 작성 순서를 뜻합니다. position 속성의 속성값으로는 정적인 static, 상대적인 relative, 고정적인 fixed, 절대적인 absolute, 붙어 있는 sticky 등이 있고 좌푯값을 선언해야 원하는 위치로 배치됩니다. 좌푯값 속성은 top, right, bottom, left로 방향을 입력하고, 숫자와 단위를 속성값으로 표시합니다.

position의 속성값

속성값	설명	문서 흐름 영향
static	position 속성의 기본값입니다. HTML 요소는 문서 흐름에 따라 배치되고 이때 position 좌푯값을 입력해도 적용되지 않습니다.	o
relative	상대적인 속성값으로 문서 흐름에 영향을 받습니다. HTML 요소에 top, right, bottom, left 속성과 좌푯값을 적용하면 문서 흐름 이후에 위치가 배치됩니다.	o
fixed	고정적인 속성값으로 문서 흐름에 지장을 받지 않습니다. top, right, bottom, left 좌푯값에 따라 HTML 요소가 문서에 배치됩니다. 이때 문서 페이지가 길어져 스크롤이 생성되더라도 fixed 속성값이 적용된 HTML 요소는 화면에서 항상 같은 위치에 고정으로 배치된다는 특징이 있습니다.	x
absolute	절대적인 속성값으로 HTML body 요소를 기준으로 위치를 설정합니다. 가장 근접한 문서 흐름을 무시하고 다른 HTML 요소와 겹칠 수 있습니다. 또한 부모로(상위) 설정된 position 속성 중 relative 속성값이 있으면 먼저 설정된 position 속성값을 기준으로 HTML 요소가 배치됩니다.	x
sticky	문서 흐름에 따라서 배치되며 사용자의 스크롤 위치를 기준으로 HTML 요소에 입력된 좌푯값에 붙습니다. 스크롤 움직임에 HTML 요소를 고정 배치하기 위해서는 좌푯값인 top, right, bottom, left 속성과 속성값 중 하나 이상을 입력해야 합니다.	x

기본 속성값인 static, relative, fixed, absolute, sticky 속성값을 예제를 통해 순서대로 적용하겠습니다.

첫 번째 예제로 static 속성값을 적용하겠습니다.

HTML

61쪽의 [실습]에서 사용한 HTML 문서를 이용하겠습니다.

❶ CSS 스타일 시트는 style.css 파일을 만들고(119쪽), ⟨link rel ="stylesheet" href ="style.css"⟩를 입력하여 외부 스타일 시트로 연결합니다.

❷ ⟨body⟩ ⟨/body⟩ 사이에 ⟨div⟩ ⟨/div⟩ 요소를 입력합니다.

❸ ⟨div⟩ ⟨/div⟩ 요소 사이에 ⟨h1⟩ ⟨/h1⟩ 제목 요소를 입력하고 그 사이에 다음과 같은 텍스트를 입력합니다.

❹ ⟨p⟩ ⟨/p⟩ 문단 요소를 입력하고 그 사이에 다음과 같은 텍스트를 입력합니다.

❺ ⟨div⟩ ⟨/div⟩ 요소를 입력하고 클래스 네임 static을 입력합니다.

❻ ⟨div class= "static"⟩ ⟨/div⟩ 사이에 ⟨p⟩ ⟨/p⟩ 문단 요소를 입력하고 "static"을 입력합니다.

❼ ⟨p⟩ ⟨/p⟩ 문단 요소를 입력하고 다음과 같은 텍스트를 입력합니다.

```
<!DOCTYPE html>
<html lang="ko">
<head>
  <meta charset="UTF-8">
  <title>position CSS</title>
  <meta http-equiv="X-UA-Compatible" content="IE=edge">
  <meta name="viewport" content="width=device-width,
initial-scale=1.0">
❶ <link rel="stylesheet" href="style.css">
</head>
<body>
❷ <div>
❸    <h1>마음을 채우는<br>한 끼<br>도서출판 책밥</h1>
```

```
④      <p>반복되는 일상에 지친 당신에게 새로운 에너지를 공급하는 책을 만들겠습니다.
       <br>  정성껏 준비한 한 끼로 독자 여러분의 마음을 든든하게 채워 드립니다.</p>
⑤      <div class="static">
⑥          <p>static</p>
       </div>
⑦      <p>반복되는 일상에 지친 당신에게 새로운 에너지를 공급하는 책을 만들겠습니다.
       <br>  정성껏 준비한 한 끼로 독자 여러분의 마음을 든든하게 채워 드립니다.</p>
②    </div>
   </body>
   </html>
```

➕ 220쪽에 소스코드에 사각형으로 표시한 것은 호환성 보기와 반응형 웹에 사용되는 코드로, position 속성과 관계없는 코드입니다. 지워도 되고 그냥 둬도 됩니다.

CSS

클래스 네임 static을 선택자로 입력하고 position 속성의 속성값을 static으로 입력합니다. 다음으로 top 속성의 속성값을 200px로, left 속성의 속성값을 200px로 입력합니다. 마지막으로 border 속성의 속성값을 5px, solid, #ff0000 순서대로 입력합니다.

```
.static{
    position: static;
    top: 200px;
    left: 200px;
    border: 5px solid #ff0000;
}
```

➕ top 속성과 left 속성은 좌푯값을 설정하는 속성입니다. 이때 border 속성에서 5px는 테두리 선의 두께, solid는 선의 모양을 실선으로, #ff0000(빨간색)은 선의 색을 의미합니다.

크롬 브라우저에서 확인

비주얼 스튜디오 코드에서 HTML 화면 위에 마우스 오른쪽 버튼을 클릭 후 [Open with live server]를 실행합니다. position 속성의 속성값이 static이기 때문에 top 200px, left 200px로 설정한 좌푯값이 적용되지 않고 문서 흐름대로 배치됩니다.

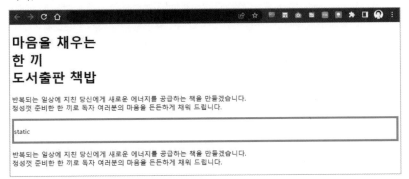

static 속성값 적용 화면

➕ CSS 화면에서는 [Open with live server] 미리보기가 실행되지 않습니다.

두 번째 예제로 상대적인 속성값인 relative 속성값을 적용하겠습니다.

HTML

HTML은 앞서 사용한 static HTML 파일(220쪽)을 그대로 사용합니다.

❶ <p>반복되는 일상에…채워 드립니다.</p> 문단 요소 다음에 <div></div> 요소를 입력하고 클래스 네임으로 .relative로 수정합니다.

❷ <p></p> 문단 요소에 relative를 입력합니다.

❸ <p></p> 문단 요소를 입력하고 다음과 같은 텍스트를 입력합니다.

```
<!DOCTYPE html>
<html lang="ko">
<head>
  <meta charset="UTF-8">
  <title>position CSS</title>
  <link rel="stylesheet" href="style.css">
```

```
    </head>
    <body>
      <div>
        <h1>마음을 채우는<br>한 끼<br>도서출판 책밥</h1>
        <p>반복되는 일상에 지친 당신에게 새로운 에너지를 공급하는 책을 만들겠습니다.
    <br> 정성껏 준비한 한 끼로 독자 여러분의 마음을 든든하게 채워 드립니다.</p>
    ❶ <div class="relative">
    ❷   <p>relative</p>
        </div>
    ❸ <p>반복되는 일상에 지친 당신에게 새로운 에너지를 공급하는 책을 만들겠습니다.
    <br> 정성껏 준비한 한 끼로 독자 여러분의 마음을 든든하게 채워 드립니다.</p>
      </div>
    </body>
    </html>
```

CSS

클래스 네임 relative을 선택자로 입력하고, postion 속성의 속성값을 relative
로, border 속성의 속성값을 3px, solid, #00ff00 순서대로 입력합니다.

➕ 이때 border 속성의 5px는 테두리 선의 두께, solid는 선의 모양을 실선으로, #00ff00(초록색)은 선의
색깔을 의미합니다.

```
.relative{
    position: relative;
    border: 3px solid #00ff00;
}
```

크롬 브라우저에서 확인

비주얼 스튜디오 코드에서 HTML 화면 위에 마우스 오른쪽 버튼을 클릭 후 [Open with live server]를 실행합니다. position 속성의 속성값이 relative이지만 relative 속성에 top, left 속성값을 입력하지 않았으므로 문서의 흐름에 따라 클래스 네임 relative가 배치됩니다.

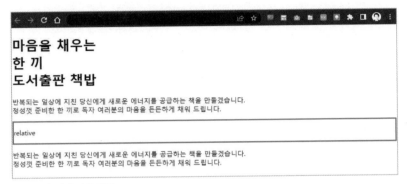

relative 속성값 적용 화면

CSS

클래스 네임이 relative인 선택자에 top 속성의 속성값을 200px로, left 속성의 속성값을 200px로 추가하여 입력합니다.

➕ top 속성과 left 속성은 좌푯값을 설정하는 속성입니다.

```
.relative{
    position: relative;
    top: 200px;
    left: 200px;
    border: 3px solid #00ff00;
}
```

크롬 브라우저에서 확인

비주얼 스튜디오 코드에서 HTML 화면 위에 마우스 오른쪽 버튼을 클릭 후 [Open with live server]를 실행합니다. position 속성의 속성값이 relative이므로, top, left 좌푯값이 적용되어 문서 흐름 기준 상단에서 200px, 왼쪽에서 200px 떨어져 배치됩니다.

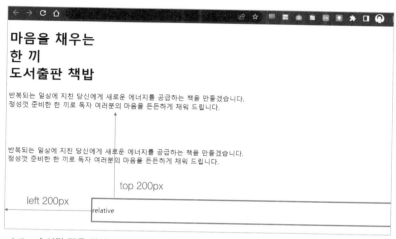

relative 속성값 적용 화면

세 번째 예제로 고정 속성값인 fixed 속성값을 적용하겠습니다.

HTML

HTML은 앞서 사용한 static HTML 파일(222쪽)을 그대로 사용합니다.

❶ `<p>`반복되는 일상에…드립니다.`</p>` 문단 요소 다음에 `<div></div>` 요소를 입력하고 클래스 네임으로 fixed로 수정합니다.

❷ `<p></p>` 문단 요소에 "fixed"를 입력합니다.

❸ fixed의 고정적인 배치 특징을 확인하기 위해 ① 아래에 "`<p>`반복되는 일상에…드립니다. `</p>`"를 복사, 붙여넣기 하여 3개를 추가합니다.

```
<!DOCTYPE html>
<html lang="ko">
<head>
    <meta charset="UTF-8">
    <title>position CSS</title>
    <link rel="stylesheet" href="style.css">
</head>
<body>
    <div>
        <h1>마음을 채우는<br>한 끼<br>도서출판 책밥</h1>
        <p>반복되는 일상에 지친 당신에게 새로운 에너지를 공급하는
책을 만들겠습니다.<br> 정성껏 준비한 한 끼로 독자 여러분의 마음을 든든하게 채워
드립니다.</p>
 ❶ <div class="fixed">
 ❷    <p>fixed</p>
       </div>
 ❸    <p>반복되는 일상에 지친 당신에게 새로운 에너지를 공급하는 책을 만들겠습니다.
<br> 정성껏 준비한 한 끼로 독자 여러분의 마음을 든든하게 채워 드립니다.</p>
       <p>반복되는 일상에 지친 당신에게 새로운 에너지를 공급하는 책을 만들겠습니다.
<br> 정성껏 준비한 한 끼로 독자 여러분의 마음을 든든하게 채워 드립니다.</p>
       <p>반복되는 일상에 지친 당신에게 새로운 에너지를 공급하는 책을 만들겠습니다.
<br> 정성껏 준비한 한 끼로 독자 여러분의 마음을 든든하게 채워 드립니다.</p>
    </div>
</body>
</html>
```

CSS

클래스 네임 fixed을 선택자로 입력하고, position 속성의 속성값을 fixed로 입력합니다. 다음으로 bottom 속성의 속성값을 0px로, right 속성의 속성값을 0px로 입력합니다. 마지막으로 border 속성의 속성값을 3px, solid, #0000ff 순서대로 입력합니다.

➕ bottom 속성과 right 속성은 좌푯값을 설정하는 속성입니다. 또한 이때 border 속성에서 5px는 테두리 선의 두께, solid는 선의 모양을 실선으로, #0000ff(파란색)은 선의 색깔을 의미합니다.

```
.fixed{
    position:fixed;
    bottom: 0px;
    right: 0px;
    border: 5px solid #0000ff;
}
```

크롬 브라우저에서 확인

비주얼 스튜디오 코드에서 HTML 화면 위에 마우스 오른쪽 버튼을 클릭 후 [Open with live server]를 실행합니다.

position 속성의 속성값이 fixed이기 때문에 bottom 0px, right 0px로 설정한 좌푯값이 적용되어, 크롬 브라우저 하단 오른쪽 모서리에 배치됩니다. 스크롤을 내리면 클래스 네임 fixed는 스크롤 이동에 영향을 받지 않고 설정한 좌푯값에 위치가 고정됩니다.

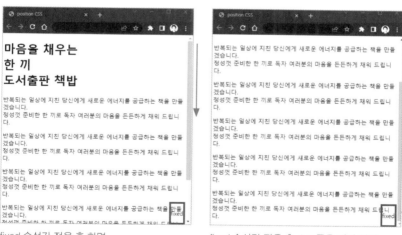

fixed 속성값 적용 후 화면   fixed 속성값 적용 후 스크롤을 내린 화면

➕ 샘플로 긴 텍스트가 필요할 때 직접 입력했나요? 아니면 웹사이트에서 복사했나요? 웹사이트에서 글을 복사하면 CSS 스타일이 따라오기 때문에 스타일이 없는 텍스트를 입력하기 어렵습니다. 의미 없는 긴 텍스트를 입력해야 한다면 비주얼 스튜디오 코드에서 "lorem"을 입력하면 자동으로 긴 텍스트가 입력됩니다.

 lorem 입력

> Lorem ipsum dolor sit, amet consectetur adipisicing elit. Omnis ad odit quasi! Fuga, earum! Amet molestiae rem similique, quia illo exercitationem possimus nihil fuga quis veritatis sequi, necessitatibus eveniet adipisci!

네 번째로 절대적인 속성값인 absolute 속성값을 적용하겠습니다.

HTML

HTML은 앞서 사용한 static HTML 파일(226쪽)을 그대로 사용합니다.

❶ ⟨p⟩반복되는 일상에…드립니다.⟨/p⟩ 문단 요소 다음에 ⟨div⟩⟨/div⟩ 요소를 입력하고 클래스 네임 absolute로 수정합니다.

❷ ⟨p⟩⟨/p⟩ 문단 요소에 "absolute"를 입력합니다.

❸ ⟨p⟩⟨/p⟩ 문단 요소를 입력하고 다음과 같은 텍스트를 입력합니다.

```html
<!DOCTYPE html>
<html lang="ko">
<head>
  <meta charset="UTF-8">
  <title>position CSS</title>
  <link rel="stylesheet" href="style.css">
</head>
<body>
  <div>
    <h1>마음을 채우는<br>한 끼<br>도서출판 책밥</h1>
    <p>반복되는 일상에 지친 당신에게 새로운 에너지를 공급하는 책을 만들겠습니다.
<br> 정성껏 준비한 한 끼로 독자 여러분의 마음을 든든하게 채워 드립니다.</p>
    ❶ <div class="absolute">
    ❷ <p>absolute</p>
    </div>
```

```
❸ <p>반복되는 일상에 지친 당신에게 새로운 에너지를 공급하는 책을 만들겠습니다.
<br> 정성껏 준비한 한 끼로 독자 여러분의 마음을 든든하게 채워 드립니다.</p>
</div>
</body>
</html>
```

CSS

클래스 네임 absolute을 선택자로 입력하고 position 속성의 속성값을 absolute로,
top 속성의 속성값을 50px로, left 속성의 속성값을 100px로 입력합니다. 다음으
로 border 속성의 속성값을 5px, solid, #0000ff 순서대로 입력합니다. 마지막으로
width 속성의 속성값을 200px로 입력합니다.

➕ top 속성과 left 속성은 좌푯값을 설정하는 속성입니다.

다음으로 border 속성의 5px는 테두리 선의 두께, solid는 선의 모양을 실선으로,
#0000ff(파란색)은 선의 색깔을 의미합니다. width 속성은 박스의 너비를 설정합
니다.

```css
.absolute{
    position:absolute;
    top: 50px;
    left: 100px;
    border: 5px solid #0000ff;
    width: 200px;
}
```

크롬 브라우저에서 확인

비주얼 스튜디오 코드에서 HTML 화면 위에 마우스 오른쪽 버튼을 클릭 후 [Open with live server]를 실행합니다. position 속성의 속성값이 absolute이므로, top, left 좌푯값이 적용되어 HTML의 body 요소를 기준으로 상단에서 50px, 오른쪽에서 100px 떨어져 배치됩니다. 스크롤을 올리거나 내리면 .absolute는 스크롤을 따라갑니다. 이때 .absolute 속성값은 가장 근접한 문서의 흐름을 무시하고 다른 HTML 요소와 겹칠 수 있습니다.

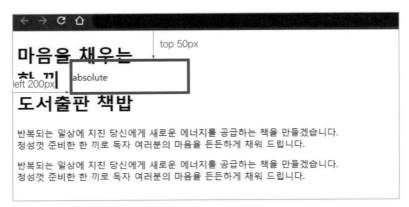

absolute 속성값 적용 화면

다음은 absolute 속성값 위에 부모(상위) position 속성이 있다면 absolute 적용한 자식 HTML 요소는 부모(상위) position 속성을 기준으로 배치된다는 특징을 알아보겠습니다.

HTML

HTML은 앞서 사용한 absolute HTML 파일(228쪽)을 그대로 사용합니다.

❶ `<p>`반복되는 일상에…드립니다.`</p>` 문단 요소 다음에 `<div></div>` 요소를 입력하고 클래스 네임 "parent"를 입력합니다.

❷ ① 사이에 `<div></div>` 요소를 입력하고 클래스 네임 "absolute"를 입력합니다.

❸ 이때 `<p></p>` 문단 요소에 설명글 "absolute"를 입력합니다.

```
<!DOCTYPE html>
<html lang="ko">
<head>
  <meta charset="UTF-8">
  <title>position CSS</title>
  <link rel="stylesheet" href="style.css">
</head>
<body>
  <div>
    <h1>마음을 채우는<br>한 끼<br>도서출판 책밥</h1>
    <p>반복되는 일상에 지친 당신에게 새로운 에너지를 공급하는 책을 만들겠습니다.
<br> 정성껏 준비한 한 끼로 독자 여러분의 마음을 든든하게 채워 드립니다.</p>
    ① <div class="parent">
    ②   <div class="absolute">
    ③     <p>absolute</p>
      </div>
    </div>
    <p>반복되는 일상에 지친 당신에게 새로운 에너지를 공급하는 책을 만들겠습니다.
<br> 정성껏 준비한 한 끼로 독자 여러분의 마음을 든든하게 채워 드립니다.</p>
  </div>
</body>
</html>
```

CSS

앞서 입력한 클래스 네임 absolute 위에 다음과 같이 입력합니다.

클래스 네임 parent를 선택자로 입력하고, position 속성의 속성값을 relative로 입력합니다. 다음으로 border 속성의 속성값을 3px, solid, #ff0000 순서대로 입력합니다. 마지막으로 height 속성의 속성값을 200px로 입력합니다.

➕ border 속성의 5px는 테두리 선의 두께, solid는 선의 모양을 실선으로, #ff0000(빨간색)은 선의 색깔을 의미합니다. 다음으로 height 속성은 박스의 높이를 설정합니다.

```
.parent{
    position: relative;
    border: 3px solid #ff0000;
    height: 200px;
```

```
  }
  .absolute{
    position: absolute;
    top: 50px;
    left: 100px;
    border: 5px solid #0000ff;
    width: 200px;
```

크롬 브라우저에서 확인

비주얼 스튜디오 코드에서 HTML 화면 위에 마우스 오른쪽 버튼을 클릭 후
[Open with live server]를 실행합니다. HTML에서 absolute 속성값 위(부모)에
position: relative 속성이 존재할 경우 좌푯값이 부모 요소를 기준으로 적용됩니
다. 따라서 클래스 네임 absolute는 상단에서 50px, 왼쪽에서 100px 떨어져 배치
됩니다.

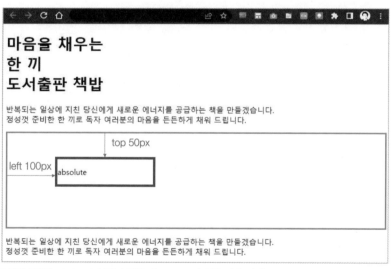

부모(상위)에 relative 속성값이 있을 때 absolute 속성값 적용 화면

다섯 번째 예제로 고정 속성값인 sticky 속성값을 적용하겠습니다.

HTML

HTML은 앞서 사용한 absolute HTML 파일(231쪽)을 그대로 사용합니다.

❶ `<p>`반복되는 일상에…드립니다.`</p>` 문단 요소 다음에 `<div></div>` 요소를 입력하고 클래스 네임으로 .sticky로 수정합니다.

❷ `<p> </p>` 문단 요소에 "sticky"를 입력합니다.

❸ "`<p>`반복되는 일상에…드립니다.`</p>`"를 복사, 붙여넣기 하여 4개를 추가합니다.

```
<!DOCTYPE html>
<html lang="ko">
<head>
  <meta charset="UTF-8">
  <title>position CSS</title>
  <link rel="stylesheet" href="style.css">
</head>
<body>
  <div>
    <h1>마음을 채우는<br>한 끼<br>도서출판 책밥</h1>
    <p>반복되는 일상에 지친 당신에게 새로운 에너지를 공급하는 책을 만들겠습니다.
<br> 정성껏 준비한 한 끼로 독자 여러분의 마음을 든든하게 채워 드립니다.</p>
❶  <div class="sticky">
❷    <p>sticky</p>
    </div>
❸    <p>반복되는 일상에 지친 당신에게 새로운 에너지를 공급하는 책을 만들겠습니다.
<br> 정성껏 준비한 한 끼로 독자 여러분의 마음을 든든하게 채워 드립니다.</p>
    <p>반복되는 일상에 지친 당신에게 새로운 에너지를 공급하는 책을 만들겠습니다.
<br> 정성껏 준비한 한 끼로 독자 여러분의 마음을 든든하게 채워 드립니다.</p>
    <p>반복되는 일상에 지친 당신에게 새로운 에너지를 공급하는 책을 만들겠습니다.
<br> 정성껏 준비한 한 끼로 독자 여러분의 마음을 든든하게 채워 드립니다.</p>
    <p>반복되는 일상에 지친 당신에게 새로운 에너지를 공급하는 책을 만들겠습니다.
<br> 정성껏 준비한 한 끼로 독자 여러분의 마음을 든든하게 채워 드립니다.</p>
  </div>
</body>
</html>
```

CSS

❶ 클래스 네임 sticky을 선택자로 입력하고, position 속성의 속성값을 sticky로 입력합니다. 다음으로 top 속성의 속성값을 0px로, left 속성의 속성값을 0px로 입력합니다. 마지막으로 border 속성의 속성값을 5px, solid, #ff0000 순서대로 입력합니다.

➕ top 속성과 left 속성은 좌푯값을 설정하는 속성입니다. 이때 border 속성에서 5px는 테두리 선의 두께, solid는 선의 모양을 실선으로, #ff0000(빨간색)은 선의 색깔을 의미합니다.

```css
.sticky{
    position: sticky;
    top: 0px;
    left: 0px;
    border: 5px solid #ff0000;
}
```

크롬 브라우저에서 확인

비주얼 스튜디오 코드에서 HTML 화면 위에 마우스 오른쪽 버튼을 클릭 후 [Open with live server]를 실행합니다. position 속성의 속성값이 sticky이기 때문에, 클래스 네임 .sticky가 문서 흐름에 맞추어 배치되었습니다. 이때 sticky 속성값에는 좌푯값이 적용되기 때문에 스크롤을 올리면 따라 올라가다가 상단에서 0px, 왼쪽에서 0px 위치에 착 달라붙습니다.

sticky 속성값 적용 이미지

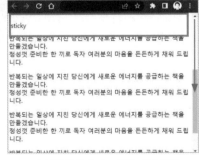

sticky 속성값 적용 후 스크롤을 내린 화면

| 06 | flexbox

앞서 우리는 float, position 속성을 활용해 레이아웃을 배치했습니다. 이후 web 기술이 발전하며 CSS3 버전에서는 flexbox 속성이 등장했습니다. flexbox 속성은 이전의 flex, position 속성보다 박스 모델(box model) 수평 배치와 수직 배치가 쉬운 레이아웃 전용 속성으로, 모듈처럼 큰 박스 안에 작은 박스들이 독립적으로 배치되는 구조입니다.

flexbox를 사용하기 위해서는 flexbox 구조의 이해가 필요합니다. 박스 모델(box model)을 배치하기 위해서는 공간, 즉 큰 박스가 필요한데 이러한 큰 박스를 container라고 정의합니다. 또한 container 내부에 정렬되는 작은 박스를 item이라고 정의합니다. 이때 container과 item은 종속 구조로, 각각 부모, 자식이 됩니다.

```
container(부모)
┌─────────────────────────────────────────────┐
│  ┌─────────┐   ┌─────────┐   ┌─────────┐     │
│  │ item 1  │   │ item 2  │   │ item 3  │     │
│  │ (자식)  │   │ (자식)  │   │ (자식)  │     │
│  └─────────┘   └─────────┘   └─────────┘     │
└─────────────────────────────────────────────┘
```

flexbox model 개념

부모(container) 정의에서 사용되는 CSS 속성들은 flex, flex-direction, flex-wrap, justify-content, align-items, align-contents 등이 있습니다. 이 중 수평축 정렬을 설정하는 속성은 flex, flex-direction, flex-wrap, justify-content입니다.

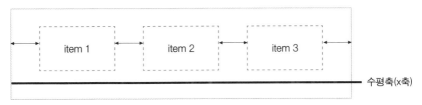

부모 안에서 자식 수평 정렬

수직축 정렬을 설정하는 속성은 align-items, align-contents입니다.

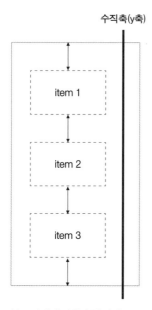

부모 안에서 자식 수직 정렬

자식(item)에 사용되는 속성은 order, flex-grow, flex-shrink, flex-basis, flex, align-self입니다.

부모(container) 속성		자식(item) 속성
수평축 정렬(가로 정렬)	수직축 정렬(세로 정렬)	order, flex-grow, flex-shrink, flex-basis, flex , align-self
flex, flex-direction, flex-wrap, justify-content	align-items, align-contents	

● 부모(container)에서 사용하는 수평축 정렬 속성들

◇ flex

display: flex는 flex를 사용하기 위해서 부모(container)에 첫 번째로 입력하는 display 속성(display)의 flex 속성값입니다. "display : flex;"만 사용해도 자식(item)은 가로로 정렬됩니다.

예제로 HTML에서 div 요소를 사용해서 부모(container) 요소 내부의 자식(item) 요소 3개를 수평으로 정렬하겠습니다.

HTML

HTML5 기본 문법에서 <body> </body> 사이에 입력합니다. 42쪽의 HTML 페이지(Documents)의 기본 구성 또는 58쪽의 [실습]을 참고합니다.

❶ 부모(container)를 먼저 구성하기 위해 <div></div> 요소의 클래스 네임 container를 입력합니다.

❷ 다음으로 container 내부에 자식(item)을 구성하겠습니다. <div></div> 요소를 3개 입력하고, 각 <div></div>의 내부에 숫자 1, 2, 3을 순서대로 입력합니다.

```
<body>
❶    <div class="container">
❷      <div>1</div>
        <div>2</div>
        <div>3</div>
    </div>
</body>
```

CSS

❶ 부모의 클래스 네임 container를 선택자로 입력하고 display 속성의 속성값을 flex로 입력합니다. 다음으로 border 속성의 속성값을 3px, solid, #0000ff 순서대로 입력합니다.

➕ display 속성의 기본 속성값 flex는 자식들을 수평으로 정렬합니다. border 속성에서 3px는 테두리 선의 두께, solid는 선의 모양을 실선으로, #0000ff(파란색)은 선의 색깔을 의미합니다.

❷ 부모 클래스 내부의 자식을 선택하기 위해 .container > div를 자식 선택자로 입력합니다. padding 속성의 속성값을 10px로 입력합니다. 다음으로 border 속성의 속성값을 3px, dotted, #ff0000로 순서대로 입력합니다. 마지막으로 width 속성의 속성값을 100px로, height 속성의 속성값을 100px로 입력합니다.

➕ padding 속성을 사용하면 박스에 내부 여백을 줄 수 있습니다. border 속성에서 dotted는 선의 모양을 의미합니다. width와 height 속성은 각각 박스의 너비와 높이를 설정합니다.

```
.container{
    display: flex;
    border: 3px solid #0000ff;
}
.container > div{
    padding: 10px;
    border: 3px dotted #ff0000;
    width: 100px;
    height: 100px;
}
```

크롬 브라우저에서 확인

비주얼 스튜디오 코드에서 HTML 화면 위에 마우스 오른쪽 버튼을 클릭 후 [Open with live server]를 실행합니다. display 속성의 flex 속성값이 적용되어 부모(container) 안에 자식(item) 1, 2, 3이 수평으로 정렬됩니다.

flex 속성값 적용 화면

◇ flex-direction

flex-direction 속성은 자식(item)들의 방향을 설정합니다. 속성값은 다음과 같습니다.

속성값	설명
column	자식(item)들의 방향을 수직(위→아래)으로 정렬하는 속성값입니다.
column-reverse	자식(item)들의 방향을 column의 반대로, 즉 수직(아래→위)으로 정렬하는 속성값입니다.
row	자식(item)들의 방향을 수평(왼쪽→오른쪽)으로 정렬하는 속성값입니다.
row-reverse	자식(item)들의 방향을 row의 반대로, 즉 수평(오른쪽→왼쪽)으로 정렬하는 속성값입니다.

예제로 flex-direction 속성과 속성값을 활용하여 자식들을 정렬하겠습니다.

HTML

HTML은 앞서 사용한 flex HTML 파일(237쪽)을 그대로 사용하겠습니다.

```
<body>
  <div class="container">
    <div>1</div>
    <div>2</div>
    <div>3</div>
  </div>
</body>
```

[1] flex-direction : column

CSS

앞서 사용한 flex CSS(238쪽)에 다음을 추가합니다. 클래스 네임 container인 선택
자에 flex-direction 속성의 속성값을 column으로 입력합니다.

```
.container{
    display: flex;
    flex-direction: column;
    border: 3px solid #0000ff;
}
.container > div{
    padding: 10px;
    border: 3px dotted #ff0000;
    width: 100px;
    height: 100px;
}
```

크롬 브라우저에서 확인

비주얼 스튜디오 코드에서 HTML 화면 위에 마우스 오른쪽 버튼을 클릭 후
[Open with live server]를 실행합니다.

flex-direction 속성의 column 속성값이 적용되어 자식(item)들이 위에서 아래로
수직 정렬됩니다. 위쪽부터 1, 2, 3 순서대로 정렬되었습니다.

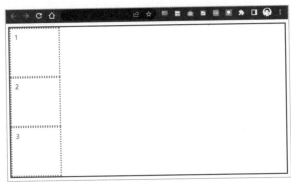

column 속성값 적용 화면

(2) flex-direction : column-reverse

CSS

앞서 사용한 flex CSS(240쪽)의 flex-direction : colomn을 지우고 다음과 같이 수정합니다. 클래스 네임 container인 선택자에 flex-direction 속성의 속성값을 column-reverse로 입력합니다.

```css
.container{
    display: flex;
    flex-direction: column-reverse;
    border: 3px solid #0000ff;
}
.container > div{
    padding: 10px;
    border: 3px dotted #ff0000;
    width: 100px;
    height: 100px;
}
```

크롬 브라우저에서 확인

비주얼 스튜디오 코드에서 HTML 화면 위에 마우스 오른쪽 버튼을 클릭 후 [Open with live server]를 실행합니다. flex-direction 속성의 column-reverse 속성값이 적용되어 자식(item)들이 아래에서 위로 수직 정렬됩니다. 아래쪽부터 1, 2, 3 순서대로 정렬되었습니다.

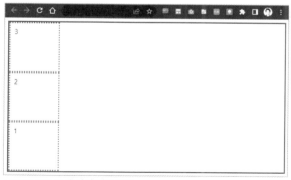

column-reverse 속성값 적용 화면

[3] flex-direction : row

CSS

앞서 사용한 flex CSS(241쪽)의 flex-direction : colomn-reverse을 지우고 다음과 같이 수정합니다. 클래스 네임 container인 선택자에 flex-direction 속성의 속성값을 row로 입력합니다.

```css
.container{
    display: flex;
    flex-direction: row;
    border: 3px solid #0000ff;
}
.container > div{
    padding: 10px;
    border: 3px dotted #ff0000;
    width: 100px;
    height: 100px;
}
```

크롬 브라우저에서 확인

비주얼 스튜디오 코드에서 HTML 화면 위에 마우스 오른쪽 버튼을 클릭 후 [Open with live server]를 실행합니다.

flex-direction 속성의 row 속성값이 적용되어 자식(item)들이 왼쪽에서 오른쪽으로 수평 정렬됩니다. 왼쪽부터 1, 2, 3 순서대로 정렬되었습니다.

row 속성값 적용 화면

(4) flex-direction : row-reverse

CSS

앞서 사용한 flex CSS(242쪽)의 flex-direction : row을 지우고 다음과 같이 수정합니다. 클래스 네임 container인 선택자에 flex-direction 속성의 속성값을 row-reverse로 입력합니다.

```
.container{
    display: flex;
    flex-direction: row-reverse;
    border: 3px solid #0000ff;
}
.container > div{
    padding: 10px;
    border: 3px dotted #ff0000;
    width: 100px;
    height: 100px;
}
```

크롬 브라우저에서 확인

비주얼 스튜디오 코드에서 HTML 화면 위에 마우스 오른쪽 버튼을 클릭 후 [Open with live server]를 실행합니다. flex-direction 속성의 row-reverse 속성값이 적용되어 자식(item)들이 오른쪽에서 왼쪽으로 정렬됩니다. 오른쪽부터 1, 2, 3 순서대로 정렬되었습니다.

row-reverse 속성값 적용 화면

◇ flex-wrap

flex-wrap 속성은 부모(container) 공간에 자식(item)들이 많아서 공간이 없으면 자식들을 다음 줄로 넘겨 정렬하는 속성입니다. 속성값은 다음과 같습니다.

속성값	설명
wrap	자식(item) 요소를 왼쪽에서 오른쪽으로 정렬하고 공간이 없으면 다음 줄로 내려 감싸도록 지정합니다.
no-wrap	자식(item) 요소를 감싸지 않도록 지정합니다.
wrap-reverse	자식(item) 요소를 wrap 속성값의 반대로, 즉 오른쪽에서 왼쪽으로 정렬하고 감싸도록 지정합니다.

예제로 flex-wrap 속성과 속성값을 활용하여 자식들을 정렬하겠습니다.

HTML

HTML은 앞서 사용한 flex HTML 파일(237쪽)의 코드를 다음과 같이 수정하여 사용하겠습니다.

❶ 〈div class= "container"〉〈/div〉 사이에 〈div〉〈/div〉 요소 5개를 추가로 입력합니다.

❷ 추가한 〈div〉〈/div〉 요소 사이에 각각 4, 5, 6, 7, 8을 순서대로 입력합니다.

```
<body>
  <div class="container">
❷   <div>1</div>
    <div>2</div>
    <div>3</div>
    <div>4</div>
❶   <div>5</div>
    <div>6</div>
    <div>7</div>
    <div>8</div>
  </div>
</body>
```

(1) flex-wrap : wrap

CSS

❶ 부모의 클래스 네임 container를 선택자로 입력하고 display 속성의 속성값을 flex로 입력합니다. 다음으로 flex-direction 속성의 속성값을 row로, flex-wrap 속성의 속성값을 wrap으로 입력합니다. 마지막으로 border 속성의 속성값을 3px, solid, #0000ff 순서대로 입력합니다.

　➕ display 속성의 기본 속성값 flex는 자식들을 수평으로 정렬합니다. border 속성에서 3px는 테두리선의 두께, solid는 선의 모양을 실선으로, #0000ff(파란색)은 선의 색깔을 의미합니다.

❷ 부모 클래스 내부의 자식을 선택하기 위해 .container > div를 자식 선택자로 입력합니다. padding 속성의 속성값을 10px로 입력합니다. 다음으로 border 속성의 속성값을 1px, dotted, #ff0000로 순서대로 입력합니다. 마지막으로 width 속성의 속성값을 100px로, height 속성의 속성값을 100px로 입력합니다.

　➕ padding 속성을 사용하면 박스에 내부 여백을 줄 수 있습니다.

```
.container{
    display: flex;
    flex-direction: row;
    flex-wrap:wrap;
    border: 3px solid #0000ff;
}
.container > div{
    padding: 10px;
    border: 1px dotted #ff0000;
    width: 100px;
    height: 100px;
}
```

크롬 브라우저에서 확인

비주얼 스튜디오 코드에서 HTML 화면 위에 마우스 오른쪽 버튼을 클릭 후 [Open with live server]를 실행합니다.

❶ 크롬 브라우저 가로 길이를 줄여보세요. flex-wrap 속성의 wrap 속성값이 적용되어 부모(container) 요소의 공간이 좁아지면 ❷ 자식(item) 요소들이 다음 줄로 넘겨져 정렬됩니다.

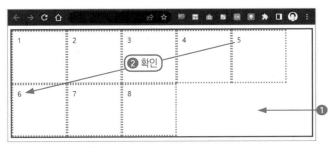

wrap 속성값 적용 화면

(2) flex-wrap : no- wrap

CSS

앞서 사용한 flex-wrap CSS(245쪽)의 flex-wrap: wrap을 지우고 다음과 같이 수정합니다. 클래스 네임 container인 선택자에 flex-wrap 속성의 속성값을 no-wrap으로 수정합니다.

```css
.container{
    display: flex;
    flex-direction: row;
    flex-wrap:no-wrap;
    border: 3px solid #0000ff;
}
.container > div{
    padding: 10px;
    border: 1px dotted #ff0000;
    width: 100px;
    height: 100px;
}
```

크롬 브라우저에서 확인

비주얼 스튜디오 코드에서 HTML 화면 위에 마우스 오른쪽 버튼을 클릭 후 [Open with live server]를 실행합니다.

크롬 브라우저 가로 길이를 줄여보세요. flex-wrap 속성의 no-wrap 속성값이 적용되어 wrap 속성값과 다르게 부모(container) 요소에 공간이 줄어도 자식(item) 요소들은 한 줄로 배치됩니다.

no-wrap 속성값 적용 화면

(3) flex-wrap : wrap-reverse

CSS

앞서 사용한 flex-wrap CSS(247쪽)의 flex-wrap: no-wrap을 지우고 다음과 같이
수정합니다. 클래스 네임 container인 선택자에 flex-wrap 속성의 속성값을 wrap-
reverse로 입력합니다.

```
.container{
    display: flex;
    flex-direction: row;
    flex-wrap: wrap-reverse;
    border: 3px solid #0000ff;
}
.container > div{
    padding: 10px;
    border: 1px dotted #ff0000;
    width: 100px;
    height: 100px;
}
```

크롬 브라우저에서 확인

비주얼 스튜디오 코드에서 HTML 화면 위에 마우스 오른쪽 버튼을 클릭 후
[Open with live server]를 실행합니다.

flex-wrap 속성의 wrap-reverse 속성값이 적용되어 자식(item) 요소의 번호가 왼
쪽 아래에서 왼쪽 위로 정렬됩니다. wrap 속성값과 반대로 표시됩니다.

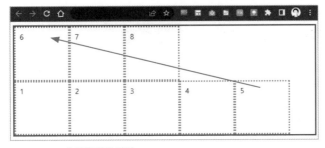

warp-reverse 속성값 적용 화면

◇ justfy-contents

justfy-content 속성은 부모(container) 공간에 자식(item)들을 가로정렬하고 배치하는 속성입니다. 속성 값은 다음과 같습니다.

속성값	설명
flex-start	부모(container) 요소 안에서 자식(item) 요소들이 왼쪽 정렬됩니다.
flex-end	부모(container) 요소 안에서 자식(item) 요소들이 오른쪽 정렬됩니다. ➕ flex-direction 속성의 row-reverse 속성값과 차이점 : 정렬 순서를 비교해보면 자식들의 배치 순서가 다릅니다.
center	부모(container) 요소 안에서 자식(item) 요소들이 가운데 정렬됩니다.
space-between	부모(container) 요소 안에서 자식(item) 요소들이 양끝 정렬됩니다.
space-around	부모(container) 요소 안에서 자식(item) 요소들이 양끝에 여백을 두고 정렬됩니다.
space-evenly	부모(container) 요소 안에서 자식(item) 요소들의 양끝 여백과 자식(item) 간의 여백이 같게 정렬됩니다.

예제로 justfy-contents 속성과 속성값을 활용하여 자식들을 정렬하겠습니다.

HTML

HTML은 앞서 사용한 flex-wrap HTML 파일(244쪽)에 코드를 다음과 같이 수정하여 사용하겠습니다.

❶ <div class="container"></div> 사이에 <div></div> 요소 5개를 삭제하여 1, 2, 3만 남깁니다.

```
<body>
  <div class="container">
    <div>1</div>
    <div>2</div>
    <div>3</div>
  </div>
</body>
```

[1] justfy-contents : flex-start

CSS

❶ 부모의 클래스 네임 container를 선택자로 입력하고 display 속성의 속성값을 flex로 입력합니다. 다음으로 flex-direction 속성의 속성값을 row로, flex-wrap 속성의 속성값을 wrap으로 입력합니다. 또한 justify-content 속성의 속성값을 flex-start로 입력합니다. 마지막으로 border 속성의 속성값을 3px, solid, #0000ff로 순서대로 입력합니다.

➕ display 속성의 기본 속성값 flex는 자식들을 수평으로 정렬합니다. border 속성에서 3px는 테두리선의 두께, solid는 선의 모양을 실선으로, #0000ff(파란색)은 선의 색깔을 의미합니다.

❷ 부모 클래스 내부의 자식을 선택하기 위해 .container > div를 자식 선택자로 입력합니다. padding 속성의 속성값을 10px로 입력합니다. 다음으로 border 속성의 속성값을 1px, dotted, #ff0000 순서대로 입력합니다. 마지막으로 width 속성의 속성값을 100px로, height 속성의 속성값을 100px로 입력합니다.

➕ padding 속성을 사용하면 박스에 내부 여백을 줄 수 있습니다.

```
.container{
    display: flex;
    flex-direction: row;
    flex-wrap: wrap;
    justify-content: flex-start;
    border: 3px solid #0000ff;
}
.container > div{
    padding: 10px;
    border: 1px dotted #ff0000;
    width: 100px;
    height: 100px;
}
```

크롬 브라우저에서 확인

비주얼 스튜디오 코드에서 HTML 화면 위에 마우스 오른쪽 버튼을 클릭 후 [Open with live server]를 실행합니다. justify-content 속성의 flex-start 속성값이 적용되어 부모(container) 요소 내부의 자식(item) 요소들이 왼쪽 정렬됩니다. 왼쪽 부터 1, 2, 3 순서대로 배치되었습니다.

flex-start 속성값 적용 화면

(2) justfy-contents : flex-end

CSS

앞서 사용한 justify-contents CSS(250쪽)의 justify-contents : flex-start을 지우고 다음과 같이 수정합니다. 클래스 네임 container인 선택자에 justify-contents 속성의 속성값을 flex-end로 수정합니다.

```css
.container{
    display: flex;
    flex-direction: row;
    flex-wrap: wrap;
    justify-content: flex-end;
    border: 3px solid #0000ff;
}
.container > div{
    padding: 10px;
    border: 1px dotted #ff0000;
    width: 100px;
    height: 100px;
}
```

크롬 브라우저에서 확인

비주얼 스튜디오 코드에서 HTML 화면 위에 마우스 오른쪽 버튼을 클릭 후 [Open with live server]를 실행합니다.

앞에서 학습한 flex-direction 속성의 row-reverse 속성값과 justify-content 속성과 flex-end 속성값을 비교해보겠습니다.

- flex-direction : row reverse일 경우 자식(item) 요소들이 오른쪽 정렬되고 배치 순서는 오른쪽부터 1, 2, 3으로 배치됩니다.

row-reverse 속성값 적용 화면

- justify-content : flex-end일 경우 자식(item) 요소들이 오른쪽 정렬되지만 배치 순서는 왼쪽부터 1, 2, 3으로 배치됩니다.

fix-end 속성값 적용 화면

(3) justfy-contents : center

CSS

앞서 사용한 justify-contents CSS(251쪽)의 justify-contents : flex-end을 지우고
다음과 같이 수정합니다. 클래스 네임 container인 선택자에 justify-contents 속
성의 속성값을 center로 입력합니다.

```css
.container{
    display: flex;
    flex-direction: row;
    flex-wrap: wrap;
    justify-content: center;
    border: 3px solid #0000ff;
}
.container > div{
    padding: 10px;
    border: 1px dotted #ff0000;
    width: 100px;
    height: 100px;
}
```

크롬 브라우저에서 확인

비주얼 스튜디오 코드에서 HTML 화면 위에 마우스 오른쪽 버튼을 클릭 후
[Open with live server]를 실행합니다. justify-content 속성의 center 속성값이 적
용되어 부모(container) 요소 내부의 자식(item) 요소들이 가운데 정렬됩니다. 왼쪽
부터 1, 2, 3 순서대로 배치되었습니다.

center속성값 적용 화면

(4) justify-contents : space-between

CSS

앞서 사용한 justify-contents CSS(253쪽)의 justify-contents : center를 지우고 다음과 같이 수정합니다. 클래스 네임 container인 선택자에 justify-contents 속성의 속성값을 space-between로 입력합니다.

➕ justify-contents 속성의 space-between 속성값을 사용하면 부모(container) 요소 안에서 자식(item) 요소들이 양끝 정렬됩니다. 자식(item) 박스 사이 여백의 너비는 부모(container) 박스 너비를 기준으로 자동 배치됩니다.

```css
.container{
    display: flex;
    flex-direction: row;
    flex-wrap: wrap;
    justify-content: space-between;
    border: 3px solid #0000ff;
}
.container > div{
    padding: 10px;
    border: 1px dotted #ff0000;
    width: 100px;
    height: 100px;
}
```

크롬 브라우저에서 확인

비주얼 스튜디오 코드에서 HTML 화면 위에 마우스 오른쪽 버튼을 클릭 후 [Open with live server]를 실행합니다. justify-content 속성의 space-between 속성값이 적용되어 부모(container) 요소 내부의 자식(item) 요소들이 양끝 정렬됩니다. 왼쪽부터 1, 2, 3 순서대로 배치되었습니다.

space-between 속성값 적용 화면

(5) justify-contents : space-around

CSS

앞서 사용한 justify-contents CSS(254쪽)의 justify-contents : space-between 을 지우고 다음과 같이 수정합니다. 클래스 네임 container인 선택자에 justify-contents 속성의 속성값을 space-around로 입력합니다.

➕ justify-contents 속성의 space-around 속성값을 사용하면 부모(container) 요소 안에서 자식 (item) 요소들이 양끝에 여백을 두고 정렬됩니다. 양쪽 여백의 너비와 자식(item) 박스 사이의 여백의 너비 는 부모(container) 너비를 기준으로 자동 배치됩니다.

```
.container{
    display: flex;
    flex-direction: row;
    flex-wrap: wrap;
    justify-content: space-around;
    border: 3px solid #0000ff;
}
.container > div{
    padding: 10px;
    border: 1px dotted #ff0000;
    width: 100px;
    height: 100px;
}
```

크롬 브라우저에서 확인

비주얼 스튜디오 코드에서 HTML 화면 위에 마우스 오른쪽 버튼을 클릭 후 [Open with live server]를 실행합니다. justify-content 속성의 space-around 속성 값이 적용되어 부모(container) 요소 내부의 자식(item) 요소들이 양끝에 여백을 두 고 정렬됩니다. 왼쪽부터 1, 2, 3 순서대로 배치되었습니다.

space-around 속성값 적용 화면

[6] justify-contents : space-evenly

CSS

앞서 사용한 justify-contents CSS(255쪽)의 justify-contents : space-around를 지우고 다음과 같이 수정합니다. 클래스 네임 container인 선택자에 justify-contents 속성의 속성값을 space-evenly로 입력합니다.

➕ justify-contents 속성의 space-evenly 속성값을 사용하면 부모(container) 요소 안에서 자식(item)들의 양끝 여백과 자식(item) 사이의 여백 간격이 모두 같아집니다.

```
.container{
    display: flex;
    flex-direction: row;
    flex-wrap: wrap;
    justify-content: space-evenly;
    border: 3px solid #0000ff;
}
.container > div{
    padding: 10px;
    border: 1px dotted #ff0000;
    width: 100px;
    height: 100px;
}
```

크롬 브라우저에서 확인

비주얼 스튜디오 코드에서 HTML 화면 위에 마우스 오른쪽 버튼을 클릭 후 [Open with live server]를 실행합니다. justify-content 속성의 space-evenly 속성값이 적용되어 자식(item) 요소 사이의 너비와 양끝 여백의 너비가 같아집니다. 왼쪽부터 1, 2, 3 순서대로 배치되었습니다.

space-evenly 속성값 적용 화면

● 부모(container)에서 사용하는 수직축 정렬 속성들

◇ align-items

align-item 속성은 자식(item)들을 정렬(align)하는 속성입니다. 부모(container)의 수직축을 기준으로 내부의 자식(item) 요소들의 정렬과 간격을 표시하는 속성입니다. 속성값은 다음과 같습니다.

속성값	설명
stretch	기본 속성값으로 부모(container)의 높이만큼 자식(item)의 높이를 늘립니다.
center	부모(container) 내부의 자식(item)들이 수직으로 가운데(middle) 정렬됩니다.
flex-start	부모(container) 내부의 자식(item)들이 위에서 아래로 정렬됩니다.
flex-end	부모(container) 내부의 자식(item)들이 아래에서 위로 정렬됩니다.
baseline	부모(container) 안에서 자식(item)들이 부모의 글자 베이스라인에 따라 정렬됩니다.(글자를 사용하여 글자의 기준에 따라 정렬되어서 표시됩니다.)

➕ 베이스라인이란 타이포그래피에서 사용하는 용어로 글자들이 놓여 있는 가상의 선을 말합니다. 글자의 밑줄이라고 보면 됩니다.

Typography — 베이스라인

예제로 align-item 속성과 속성값을 활용하여 자식들을 정렬하겠습니다.

HTML

HTML은 앞서 justify-contents에서 사용한 justify_contents. HTML 파일(249쪽)을 그대로 사용하겠습니다.

```
<body>
  <div class="container">
     <div>1</div>
     <div>2</div>
     <div>3</div>
  </div>
</body>
```

(1) align-items: stretch

CSS

❶ 부모의 클래스 네임 container를 선택자로 입력하고 display 속성의 속성값을 flex로 입력합니다. 다음으로 align-items 속성의 속성값을 stretch로, height 속성의 속성값을 300px로 입력합니다. 마지막으로 border 속성의 속성값을 3px, solid, #0000ff 순서대로 입력합니다.

➕ display 속성의 기본 속성값 flex는 자식들을 수평으로 정렬합니다. align-items 속성의 기본 속성값 stretch는 부모(container)의 높이만큼 자식(item)의 높이를 늘립니다. 여기서 height 속성은 부모(container) 요소 박스의 높이를 의미합니다. 마지막으로 border 속성에서 3px는 테두리 선의 두께, solid는 선의 모양을 실선으로, #0000ff(파란색)은 선의 색깔을 의미합니다.

❷ 부모 클래스 내부의 자식을 선택하기 위해, .container > div를 자식 선택자로 입력합니다. text-align 속성의 속성값을 center로 입력하고, font-size 속성의 속성값를 40px로 입력합니다. 다음으로 padding 속성의 속성값을 10px로 입력합니다. 또 border 속성의 속성값을 3px, dotted, #ff0000 순서대로 입력합니다. 마지막으로 width 속성의 속성값을 100px로 입력합니다.

➕ text-align 속성의 center 속성값은 글자를 가운데 정렬합니다. padding 속성을 사용하면 박스에 내부 여백을 줄 수 있습니다.

```
.container{
    display: flex;
    align-items: stretch;
    height: 300px;
    border: 3px solid #0000ff;
}
.container > div{
    text-align: center;
    font-size: 40px;
    padding: 10px;
    border: 1px dotted #ff0000;
    width: 100px;
}
```

크롬 브라우저에서 확인

비주얼 스튜디오 코드에서 HTML 화면 위에 마우스 오른쪽 버튼을 클릭 후 [Open with live server]를 실행합니다. align-items 속성의 stretch 속성값이 적용되어 자식(item) 요소의 높이가 부모(container) 요소의 높이인 300px까지 늘어났습니다.

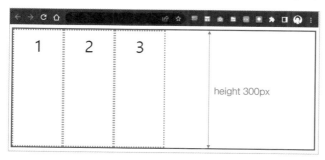

(2) align-items: center

CSS

앞서 사용한 align_items. CSS(258쪽)의 align-items : stretch을 지우고 다음과 같이 수정합니다. 클래스 네임 container인 선택자에 align-items 속성의 속성값을 center로 입력합니다.

➕ align-items의 속성값을 center로 설정하면 부모(container) 요소 안에서 자식(item) 요소들을 수직 가운데 정렬(Vertical Middle)할 수 있습니다.

```css
.container{
    display: flex;
    align-items: center;
    height: 300px;
    border: 3px solid #0000ff;
}
.container > div{
    text-align: center;
    font-size: 40px;
    padding: 10px;
    border: 1px dotted #ff0000;
    width: 100px;
}
```

크롬 브라우저에서 확인

비주얼 스튜디오 코드에서 HTML 화면 위에 마우스 오른쪽 버튼을 클릭 후 [Open with live server]를 실행합니다. align-items 속성의 center 속성값이 적용되어 자식(item) 요소가 부모(container) 요소에 수직 가운데 정렬됩니다.

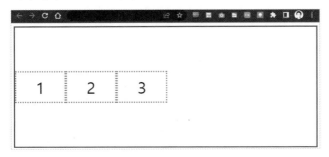

[3] align-items: flex-start

CSS

앞서 사용한 align_items. CSS(260쪽)의 align-items : center를 지우고 다음과 같이 수정합니다. 클래스 네임 container인 선택자에 align-items 속성의 속성값을 flex-start로 입력합니다.

➕ align-items 속성의 flex-start 속성은 부모(container) 요소 안에서 자식(item) 요소들을 위쪽에서 아래쪽으로 정렬합니다.

```
.container{
    display: flex;
    align-items: flex-start;
    height: 300px;
    border: 3px solid #0000ff;
}
.container > div{
    text-align: center;
    font-size: 40px;
    padding: 10px;
    border: 1px dotted #ff0000;
    width: 100px;
}
```

크롬 브라우저에서 확인

비주얼 스튜디오 코드에서 HTML 화면 위에 마우스 오른쪽 버튼을 클릭 후 [Open with live server]를 실행합니다. align-items 속성의 flex-start 속성값이 적용되어 자식(item) 요소가 부모(container) 요소에 위쪽에서 아래쪽으로 정렬됩니다.

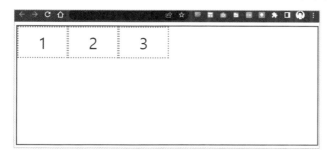

(4) align-items: flex-end

CSS

앞서 사용한 align_items.CSS(261쪽)의 align-items : flex-start를 지우고 다음과 같이 수정합니다. 클래스 네임 container인 선택자에 align-items 속성의 속성값을 flex-end로 입력합니다.

➕ align-items 속성의 flex-end 속성은 부모(container) 요소 안에서 자식(item) 요소들을 아래쪽에서 위쪽으로 정렬합니다.

```
.container{
    display: flex;
    align-items: flex-end;
    height: 300px;
    border: 3px solid #0000ff;
}
.container > div{
    text-align: center;
    font-size: 40px;
    padding: 10px;
    border: 1px dotted #ff0000;
    width: 100px;
}
```

크롬 브라우저에서 확인

비주얼 스튜디오 코드에서 HTML 화면 위에 마우스 오른쪽 버튼을 클릭 후 [Open with live server]를 실행합니다. align-items 속성의 flex-end 속성값이 적용되어 자식(item) 요소가 부모(container) 요소에 아래쪽에서 위쪽으로 정렬됩니다.

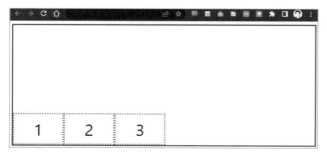

(5) align-items: baseline

HTML

baseline 속성값을 표시하기 위해서 제목 요소를 사용해 글자 크기에 변화를 주겠습니다.

❶ ⟨div⟩⟨/div⟩ 요소를 입력합니다.

❷ ⟨div⟩ ⟨/div⟩ 요소 사이에 ⟨h1⟩ ⟨/h1⟩ 제목 요소를 입력하고 그 사이에 텍스트 "1"을 입력합니다.

❸ ⟨div⟩⟨/div⟩ 요소를 입력합니다.

❹ ⟨div⟩ ⟨/div⟩ 요소 사이에 ⟨h2⟩ ⟨/h2⟩ 제목 요소를 입력하고 그 사이에 텍스트 "2"을 입력합니다.

❺ ⟨div⟩ ⟨/div⟩ 요소를 입력하고 그 사이에 텍스트 "3"을 입력합니다.

```html
<div class="container">
❶<div>
❷  <h1>1</h1>
   </div>
❸<div>
❹   <h2>2</h2>
   </div>
❺<div>3</div>
</div>
```

CSS

앞서 사용한 align_items. CSS(262쪽)의 align-items : flex-end를 지우고 다음과 같이 수정합니다.

클래스 네임 container인 선택자에 align-items 속성의 속성값을 baseline으로 입력합니다.

➕ align-items 속성의 baseline 속성값은 부모(container) 요소 안에서 자식(item) 요소들을 글자 베이스라인으로 정렬합니다.

```
.container{
    display: flex;
    align-items: baseline;
    height: 300px;
    border: 3px solid #0000ff;
}
.container > div{
    text-align: center;
    font-size: 40px;
    padding: 10px;
    border: 1px dotted #ff0000;
    width: 100px;
}
```

크롬 브라우저에서 확인

비주얼 스튜디오 코드에서 HTML 화면 위에 마우스 오른쪽 버튼을 클릭 후
[Open with live server]를 실행합니다. align-items 속성의 baseline 속성값이 적
용되어 부모(container) 요소 안에서 자식(item) 요소들이 글자 밑을 기준으로 정렬
됩니다.

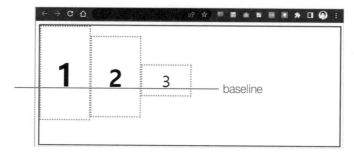

◇ align-contents 속성

align-item과 비슷하지만 align-contents 속성은 부모(container) 요소 안에 자식 (item) 요소들이 여러 줄로 배치될 때 수직축을 기준으로 정렬하고 간격을 표시한 다는 차이가 있습니다. 앞에서 배운 justify-contents 속성은 수평축 정렬인 반면 align-contents는 자식이 여러 줄 있는 수직축 정렬입니다.

- justify-contents 속성 : 수평축 정렬
- align-contents 속성 : 수직축 정렬

속성값	설명
space-between	부모(container) 요소의 높이를 기준으로, 자식(item) 요소들이 수직 축을 기준으로 위쪽과 아래쪽에 양끝 정렬됩니다. 여러 줄로 된 자식 (items) 간의 간격이 같습니다.
space-around	부모(container) 요소의 높이를 기준으로, 자식(item) 요소들이 수직축 을 기준으로 양끝 간격과 자식 간 여러 줄의 간격이 같게 정렬됩니다.
stretch	부모 요소의 높이값으로 여러 줄의 자식(item) 요소들의 높이를 늘려서 표시합니다.
center	부모(container) 요소 안에서 자식(item) 요소들이 수직축 가운데 (vertical middle)를 기준으로 정렬됩니다.
flex-start	부모(container) 요소 안에서 자식(item)들이 수직축을 기준으로 위쪽 에서 아래쪽으로 정렬됩니다.
flex-end	부모(container) 요소 안에서 자식(item)들이 수직축을 기준으로 아래 쪽에서 위쪽으로 정렬됩니다.

예제로 align-contents 속성과 속성값을 활용하여 자식들을 수직축으로 정렬하겠 습니다.

HTML

HTML은 앞서 사용한 align_items.html 파일(257쪽)의 코드를 다음과 같이 수정하여 사용하겠습니다.

❶ <div class= "container"></div> 사이에 <div></div> 요소 12개를 추가로 입력합니다.

❷ 추가한 <div></div> 요소 사이에 각각 4, 5, 6, 7, 8, 9, 10, 11, 12, 13, 14, 15를 순서대로 입력합니다.

```html
<body>
  <div class="container">
    <div>1</div>
    <div>2</div>
    <div>3</div>
    <div>4</div>
    <div>5</div>
    <div>6</div>
    <div>7</div>
    <div>8</div>
    <div>9</div>
    <div>10</div>
    <div>11</div>
    <div>12</div>
    <div>13</div>
    <div>14</div>
    <div>15</div>
  </div>
</body>
```

[1] align-content : space-between

CSS

❶ 선택자로 부모의 클래스 네임 container를 입력하고 display 속성의 속성값을 flex로 입력합니다. height 속성의 속성값을 600px., flex-wrap 속성의 속성값을 wrap, align-content 속성의 속성값을 space-between으로 입력합니다. border 속성의 속성값을 3px, solid, #0000ff 순서대로 입력합니다.

➕ display 속성의 기본 속성값 flex는 자식들을 수평으로 정렬합니다. 또한 flex-wrap 속성의 속성값 wrap은 부모 요소가 자식 요소를 감쌉니다. 이때 align-content 속성의 space-between 속성값은 자식들의 수직 간격 높이를 표시합니다.

❷ 부모 클래스 내부의 자식을 선택하기 위해 .container > div를 자식 선택자로 입력합니다. 먼저 text-align 속성의 속성값을 center로, font-size 속성의 속성값을 40px로 입력합니다. 또 padding 속성의 속성값을 10px로 입력합니다. 다음으로 border 속성의 속성값을 1px, dotted, #ff0000 순서대로 입력합니다. 마지막으로 width 속성의 속성값을 100px로, height 속성의 속성값을 100px로 입력합니다.

➕ text-align 속성의 center 속성값은 글자를 가운데 정렬합니다. padding 속성을 사용하면 박스에 내부 여백을 줄 수 있습니다.

```
.container{
    display: flex;
    height: 600px;
    flex-wrap: wrap;
    align-content: space-between;
    border: 3px solid #0000ff;
}
.container > div{
    text-align: center;
    font-size: 40px;
    padding: 10px;
    border: 1px dotted #ff0000;
    width: 100px;
    height: 100px;
}
```

크롬 브라우저에서 확인

비주얼 스튜디오 코드에서 HTML 화면 위에 마우스 오른쪽 버튼을 클릭 후 [Open with live server]를 실행합니다.

➕ CSS 화면에서는 [Open with live server] 미리보기가 실행되지 않습니다.

align-content 속성의 space-between 속성값이 적용되어 자식 요소들이 수직축을 기준으로 간격의 높이가 같게 양끝으로 정렬됩니다.

space-between 속성값 적용 화면

(2) align-content : space-around

CSS

앞서 사용한 align-content : space-between을 지우고 다음과 같이 수정합니다.

❶ 클래스 네임 container인 선택자에 align-content 속성의 속성값을 space-around로 입력합니다.

➕ align-content 속성의 space-around 속성값(value)은 양끝 간격과 여러 줄의 자식 간의 간격을 같은 높이로 정렬합니다.

```
.container{
    display: flex;
    height: 600px;
```

```
    flex-wrap: wrap;
    align-content: space-around;
    border: 3px solid #0000ff;
}
.container > div{
    text-align: center;
    font-size: 40px;
    padding: 10px;
    border: 1px dotted #ff0000;
    width: 100px;
    height: 100px;
}
```

크롬 브라우저에서 확인

비주얼 스튜디오 코드에서 HTML 화면 위에 마우스 오른쪽 버튼을 클릭 후 [Open with live server]를 실행합니다.

align-content 속성의 space-around 속성값이 적용되어 자식(item) 요소들이 수직축을 기준으로 양 끝 간격과 여러 줄의 자식 간의 간격이 같은 높이로 정렬됩니다.

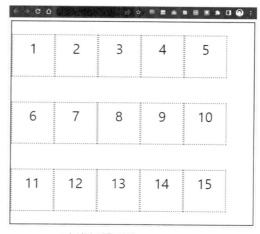

space-around 속성값 적용 화면

(3) align-content : stretch

CSS

앞서 사용한 align-content : space-around를 지우고 다음과 같이 수정합니다.

❶ 클래스 네임 container인 선택자에 align-content 속성의 속성값을 stretch로 입력합니다.

> ➕ align-content 속성의 stretch 속성값(value)은 여러 줄의 자식(item) 요소들을 부모 요소의 높이만큼 늘립니다.

❷ .container > 자식 div 선택자의 "height: 100px"을 주석 처리해서 숨기거나 지웁니다.

```css
.container {
  display: flex;
  height: 600px;
  flex-wrap: wrap;
  align-content: stretch;
  border: 3px solid #0000ff;
}
.container> div {
  text-align: center;
  font-size: 40px;
  padding: 10px;
  border: 1px dotted #ff0000;
  width: 100px;
❷ /* height: 100px; */
}
```

크롬 브라우저에서 확인

비주얼 스튜디오 코드에서 HTML 화면 위에 마우스 오른쪽 버튼을 클릭 후 [Open with live server]를 실행합니다. align-content 속성의 stretch 속성값이 적용되어 수직축을 기준으로 부모 요소의 높이만큼 자식(item) 요소들의 높이를 늘려서 정렬합니다.

stretch 속성값 적용 화면

(4) align-content : center

CSS

앞서 사용한 align-content : stretch를 지우고 다음과 같이 수정합니다.

❶ 클래스 네임 container인 선택자에 align-content 속성의 속성값을 center로 입력합니다.

➕ align-content 속성의 center 속성값(value)은 부모(container) 요소 내부의 자식(item) 요소들을 수직축 가운데(vertical middle)를 기준으로 정렬합니다.

❷ .container > div 선택자의 height 속성의 속성값을 100px로 입력합니다.

```
.container{
    display: flex;
    height: 600px;
    flex-wrap: wrap;
    align-content: center;
    border: 3px solid #0000ff;
}
```

```
.container > div{
    text-align: center;
    font-size: 40px;
    padding: 10px;
    border: 1px dotted #ff0000;
    width: 100px;
    height: 100px;
}
```

크롬 브라우저에서 확인

비주얼 스튜디오 코드에
서 HTML 화면 위에 마우
스 오른쪽 버튼을 클릭 후
[Open with live server]
를 실행합니다. align-
content 속성의 center
속성값이 적용되어 자식
(item) 요소들이 수직축 가
운데(vertical middle)를 기
준으로 정렬됩니다.

center 속성값 적용 화면

(5) align-content : flex-start

CSS

앞서 사용한 align-content : center를 지우고 다음과 같이 수정합니다.

클래스 네임 container인 선택자에 align-content 속성의 속성값을 flex-start로 입력합니다.

➕ align-content 속성의 flex-start 속성값(value)은 부모(container) 요소 안에서 자식(item) 요소들을 수직축을 기준으로 위쪽에서 아래쪽으로 정렬합니다.

```
.container{
    display: flex;
    height: 600px;
    flex-wrap: wrap;
    align-content: flex-start;
    border: 3px solid #0000ff;
}
.container > div{
    text-align: center;
    font-size: 40px;
    padding: 10px;
    border: 1px dotted #ff0000;
    width: 100px;
    height: 100px;
}
```

크롬 브라우저에서 확인

비주얼 스튜디오 코드에
서 HTML 화면 위에 마우
스 오른쪽 버튼을 클릭 후
[Open with live server]를
실행합니다. align-content
속성의 flex-start 속성값이
적용되어 부모(container)
요소 안의 자식 (item) 요
소가 수직축을 기준으로
위쪽에서 아래쪽으로 정렬
됩니다.

flex-start 속성값 적용 화면

(6) align-content : flex-end

CSS

앞서 사용한 align-content : flex-start를 지우고 다음과 같이 수정합니다.
클래스 네임 container인 선택자에 align-content 속성의 속성값을 flex-end로 입력
합니다.

➕ align-content 속성의 flex-end 속성값(value)은 부모(container) 안에서 자식(item) 들을 수직축
을 기준으로 아래쪽에서 위쪽으로 정렬합니다.

```css
.container{
    display: flex;
    height: 600px;
    flex-wrap: wrap;
    align-content: flex-end;
    border: 3px solid #0000ff;
}
.container > div{
    text-align: center;
```

```
    font-size: 40px;
    padding: 10px;
    border: 1px dotted #ff0000;
    width: 100px;
    height: 100px;
}
```

크롬 브라우저에서 확인

비주얼 스튜디오 코드에서 HTML 화면 위에 마우스 오른쪽 버튼을 클릭 후 [Open with live server]를 실행합니다. align-content 속성의 flex-end 속성값이 적용되어 부모(container) 요소 안의 자식(item) 요소가 수직축을 기준으로 아래쪽에서 위쪽으로 정렬됩니다.

flex-end 속성값 적용 화면

● 자식(item)에서 사용하는 속성들

속성값	설명
order	자식(items) 요소들의 순서를 지정할 때 사용하는 속성입니다. 속성값으로 순서를 지정할 때는 숫자로 지정하며 기본값은 0입니다.
flex-grow	부모 요소의 크기가 늘어나면 자식들 중에 flex-grow 속성값이 적용된 자식 요소는 속성값의 비율대로 늘어납니다. 이때 속성값은 숫자로 설정하며 기본값은 0입니다. 속성값이 0인 자식 요소는 부모 요소가 늘어나도 따라서 늘어나지 않습니다.
flex-shrink	부모 요소의 크기가 작아지면 자식들 중에 flex-shrink 속성값이 적용된 자식은 속성값의 비율대로 줄어듭니다. 이때 속성값은 숫자로 설정하며 기본값은 1입니다. 속성값이 1인 자식 요소는 부모 요소가 줄어들 때 비율에 따라 줄어듭니다.
flex-basis	자식(items) 요소들의 항목의 너비를 지정할 때 사용하는 속성입니다. px, em, rem, % 등의 단위와 함께 사용합니다.
flex	각각 입력했던 flex-grow, flex-shrink, flex-basis 속성의 속성값을 한 줄에 입력하는 속성입니다. ➕ 예를 들어 부모 크기가 늘어날 때 자식은 커지지 않게 하기 위해 flex-grow:0을 입력하고, 부모가 줄어들 때 줄어들지 않게 하기 위해 flex-shrink:0을 입력하고 너비를 200px로 고정하기 위해 flex-basis:200px을 입력하는 경우, flex: 0 0 200px;로 입력해도 그 의미는 같습니다. 코드가 간결해진다는 장점이 있습니다.
align-self	자식(items) 요소들을 수직축을 기준으로 각각 다르게 배치할 때 사용하는 속성입니다.

◇ order

자식(items) 요소에서 사용하는 order 속성과 속성값을 활용하여 자식들 순서를 마음대로 정렬하겠습니다.

HTML

HTML5 기본 문법에서 〈body〉 〈/body〉 사이에 입력합니다. 42쪽의 HTML 페이지(Documents)의 기본 구성 또는 58쪽의 [실습]을 참고합니다.

❶ 부모(container)를 먼저 구성하기 위해 〈div〉〈/div〉 요소의 클래스 네임 "container"를 입력합니다.

❷ 다음으로 container 내부에 자식(item)을 구성하겠습니다. 〈div〉〈/div〉 요소를 5개 입력하고 각 〈div〉〈/div〉의 내부에 숫자 1, 2, 3, 4, 5를 순서대로 입력합니다.

```
<body>
  <div class="container">
    <div>1</div>
    <div>2</div>
    <div>3</div>
    <div>4</div>
    <div>5</div>
  </div>
</body>
```

CSS

HTML에 inline CSS로 order 속성과 속성값을 입력합니다.

❶ 〈div class="container"〉 〈/div〉를 복사 후 바로 아래에 붙여넣습니다.

❷ 텍스트가 1인 〈div〉〈/div〉 요소의 order 속성의 속성값을 1로, 텍스트가 2인 〈div〉〈/div〉 요소의 order 속성의 속성값을 5로, 텍스트가 3인 〈div〉〈/div〉 요소의 order 속성의 속성값을 2로, 텍스트가 4인 〈div〉〈/div〉 요소의 order 속성의 속성값을 3으로, 텍스트가 5인 〈div〉〈/div〉 요소의 order 속성의 속성값을 4로 입력합니다.

```
<div class="container">
  <div>1</div>
  <div>2</div>
  <div>3</div>
  <div>4</div>
  <div>5</div>
</div>
<br><br>order 속성 적용
```

```
① <div class="container">
  ② <div style="order: 1;">1</div>
     <div style="order: 5;">2</div>
     <div style="order: 2;">3</div>
     <div style="order: 3;">4</div>
     <div style="order: 4;">5</div>
  </div>
```

CSS

① 부모의 클래스 네임 container를 선택자로 입력하고 display 속성의 속성값을 flex로 입력합니다. 다음으로 border 속성의 속성값을 3px, solid, #0000ff로 순서대로 입력합니다.

➕ display 속성의 기본 속성값 flex는 자식들을 수평으로 정렬합니다. 또한 border 속성에서 3px는 선의 두께, solid는 실선, #0000ff(파란색)은 색깔을 의미합니다.

② 부모 클래스 내부의 자식을 선택하기 위해 .container > div를 자식 선택자로 입력합니다. 먼저 text-align 속성의 속성값을 center로, font-size 속성의 속성값을 40px로 입력합니다. padding 속성의 속성값을 10px로, border 속성의 속성값을 3px, dotted, #ff0000 순서대로 입력합니다. 마지막으로 width 속성의 속성값을 100px로 입력합니다.

➕ text-align 속성의 center 속성값은 글자를 가운데 정렬합니다. padding 속성을 사용하면 박스에 내부 여백을 줄 수 있습니다.

```
① .container{
      display: flex;
      border: 3px solid #0000ff;
  }
② .container > div{
      text-align: center;
      font-size: 40px;
      padding: 10px;
      border: 3px dotted #ff0000;
      width: 100px;
  }
```

크롬 브라우저에서 확인

비주얼 스튜디오 코드에서 HTML 화면 위에 마우스 오른쪽 버튼을 클릭 후 [Open with live server]를 실행합니다.

order 속성과 속성값이 적용되어 자식들의 순서가 변경됩니다.

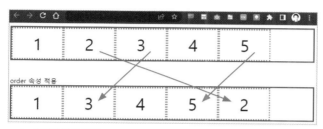

order 속성값 적용 화면

◇ flex-grow

부모 너비가 늘어나면 flex-grow 속성값이 적용된 자식도 너비가 늘어납니다. 속성값이 기본값(0)이면 부모 너비가 늘어나도 변화가 없습니다. (276쪽)

HTML

HTML5 기본 문법에서 〈body〉〈/body〉 사이에 입력합니다. 42쪽의 HTML 페이지(Documents) 기본 구성 또는 58쪽의 [실습]을 참고합니다.

❶ 부모(container)를 먼저 구성하기 위해 〈div〉〈/div〉 요소의 클래스 네임 "container"를 입력합니다.

❷ 다음으로 container 내부에 자식(item)을 구성하겠습니다. 〈div〉〈/div〉 요소를 3개 입력하고 각 〈div〉〈/div〉의 내부에 숫자 1, 2, 3을 순서대로 입력합니다.

```
<body>
❶<div class="container">
  ❷ <div>1</div>
    <div>2</div>
    <div>3</div>
  </div>
</body>
```

CSS

HTML 파일에 inline 방식으로 flex-grow 속성과 속성값을 입력합니다.

텍스트가 1인 〈div〉〈/div〉 요소의 flex-grow 속성의 속성값을 0으로, 텍스트가 2인 〈div〉〈/div〉 요소의 flex-grow 속성의 속성값을 3으로, 텍스트가 3인 〈div〉〈/div〉 요소의 flex-grow 속성의 속성값을 1로 입력합니다.

➕ flex-grow 속성의 속성값이 모두 다르므로 각각 너비가 달라집니다.

```
<div class="container">
  <div style="flex-grow: 0;">1</div>
  <div style="flex-grow: 3;">2</div>
  <div style="flex-grow: 1;">3</div>
</div>
```

CSS

❶ 부모의 클래스 네임 container의 CSS 선언은 281쪽과 같습니다.

❷ 부모 클래스 내부의 자식을 선택하기 위해 .container 〉 div를 자식 선택자로 입력합니다. 먼저 text-align 속성의 속성값을 center로, font-size 속성의 속성값을 40px로 입력합니다. 또 padding 속성의 속성값을 10px로 입력합니다. 다음으로 border 속성의 속성값을 3px, dotted, #ff0000 순서대로 입력합니다.

➕ text-align 속성의 center 속성값은 글자를 가운데 정렬합니다. padding 속성을 사용하면 박스에 내부 여백을 줄 수 있습니다.

```
❶ .container{
    display: flex;
    border: 3px solid #0000ff;
```

```
    }
② .container > div{
        text-align: center;
        font-size: 40px;
        padding: 10px;
        border: 3px dotted #ff0000;
    }
```

크롬 브라우저에서 확인

비주얼 스튜디오 코드에서 HTML 화면 위에 마우스 오른쪽 버튼을 클릭 후
[Open with live server]를 실행합니다.

크롬 브라우저 너비 700px

flex-grow 속성과 속성값이 적용되어 크롬 브라우저 너비가 늘어나면 입력한
flex-grow 속성값에 따라 자식(item) div가 늘어납니다.

❶ 텍스트가 1인 자식 <div></div> 요소는 flex-grow 속성값이 0으로, 브라우
  저 너비가 늘어나도 따라서 늘어나지 않습니다.

❷ 텍스트가 2인 자식 <div></div> 요소는 flex-grow 속성값이 3이기 때문에
  <div></div> 요소의 3배 너비로 늘어납니다.

❸ 텍스트가 3인 자식 <div></div> 요소는 flex-grow 속성값이 1이기 때문에
  <div></div> 요소 너비의 3분의 1 너비로 늘어납니다.

크롬 브라우저 너비 1000px

◇ flex-shrink

부모 너비가 줄면 자식도 줄어들지만 flex-shrink 속성값으로 0이 적용된 자식은 부모 너비가 줄어도 줄어들지 않습니다. (276쪽)

HTML

HTML5 기본 문법에서 〈body〉〈/body〉 사이에 입력합니다. 42쪽의 HTML 페이지(Documents) 기본 구성 또는 58쪽의 [실습]을 참고합니다.

❶ 부모(container)를 먼저 구성하기 위해 〈div〉〈/div〉 요소의 클래스 네임 "container"를 입력합니다.

❷ 다음으로 container 내부에 자식(item)을 구성하겠습니다. 〈div〉〈/div〉 요소를 10개 입력하고 각 〈div〉〈/div〉의 내부에 숫자 1, 2, 3, 4, 5, 6, 7, 8, 9, 10을 순서대로 입력합니다.

❸ 텍스트가 2인 〈div〉〈/div〉 요소의 flex-shrink 속성의 속성값을 0으로 입력합니다.

```
<body>
❶<div class="container">
❷┌ <div>1</div>
  │ <div style="flex-shrink: 0;">2</div>    ❸
  │ <div>3</div>
  │ <div>4</div>
  │ <div>5</div>
  │ <div>6</div>
  │ <div>7</div>
  │ <div>8</div>
  │ <div>9</div>
  └ <div>10</div>
  </div>
</body>
```

CSS

❶ 부모의 클래스 네임 container의 CSS 선언은 280쪽과 같습니다.

❷ 부모 클래스 내부의 자식을 선택하기 위해 .container > div를 자식 선택자로
입력합니다. 먼저 box-sizing 속성의 속성값을 border-box로 입력합니다. 다
음으로 text-align 속성의 속성값을 center로, font-size 속성의 속성값을 40px
로 입력합니다. 또 padding 속성의 속성값을 10px로 입력합니다. 마지막으로
border 속성의 속성값을 3px, dotted, #ff0000 순서대로 입력하고, width 속성의
속성값을 80px로 입력합니다.

➕ box-sizing 속성의 border-box 속성값을 사용하면 너비값을 확인할 수 있습니다. text-align 속성
의 center 속성값은 글자를 가운데 정렬합니다.

```
❶ .container{
    display: flex;
    border: 3px solid #0000ff;
}
❷ .container > div{
    box-sizing: border-box;
    text-align: center;
    font-size: 40px;
    padding: 10px;
    border: 3px dotted #ff0000;
    width: 80px;
}
```

크롬 브라우저에서 확인

비주얼 스튜디오 코드에서 HTML 화면 위에 마우스 오른쪽 버튼을 클릭 후 [Open with live server]를 실행합니다.

➕ CSS 화면에서는 [Open with live server] 미리보기가 실행되지 않습니다.

크롬 브라우저 너비가 1100px인 경우입니다. 자식(item) 요소 10개의 너비가 width 80px로 모두 같습니다.

크롬 브라우저 너비 1100px

크롬 브라우저 너비가 600px로 줄어들면 flex-shrink 속성과 속성값을 0으로 입력한 텍스트가 2인 자식 <div></div> 요소는 줄어들지 않고 너비 80px를 유지합니다.

크롬 브라우저 너비 600px

◇ flex-basis

자식들(items) 중에 너비를 지정할 때 사용하며 px, em, rem, % 등 단위와 함께 사용합니다. (136쪽)

HTML

HTML5 기본 문법에서 <body> </body> 사이에 입력합니다. 42쪽의 HTML 페이지(Documents)의 기본 구성 또는 58쪽의 [실습]을 참고합니다.

❶ 부모(container)를 먼저 구성하기 위해 <div></div> 요소의 클래스 네임 container를 입력합니다.

❷ 다음으로 container 내부에 자식(item)을 구성하겠습니다. 〈div〉〈/div〉 요소를 5개 입력하고 각 〈div〉〈/div〉의 내부에 숫자 1, 2, 3, 4, 5를 순서대로 입력합니다.

❸ 텍스트가 2인 〈div〉〈/div〉 요소의 flex-basis 속성의 속성값을 200px로 입력합니다.

```
<div class="container">
❷ <div>1</div>
❸ <div style="flex-basis: 200px;">2</div>
   <div>3</div>
   <div>4</div>
   <div>5</div>
</div>
```

CSS

❶ 부모의 클래스 네임 container의 CSS 선언은 280쪽과 같습니다.

❷ 부모 클래스 내부의 자식을 선택하기 위해 .container > div를 선택자로 입력합니다. 먼저 box-sizing 속성의 속성값을 border-box로 입력합니다. 다음으로 text-align 속성의 속성값을 center로, font-size 속성의 속성값을 40px로 입력합니다. 또 padding 속성의 속성값을 10px로 입력합니다. 마지막으로 border 속성의 속성값을 3px, dotted, #ff0000로 순서대로 입력하고, width 속성의 속성값을 80px로 입력합니다.

➕ box-sizing 속성의 border-box 속성값을 사용하면 너비값을 확인할 수 있습니다. text-align 속성의 center 속성값은 글자를 가운데 정렬합니다. padding 속성을 사용하면 박스에 내부 여백을 줄 수 있습니다.

```
❶ .container{
    display: flex;
    border: 3px solid #0000ff;
}
❷ .container > div{
    box-sizing: border-box;
```

```
    text-align: center;
    font-size: 40px;
    padding: 10px;
    border: 3px dotted #ff0000;
}
```

크롬 브라우저에서 확인

비주얼 스튜디오 코드에서 HTML 화면 위에 마우스 오른쪽 버튼을 클릭 후
[Open with live server]를 실행합니다. flex-basis 속성과 속성값이 적용되어 텍스
트가 2인 자식〈div〉〈/div〉 요소의 너비가 200px이 됩니다.

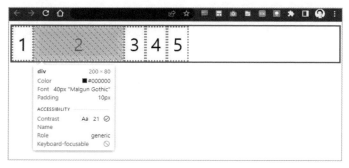

flex-basis 속성값 적용 화면

◇ flex

각각 입력했던 flex-grow, flex-shrink, flex-basis 속성값을 코드 수를 줄이고 한 줄에 입력할 수 있는 속성입니다. (276쪽)

HTML

HTML5 기본 문법에서 ⟨body⟩ ⟨/body⟩ 사이에 입력합니다. 42쪽의 HTML 페이지(Documents)의 기본 구성 또는 58쪽의 [실습]을 참고합니다.

❶ 부모(container)를 먼저 구성하기 위해 ⟨div⟩⟨/div⟩ 요소의 클래스 네임 "container"를 입력합니다.

❷ 다음으로 container 내부에 자식(item)을 구성하겠습니다. ⟨div⟩⟨/div⟩ 요소를 5개 입력하고 각 ⟨div⟩⟨/div⟩의 내부에 숫자 1, 2, 3, 4, 5를 순서대로 입력합니다.

❸ 텍스트가 2인 ⟨div⟩⟨/div⟩ 요소의 flex 속성의 속성값을 0, 0, 150px 순서대로 입력합니다.

```
❶ <div class="container">
❷   ┌ <div>1</div>                              ❸
    │ <div style="flex: 0 0 150px;">2</div>
    │ <div>3</div>
    │ <div>4</div>
    └ <div>5</div>
  </div>
```

CSS

❶ 부모의 클래스 네임 container의 CSS 선언은 280쪽과 같습니다.

❷ 부모 클래스 내부의 자식을 선택하기 위해 .container > div를 자식 선택자로 입력합니다. 먼저 box-sizing 속성의 속성값을 border-box로 입력합니다. 다음으로 text-align 속성의 속성값을 center로, font-size 속성의 속성값을 40px로 입력합니다. 또 padding 속성의 속성값을 10px로 입력합니다. 마지막으로 border 속성의 속성값을 3px, dotted, #ff0000 순서대로 입력하고, width 속성의 속성값을 250px로 입력합니다.

➕ box-sizing 속성의 border-box 속성값을 사용하면 너비값을 확인할 수 있습니다. text-align 속성의 center 속성값은 글자를 가운데 정렬합니다. padding 속성을 사용하면 박스에 내부 여백을 줄 수 있습니다.

```
.container{
    display: flex;
    border: 3px solid #0000ff;
}
.container > div{
    box-sizing: border-box;
    text-align: center;
    font-size: 40px;
    padding: 10px;
    border: 3px dotted #ff0000;
    width: 250px;
}
```

크롬 브라우저에서 확인

비주얼 스튜디오 코드에서 HTML 화면 위에 마우스 오른쪽 버튼을 클릭 후
[Open with live server]를 실행합니다.

다음은 부모 요소의 너비가 500px인 경우입니다. flex 속성과 속성값이 적용
되어 텍스트가 2인 자식 〈div〉〈/div〉 요소의 너비는 150px입니다.

flex 속성 적용하고 부모 너비 500px인 경우

부모 요소의 너비가 1000px인 경우 flex 속성과 속성값이 적용되어 부모 요소의
너비가 늘어나도 텍스트가 2인 자식 〈div〉〈/div〉 요소의 너비는 150px을 유지
합니다.

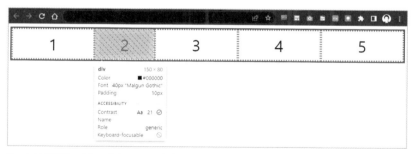

flex 속성 적용하고 부모 너비 1000px인 경우

◇ align-self

align-self 속성은 자식 요소들(items)을 수직축을 기준으로 각각 다르게 배치할 때 사용하는 속성입니다. 속성값은 다음과 같습니다.

속성값	설명
stretch	자식(item) 요소의 높이를 부모(container) 요소의 높이만큼 늘립니다.
center	세로축을 기준으로 부모(container) 요소 높이의 가운데 위치합니다.
flex-start	자식(item) 요소를 부모(container) 요소 높이의 상단에 배치합니다.
flex-end	자식(item) 요소를 부모(container) 요소 높이의 하단에 배치합니다.
baseline	글자 베이스라인을 기준으로 자식(item) 요소들을 배치합니다.

HTML

HTML5 기본 문법에서 〈body〉〈/body〉 사이에 입력합니다. 42쪽의 HTML 페이지(Documents) 기본 구성 또는 58쪽의 [실습]을 참고합니다.

❶ 부모(container)를 먼저 구성하기 위해 〈div〉〈/div〉 요소의 클래스 네임 "container"를 입력합니다.

❷ 다음으로 container 내부에 자식(item)을 구성하겠습니다. 〈div〉〈/div〉 요소를 5개 입력하고 각 〈div〉〈/div〉의 내부에 숫자 1, 2, 3, 4, 5를 순서대로 입력합니다.

❸ 앞에서 사용한 HTML 파일에서 자식(item)을 5개로 만들고 텍스트가 1인 〈div〉〈/div〉요소의 align-self 속성값을 stretch로 입력합니다.

❹ 텍스트가 2인 〈div〉〈/div〉 요소의 align-self 속성값을 center로 입력합니다.

❺ 텍스트가 3인 〈div〉〈/div〉 요소의 align-self 속성값을 flex-start로 입력합니다.

❻ 텍스트가 4인 〈div〉〈/div〉 요소의 align-self 속성값을 flex-end로 입력합니다.

❼ 텍스트가 5인 〈div〉〈/div〉 요소의 align-self 속성값을 baseline으로 입력합니다.

```
<div class="container">
  <div style="align-self: stretch;">1</div>
  <div style="align-self: center;">2</div>
  <div style="align-self: flex-start;">3</div>
  <div style="align-self: flex-end;">4</div>
  <div style="align-self: baseline;">5</div>
</div>
```

CSS[align_self.css]

❶ 부모의 클래스 네임 container를 선택자로 입력하고, display 속성의 속성값을 flex로 입력합니다. 다음으로 border 속성의 속성값을 3px, solid, #0000ff 순서대로 입력합니다. 마지막으로 height 속성의 속성값을 300px로 입력합니다.

➕ display 속성의 기본 속성값 flex는 자식들을 수평으로 정렬합니다.

❷ 부모 클래스 내부의 자식을 선택하기 위해 .container > div를 자식 선택자로 입력합니다. 먼저 text-align 속성의 속성값을 center로, font-size 속성의 속성값을 40px로 입력합니다. 또 padding 속성의 속성값을 10px로 입력합니다. 마지막으로 border 속성의 속성값을 3px, dotted, #ff0000 순서대로 입력하고, width 속성의 속성값을 150px로 입력합니다.

➕ text-align 속성의 center 속성값은 글자를 가운데 정렬합니다. padding 속성을 사용하면 박스에 내부 여백을 줄 수 있습니다.

```
  .container{
      display: flex;
❶     border: 3px solid #0000ff;
      height: 300px;
  }
  .container > div{
      text-align: center;
      font-size: 40px;
❷     padding: 10px;
      border: 3px dotted #ff0000;
      width: 150px;
  }
```

크롬 브라우저에서 확인

비주얼 스튜디오 코드에서 HTML 화면 위에 마우스 오른쪽 버튼을 클릭 후 [Open with live server]를 실행합니다.

❶ align-self 속성과 속성값 stretch가 적용되어 텍스트가 1인 자식 〈div〉〈/div〉 요소의 높이가 부모 요소의 높이만큼 늘어납니다.

❷ align-self 속성과 속성값 center가 적용되어 텍스트가 2인 자식 〈div〉〈/div〉 요소는 부모 높이의 세로축 기준으로 가운데 위치합니다.

❸ align-self 속성과 속성값 flex-start가 적용되어 텍스트가 3인 자식 〈div〉〈/div〉 요소는 부모 높이의 세로축 기준으로 상단에 배치됩니다.

❹ align-self 속성과 속성값 flex-end가 적용되어 텍스트가 4인 자식 〈div〉〈/div〉 요소는 부모 높이의 세로축 기준으로 하단에 배치됩니다.

❺ align-self 속성과 속성값 baseline이 적용되어 텍스트가 5인 자식 〈div〉〈/div〉 요소는 글자 베이스라인 기준으로 배치됩니다.

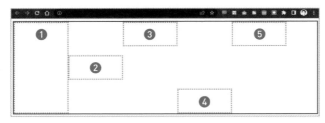

align-self 속성 적용 화면

의미론적인(semantic) 요소(elements)로 구성된 HTML5 페이지 구조를 사용해서 HTML과 CSS로 다음과 같은 레이아웃 디자인을 실습하겠습니다.

〈header〉	
〈nav〉	
section	aside
article	
footer	

HTML

비주얼 스튜디오 코드에서 145쪽의 HTML과 CSS 파일을 엽니다.

❶CSS 파일은 외부(External) CSS 파일로 연결합니다. 레이아웃 디자인을 하기 위해 flex 속성을 사용합니다. 이때 flex 속성은 부모(container)와 자식(item) 구조 관계가 필요합니다. 부모(container) 역할을 하기 위해 ❷를 div로 감싸고 클래스 네임을 wrap으로 입력합니다. 그 안에 ❸div로 section과 article을 감싸고 클래스 네임을 contents로 입력합니다. 그리고 ❹aside 요소와 중첩(배치)합니다.

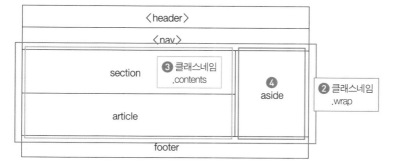

```
<!DOCTYPE html>
<html lang="ko">
  <head>
    <meta charset="UTF-8">
    <title>flex layout Semantic elements</title>
    <link rel="stylesheet" href="style.css">
    <link href="https://fonts.googleapis.com/
css2?family=Noto+Sans+KR:wght@100;300;400;500;700;900&display
=swap" rel="stylesheet">
  </head>
  <body>
    <header>
      <img src="imgs/top_logo.png" alt="logo" class="logo">
      <h1>책밥</h1>
    </header>
    <nav>
      <a href="#">책밥의 신간</a>
      <a href="#">첫 번째</a>
      <a href="#">1일#하루</a>
      <a href="#">취미실용</a>
    </nav>
    <div class="wrap">
      <div class="contents">
        <section>
          <h2>마음을 채우는 한 끼 도서출판 책밥</h2>
          <p>반복되는 일상에 지친 당신에게 새로운 에너지를 공급하는 책을 만들겠습니다.
          정성껏 준비한 한 끼로 독자 여러분의 마음을 든든하게 채워 드립니다.</p>
        </section>
        <article>
          <h3>'책밥'으로 맛있게 읽는 즐거움을 느껴보세요!</h3>
          <p class="text-style">반복되는 일상에 지친 당신에게 새로운 에너지를
          공급하는 책을 만들겠습니다. 정성껏 준비한 한 끼로 독자 여러분의 마음을 든든하게
          채워 드립니다. 책밥의 출간 도서 목록입니다. 앞으로 다양한 책이 출간될 예정입니다.
          많은 기대 부탁드립니다. 밥 없이 잘살아갈 수 있는 사람은 없습니다. '책은 밥이다'라는
          생각, 책밥은 독자에게 주식(主食)이 될 수 있는 도서를 제공하겠습니다.</p>
        </article>
      </div>
```

②
③

```
②  ④ ┌ <aside>
    │     <p>섹션이나 아티클 요소에 적용하기 부족한 내용을 입력하세요.</p>
    └ </aside>
   ─ </div>
   <footer>
       <p>Copyright by &copy;책밥 All rights reserved</p>
   </footer>
  </body>
</html>
```

CSS

❶ *선택자(모든 선택자)를 입력하고 box-sizing 속성에 속성값 : border-box를 입력해서 박스 크기를 맞춥니다.

　⊕ "box-sizing: border-box"가 없으면 margin과 padding 값에 따라 박스 크기가 다 다르게 표시되니 꼭 입력하세요.

❷ 그룹 선택자를 사용해서 〈header〉〈/header〉 요소, 〈nav〉〈/nav〉 요소, 클래스 네임 wrap, 〈footer〉〈/footer〉를 입력합니다. margin 속성의 속성값을 auto로 입력하고 너비인 width 속성의 속성값을 900px로 입력합니다.

　⊕ nav 요소는 메뉴가 있는 요소입니다. 클래스 .wrap은 section과 article 그리고 aside를 감싸는 클래스입니다. margin 속성의 속성값을 auto로 입력하면 가운데 정렬됩니다. width 속성은 요소의 너비를 설정하는 속성입니다.

❸ 그룹 선택자를 사용해서 〈header〉〈/header〉 요소와 클래스 네임 wrap을 입력 하고 border 속성의 속성값을 1px, solid, #000000(검은색) 순서대로 입력합니다.

　⊕ border 속성에서 1px는 테두리 선의 두께, solid는 선의 모양을 실선으로, #000000(검은색)은 선의 색깔을 의미합니다.

❹ 〈header〉 〈/header〉 요소를 선택자로 입력하고 padding-top 속성의 속성값을 16px로, text-align 속성의 속성값을 center로 입력합니다.

　⊕ padding-top 속성은 <div></div> 요소의 내부 상단 여백을 설정합니다. text-align 속성의 center 속성값은 글자를 가운데 정렬합니다.

❺ 〈h1〉〈/h1〉 제목 요소를 선택자로 입력하고 color 속성의 속성값을 orange로 입력합니다.

　⊕ color 속성은 글자 색을 결정합니다.

❻ 〈nav〉〈/nav〉 요소를 선택자로 입력하고 padding 속성의 속성값으로 10px, 0을 순서대로 입력합니다. 다음으로 background-color 속성의 속성값을 #000000(검은색)으로 입력합니다. 마지막으로 text-align 속성의 속성값을 center로 입력합니다.

➕ padding 속성에 속성값 2개를 입력하면 메뉴 박스 내부 상하단에 여백을 줄 수 있습니다.

❼ 〈a〉〈/a〉 요소를 선택자로 입력하고 margin 속성의 속성값으로 0, 20px를 순서대로 입력합니다. 다음으로 color 속성의 속성값을 #ffffff(흰색)로 입력합니다. 마지막으로 text-decoration 속성의 속성값에 none을 입력합니다.

➕ margin 속성에 속성값 2개를 입력하면 상하단과 좌우 간격을 설정할 수 있습니다. text-decoration 속성의 none 속성값은 링크가 적용된 밑줄을 표시하지 않게 설정합니다.

❽ 클래스 네임 wrap을 선택자로 입력하고 display 속성의 속성값을 flex로 입력합니다. 다음으로 justify-content 속성의 속성값을 center로, align-items 속성의 속성값을 flex-start로 입력합니다.

➕ display 속성의 flex 속성값은 부모 역할을 하는 wrap 안에 자식 역할을 하는 contents와 aside를 가로로 정렬합니다.

다음은 그룹 선택자와 선택자의 CSS 코드 비교입니다. 두 코드가 웹브라우저에서 보여주는 결과는 같지만 그룹 선택자 코드는 불필요한 반복이 줄어 선택자 코드보다 간결합니다.

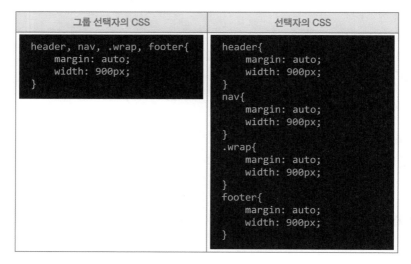

그룹 선택자의 CSS	선택자의 CSS
``header, nav, .wrap, footer{
margin: auto;
width: 900px;
}```	```header{
margin: auto;
width: 900px;
}
nav{
margin: auto;
width: 900px;
}
.wrap{
margin: auto;
width: 900px;
}
footer{
margin: auto;
width: 900px;
}```

```
 ┌─ *{
①│      box-sizing: border-box;
 └─ }
 ┌─ header, nav, .wrap, footer{
②│      margin: auto;
 │      width: 900px;
 └─ }
 ┌─ header, .wrap{
③│      border: 1px solid #000000;
 └─ }
 ┌─ header{
④│      padding-top: 16px;
 │      text-align: center;
 └─ }
 ┌─ h1{
⑤│      color: orange;
 └─ }
 ┌─ nav{
 │      padding: 10px 0;
⑥│      background-color: #000000;
 │      text-align: center;
 └─ }
 ┌─ a{
⑦│      margin: 0 20px;
 │      color: #ffffff;
 │      text-decoration: none;
 └─ }
 ┌─ .wrap{
 │      display: flex;
⑧│      justify-content: center;
 │      align-items: flex-start;
 └─ }
```

justify-contents 속성의 center 속성값은 수평축 가운데 정렬합니다.
align-items 속성의 flex-start 속성값은 수직축 상단에 정렬합니다.

❾ 자식 역할을 하는 클래스 네임 contents를 선택자로 입력하고 padding 속성의 속성값을 10px로, flex-basis 속성의 속성값을 600px로 입력합니다.

➕ padding 속성은 내부 여백을 설정합니다. flex-basis 속성은 가로 너비를 설정합니다.

❿ 〈h2〉〈/h2〉 제목 요소를 선택자로 입력하고 font-size 속성의 속성값을 32px로 입력하고, font-family 속성의 속성값을 'Noto Sans KR', sans-serif 순서대로 입력합니다. 다음으로 font-weight 속성의 속성값을 900으로 입력하고, color 속성의 속성값을 rgb(51, 51, 51)로 입력합니다.

➕ font-size 속성은 글자 크기를, font-family 속성은 글자 모양을, font-weight 속성은 글자 두께를, color 속성은 글자 색깔을 설정합니다. 이때 color 속성의 속성값으로 rgb값을 사용했습니다.

⓫ 〈p〉 〈/p〉 문단 요소를 선택자로 입력하고, letter-spicing 속성의 속성값을 -1px로, line-height 속성의 속성값을 2로 입력합니다.

➕ letter-spicing 속성은 자간을, line-height 속성은 행간을 설정합니다.

⓬ 〈h3〉〈/h3〉 제목 요소를 선택자로 입력하고 font-size 속성의 속성값을 24px로, font-family 속성의 속성값을 'Noto Sans KR', sans-serif 순서대로 입력합니다. 다음으로 font-weight 속성의 속성값을 700으로 입력하고, color 속성의 속성값을 hsl(240, 60%, 40%)로 입력합니다.

➕ font-size 속성은 글자 크기를, font-family 속성은 글자 모양을, font-weight 속성은 글자 두께를, color 속성은 글자 색깔을 설정합니다. 이때 color 속성의 속성값으로 hsl값을 사용했습니다.

⓭ 〈aside〉 〈/aside〉 요소를 선택자로 입력하고 padding 속성의 속성값을 10px로, flex-basis 속성의 속성값을 300px로 입력합니다. 다음으로 border-left 속성의 속성값을 1px, solid, #000000 순서대로 입력합니다. 마지막으로 height 속성의 속성값을 500px로 입력합니다.

➕ padding 속성은 내부 여백을 설정합니다. flex-basis 속성은 너비를 설정합니다. border-left 속성은 왼쪽에 세로선을 표시하며, 이때 1px는 테두리 선의 두께, solid는 선의 모양을 실선으로, #000000(검정색)은 선의 색깔을 의미합니다. height 속성에 aside 높이값을 500px로 입력해서 .contents와 높이를 맞춥니다.

⓮ 〈footer〉〈/ footer〉 요소를 선택자로 입력하고 margin-top 속성의 속성값을 -1px로 입력합니다. 다음으로 border 속성의 속성값을 1px, solid, #000000 순서

대로 입력합니다. 마지막으로 text-align 속성의 속성값을 center로 입력합니다.

➕ margin-top 속성을 사용해서 위로 -1px 올려 다른 곳과 선의 굵기를 같게 합니다. border 속성의 속성값 1px는 테두리 선의 두께, solid는 선의 모양을 실선으로, #000000(검정색)은 선의 색깔을 의미합니다. 또 text-align 속성의 center 속성값은 글자를 가운데 정렬합니다.

```css
.contents{
    padding: 10px;
    flex-basis: 600px;
}
h2{
    font-size: 32px;
    font-family: 'Noto Sans KR', sans-serif;
    font-weight: 900;
    color:rgb(51, 51, 51);
}
p{
    letter-spacing: -1px;
    line-height: 2;
}
h3{
    font-size: 24px;
    font-family: 'Noto Sans KR', sans-serif;
    font-weight: 700;
    color: hsl(240, 60%, 40%);
}
aside{
    padding: 10px;
    flex-basis: 300px;
    border-left: 1px solid #000000;
    height: 500px;
}
footer{
    margin-top: -1px;
    border: 1px solid #000000;
    text-align: center;
}
```

CSS 스타일링이 완료되었습니다.

크롬 브라우저에서 확인

비주얼 스튜디오 코드에서 HTML 화면 위에 마우스 오른쪽 버튼을 클릭 후
[Open with live server]를 실행합니다.

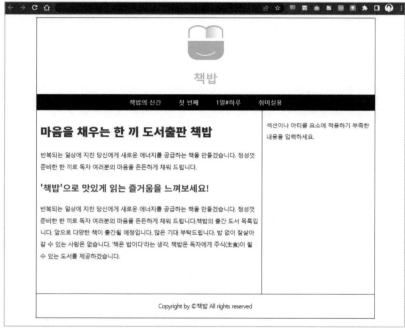

semantic elements layout.css

| 07 | z-index

z-index는 각각의 HTML 요소를 순서대로 쌓는 속성이고, 속성값으로는 양수와 음수 모두 가능합니다. z-index에서는 번호가 낮은 HTML 요소는 번호가 높은 HTML 요소보다 아래에 배치됩니다.

➕ HTML의 z-index 속성은 이미지를 순서대로 쌓는다는 점에서 포토샵의 레이어 기능과 유사한 점이 있습니다.

예를 들어 3개의 HTML div에 z-index:-1, z-index:10, z-index:100 속성을 적용한 경우 아래 이미지와 같이 HTML 요소가 표시됩니다.

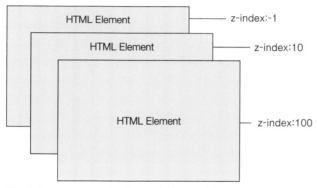

➕ z-index는 position: absolute, position: relative, position: fixed, position: sticky, display: flex의 자식 요소에서만 동작합니다.

(실습) **z-index 속성 적용하기**

div 요소로 박스를 만들어서 z-index 속성을 적용하겠습니다.

HTML

HTML5 기본 문법에서 외부 style.css와 〈link〉 요소를 사용해 연결하고, 〈body〉〈/body〉 사이에 입력합니다. 42쪽의 HTML 페이지(Documents)의 기본 구성 또는 58쪽의 [실습]을 참고합니다.

❶ `<div></div>` 요소로 박스를 만들고 클래스 네임 box1을 입력하고, 텍스트 "1"을 입력합니다.

❷ `<div></div>` 요소로 박스를 만들고 클래스 네임 box2를 입력하고, 텍스트 "2"를 입력합니다.

❸ `<div></div>` 요소로 박스를 만들고 클래스 네임 box3을 입력하고, 텍스트 "3"을 입력합니다.

```html
<!DOCTYPE html>
<html lang="ko">
<head>
  <meta charset="UTF-8">
  <title>z-index CSS</title>
  <link rel="stylesheet" href="style.css">
</head>
<body>
❶ <div class="box1">1</div>
❷ <div class="box2">2</div>
❸ <div class="box3">3</div>
</body>
</html>
```

CSS

❶ `<div></div>` 요소를 선택자로 입력하고, width 속성과 height 속성의 속성값을 각각 200px, 200px로 입력합니다.

➕ `<div></div>` 요소를 선택자로 입력하면 3개 요소 모두 속성값을 적용할 수 있어 코드가 간결해집니다.

❷ 클래스 네임을 box1을 선택자로 입력하고 position 속성의 속성값을 absolute로 입력합니다. 다음으로 top 속성의 속성값을 20px로, left 속성의 속성값을 20px로 입력합니다. 마지막으로 border 속성의 속성값을 14px, solid, #ff0000 순서대로 입력합니다.

➕ position 속성의 absolute 속성과 top, left 속성을 사용하여 좌푯값으로 div 박스를 배치합니다. border 속성의 속성값 14px는 테두리 선의 두께, solid는 선의 모양을 실선으로, #ff0000(빨간색)은 선의 색깔을 의미합니다.

❸ 클래스 네임 box2를 선택자로 입력하고 position 속성의 속성값을 absolute로 입력합니다. 다음으로 top 속성의 속성값을 60px로, left 속성의 속성값을 60px로 입력합니다. 마지막으로 border 속성의 속성값을 14px, solid, #00ff00 순서대로 입력합니다.

➕ position 속성의 absolute 속성과 top, left 속성을 사용하여 좌푯값으로 div 박스를 배치합니다. border 속성의 속성값 14px는 테두리 선의 두께, solid는 선의 모양을 실선으로, #00ff00(초록색)은 선의 색깔을 의미합니다.

❹ 클래스 네임 box3을 선택자로 입력하고 position 속성의 속성값을 absolute로 입력합니다. 다음으로 top 속성의 속성값을 100px로, left 속성의 속성값을 100px로 입력합니다. 마지막으로 border 속성의 속성값을 14px, solid, #0000ff 순서대로 입력합니다.

➕ position 속성의 absolute 속성과 top, left 속성을 사용하여 좌푯값으로 div 박스를 배치합니다. border 속성의 속성값 14px는 테두리 선의 두께, solid는 선의 모양을 실선으로, #0000ff(파란색)은 선의 색깔을 의미합니다.

```
❶ div{
      width: 200px;
      height: 200px;
  }
❷ .box1{
      position: absolute;
      top: 20px;
      left: 20px;
      border: 14px solid #ff0000;
  }
❸ .box2{
      position: absolute;
      top: 60px;
      left: 60px;
      border: 14px solid #00ff00;
  }
❹ .box3{
      position: absolute;
      top: 100px;
```

```
        left: 100px;
        border: 14px solid #0000ff;
    }
```

크롬 브라우저에서 확인

비주얼 스튜디오 코드에서 HTML 화면 위에 마우스 오른쪽 버튼을 클릭 후
[Open with live server]를 실행합니다.

HTML 입력 순서대로 쌓아졌고 마지막에 입력한 클래스 네임 box3인 박스가 맨
위에 배치되었습니다.

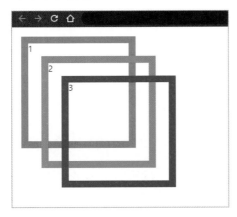

z-index 속성을 활용해 겹침 순서 지정하기

z-index 속성을 활용하여 맨 하단에 있는 클래스 네임 .box1을 클래스 네임 box3 박스 위로 배치하겠습니다.

HTML[z_index.html]

HTML은 앞서 z-index에서 사용한 z_index.HTML 파일(302쪽)을 그대로 사용합니다.

CSS

303쪽의 CSS 파일을 그대로 사용합니다. 클래스 네임 box1에 z-index 속성의 속성값 10을 추가로 입력합니다.

```
div{
    width: 200px;
    height: 200px;
}
.box1{
    z-index: 10;
    position: absolute;
    top: 20px;
    left: 20px;
    border: 14px solid #ff0000;
}
.box2{
    position: absolute;
    top: 60px;
    left: 60px;
    border: 14px solid #00ff00;
}
.box3{
    position: absolute;
    top: 100px;
    left: 100px;
```

```
    border: 14px solid #0000ff;
}
```

크롬 브라우저에서 확인

비주얼 스튜디오 코드에서 HTML 화면 위에 마우스 오른쪽 버튼을 클릭 후 [Open with live server]를 실행합니다.

z-index 속성을 적용한 클래스 네임 .box1 박스가 클래스 네임 .box3 박스보다 위쪽에 배치됩니다.

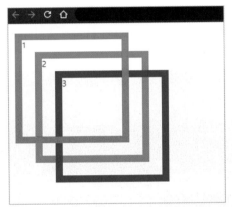

➕ CSS 화면에서는 [Open with live server] 미리보기가 실행되지 않습니다.

배경(background)

배경 속성들을 활용하여 HTML 요소에 배경색을 설정할 수 있습니다. 또한 배경으로 이미지를 삽입하고 크기와 위치 그리고 반복 여부를 설정할 수 있습니다.

| 01 | 배경색(background color) 적용하기

HTML 요소에 배경색을 설정하기 위해서는 background-color 속성을 사용합니다. background-color 속성은 속성값으로 앞서 배운 컬러 속성값(Names, RGB, HEX, HSL)을 사용합니다.

예제로 〈body〉 〈/body〉 요소의 배경색을 노란색으로 적용하겠습니다.

HTML

비주얼 스튜디오 코드에서 58쪽에서 만든 HTML 파일을 불러와도 되고 아래 HTML 코드를 직접 입력해도 됩니다.

❶ CSS는 style.css 파일을 만들어서 외부 파일로 연결하겠습니다.

❷ 58쪽의 파일을 불러와 다음 코드를 삭제합니다. 다음은 호환성 보기와 반응형 웹에 사용되는 코드로, 배경색에 지장을 주는 코드가 아니기 때문에 그냥 둬도 되고 지워도 됩니다.

```
<meta http-equiv="X-UA-Compatible" content="IE=edge">
<meta name="viewport" content="width=device-width,
initial-scale=1.0">
```

```
<!DOCTYPE html>
<html lang="ko">
<head>
    <meta charset="UTF-8">
    <title>Background CSS</title>
① <link rel="stylesheet" href="style.css">
</head>
┌─<body>
│      <h1>마음을 채우는<br>한 끼<br>도서출판 책밥</h1>
②      <p>반복되는 일상에 지친 당신에게 새로운 에너지를 공급하는 책을 만들겠습니다. <br>
│   정성껏 준비한 한 끼로 독자 여러분의 마음을 든든하게 채워 드립니다.</p>
└─</body>
</html>
```

CSS

body 요소를 선택자로 사용하고 background-color 속성의 속성값을 #ffff00(노란색)으로 입력합니다.

```
body{
    background-color: #ffff00;
}
```

크롬 브라우저에서 확인

비주얼 스튜디오 코드에서 HTML 화면 위에 마우스 오른쪽 버튼을 클릭 후 [Open with live server]를 실행합니다. <body></body> 요소의 배경색이 노란색으로 적용됩니다.

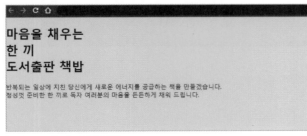

background-color CSS 적용

| 02 | 배경에 이미지(background image) 넣기

배경 이미지 속성을 사용하면 HTML 요소에 배경 이미지를 바둑판처럼 반복하거나, 배경 이미지 위치를 원하는 곳에 배치하거나, 가로와 세로 길이값을 지정할 수 있습니다. 즉, HTML 요소에 배경 이미지를 세밀하게 표시할 수 있습니다. 이때 배경 이미지에 사용되는 이미지 파일 형식은 gif, jpeg, jpg, png 등이 있습니다. 다음은 배경 이미지의 속성과 속성값에 대해 알아보겠습니다.

● background-image

background-image 속성은 HTML 요소에 이미지를 배경으로 지정하는 속성입니다. 배경 이미지를 기본값으로 설정하면 배경 전체에 가로세로로 반복합니다. ⟨body⟩⟨/body⟩ 요소에 배경 이미지를 표시하겠습니다. 제공된 img 폴더의 imgs/top_logo.png 이미지를 사용하겠습니다.

HTML

308쪽의 background color에서 사용한 HTML 파일을 그대로 사용합니다.

CSS

⟨body⟩⟨/body⟩ 요소를 선택자로 입력하고 background-image 속성의 속성값으로 url을 입력합니다. ( ) 소괄호 사이의 " "(큰따옴표) 사이에 이미지 경로를 입력합니다. 여기서는 이미지 경로로 "imgs/top_logo.png"를 입력했습니다.

```
body{
    background-image: url("imgs/top_logo.png");
}
```

크롬 브라우저에서 확인

비주얼 스튜디오 코드에서 HTML 화면 위에 마우스 오른쪽 버튼을 클릭 후 [Open with live server]를 실행합니다. background-image 속성이 적용되어 이미지가 HTML 요소 전체에 바둑판처럼 가로세로로 반복됩니다.

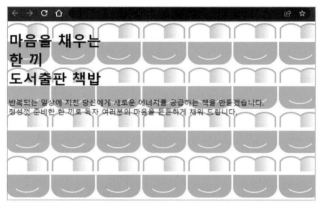

background-image CSS 적용

● background-repeat

background-repeat 속성은 기본적으로 HTML 요소를 전체적으로 덮고 있는 반복적인 이미지 표시 설정을 조절합니다. 설정 속성으로는 가로 또는 세로 한 방향으로만 반복할 수 있으며 반복되지 않게 설정할 수도 있습니다.

속성값은 다음과 같습니다.

속성값	설명
repeat-x	수평축으로 배경 이미지가 반복 표시됩니다.
repeat-y	수직축으로 배경 이미지가 반복 표시됩니다.
no-repeat	배경 이미지를 반복하지 않습니다.

배경 이미지에 관한 2가지 예제를 적용해보겠습니다. 첫 번째는 〈body〉〈/body〉 요소에 logo-top.png 이미지를 가로로 반복되도록 설정해보겠습니다. 두 번째는

배경 이미지를 반복하지 않고 한 번만 적용하겠습니다.

HTML

308쪽의 background color에서 사용한 HTML 파일을 그대로 사용합니다.

CSS

background-image 다음으로 background-repeat 속성의 속성값으로 repeat-x를
입력합니다.

```
body{
    background-image: url("imgs/top_logo.png");
    background-repeat: repeat-x;
}
```

크롬 브라우저에서 확인

비주얼 스튜디오 코드에서 HTML 화면 위에 마우스 오른쪽 버튼을 클릭 후
[Open with live server]를 실행합니다. background-repeat 속성의 repeat-x 속성
값이 적용되어 배경 이미지인 top_logo.png가 가로로 반복됩니다.

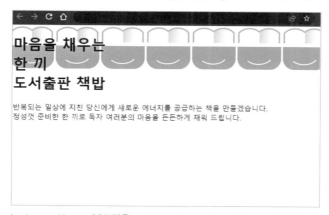

background-image CSS 적용

두 번째로 이미지를 반복하지 않고 사용해보겠습니다.

HTML

308쪽의 background color에서 사용한 HTML 파일을 그대로 사용합니다.

CSS

background-repeat 속성의 속성값으로 no-repeat로 수정합니다.

```css
body{
    background-image: url("imgs/top_logo.png");
    background-repeat: no-repeat;
}
```

크롬 브라우저에서 확인

비주얼 스튜디오 코드에서 HTML 화면 위에 마우스 오른쪽 버튼을 클릭 후 [Open with live server]를 실행합니다. background-repeat 속성의 no-repeat 속성값이 적용되어 배경이미지인 top_logo.png가 반복되지 않습니다.

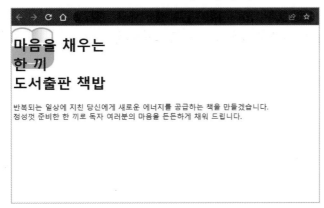

background-image CSS 적용

● background-position

background-position 속성은 속성값으로 위치를 입력하여 HTML 요소 영역에 이미지의 위치를 지정합니다. 위치를 지정할 때는 가로 x축과 세로 y축이 기준이 되고, 속성값은 숫자값 혹은 center, top, right, bottom, left 등의 단어로 설정할 수 있습니다. 속성값이 숫자일 때 단위는 %, ,em, rem, px 등이 사용됩니다.

➕ background-position 속성이 배경 이미지의 위치를 지정하는 것과 달리 앞에서 배운 position 속성은 요소(elements)의 위치를 지정할 때 사용합니다.

[1] background-position : 키워드

첫 번째 예제로 background-position 속성과 속성값을 활용해서 배경 이미지를 오른쪽 상단에 표시해보겠습니다.

HTML

308쪽의 background color에서 사용한 HTML 파일을 그대로 사용합니다.

CSS

〈body〉〈/body〉 요소를 선택자로 사용하고 background-image 속성의 속성값으로 url을 입력합니다. ( ) 소괄호 사이의 " "(큰따옴표) 사이에 이미지 경로를 입력합니다. 여기서는 이미지 경로로 "imgs/top_logo.png"를 입력했습니다.

다음으로 background-repeat 속성의 속성값으로 no-repeat를 입력합니다.

마지막으로 background-position 속성의 속성값으로 right, top를 순서대로 입력합니다.

```
body{
    background-image: url("imgs/top_logo.png");
    background-repeat: no-repeat;
    background-position: right top;
}
```

크롬 브라우저에서 확인

비주얼 스튜디오 코드에서 HTML 화면 위에 마우스 오른쪽 버튼을 클릭 후 [Open with live server]를 실행합니다. background-repeat 속성의 no-repeat 속성값이 적용되어 배경 이미지인 top_logo.png가 반복되지 않습니다. 또한 background-position 속성의 right, top 속성값이 적용되어 우측 상단에 위치합니다.

background-position 속성을 적용한 이미지

(2) background-position : 좌푯값

두 번째 예제로 background-position 속성과 속성값을 사용해서 배경 이미지를 우측 300px, 상단 100px 위치에 표시하겠습니다. 배경 이미지를 원하는 위치에 정확하게 표시할 때는 속성값을 숫자와 단위로 입력합니다.

HTML

308쪽의 background color에서 사용한 HTML 파일을 그대로 사용합니다.

CSS

background-position 속성의 속성값으로 300px, 100px를 순서대로 입력합니다.

```
body{
    background-image: url("imgs/top_logo.png");
    background-repeat: no-repeat;
    background-position: 300px 100px;
}
```

크롬 브라우저에서 확인

비주얼 스튜디오 코드에서 HTML 화면 위에 마우스 오른쪽 버튼을 클릭 후 [Open with live server]를 실행합니다. background-repeat 속성의 no-repeat 속성값이 적용되어 배경 이미지인 top_logo.png가 반복되지 않습니다. 또한 background-position 속성의 속성값이 적용되어 우측에서 300px, 상단 100px 좌표에 위치합니다.

background-position 위치를 px 단위로 입력한 화면

● background-size

background-size 속성은 HTML 요소 영역에 배경 이미지의 크기를 지정합니다. background-size 속성의 속성값으로는 숫자값과 단위(%, em, rem, px 등) 혹은 명령어 auto, contain, cover를 사용합니다.

background-size 명령어 속성값은 다음과 같습니다.

속성값	설명
auto	기본값으로 이미지 크기 그대로 배경 이미지로 표시됩니다.
contain	이미지 비율이 유지되며 이미지 크기는 원래 크기보다 크게 표시됩니다. contain 속성값이 적용된 배경 이미지의 크기는 HTML 요소의 크기를 넘지 않습니다.
cover	이미지 비율이 유지되며 HTML 요소 영역에 꽉 차도록 크기가 커집니다.

(1) background-size

첫 번째 예제로 background-size 속성값으로 숫자와 단위를 입력해서 배경 이미지를 가로 200px, 세로 200px 크기로 설정하고 가로축을 기준으로 가운데 배치하겠습니다.

HTML

308쪽의 background color에서 사용한 HTML 파일을 그대로 사용합니다.

CSS

background- position 속성의 속성값을 center로 수정합니다.
다음으로 background-size 속성의 속성값으로 200px, 200px를 순서대로 입력합니다.

```
body{
    background-image: url("imgs/top_logo.png");
    background-repeat: no-repeat;
    background-position: center;
    background-size: 200px 200px;
}
```

크롬 브라우저에서 확인

비주얼 스튜디오 코드에서 HTML 화면 위에 마우스 오른쪽 버튼을 클릭 후 [Open with live server]를 실행합니다. background-size 속성의 속성값이 적용되어 배경 이미지 크기가 가로세로 200px 크기로 표시되었고, background-position 속성의 속성값 center가 적용되어 배경 이미지가 body 요소 가운데 배치되었습니다.

background-position 위치를 px 단위로 입력한 화면

(2) background-size 속성의 속성값 비교 : auto, contain, cover

두 번째 예제로 background-size 명령어 속성 auto, contain, cover를 비교합니다.

HTML

HTML5 기본 문법에서 〈body〉 〈/body〉 사이에 입력합니다. 42쪽의 HTML 페이지(Documents) 기본 구성 또는 58쪽의 [실습]을 참고합니다.

❶ 〈div〉〈/div〉 요소로 박스를 만들고 클래스 네임 "origin"을 입력합니다.
❷ 〈div〉〈/div〉 요소로 박스를 만들고 클래스 네임 "contain"을 입력합니다.
❸ 〈div〉〈/div〉 요소로 박스를 만들고 클래스 네임 "cover"을 입력합니다.

```html
<!DOCTYPE html>
<html lang="ko">
<head>
  <meta charset="UTF-8">
  <title>Background CSS</title>
  <link rel="stylesheet" href="style.css">
</head>
<body>
❶ <div class="origin"></div>
❷ <div class="contain"></div>
❸ <div class="cover"></div>
</body>
</html>
```

CSS

❶ div 요소를 선택자로 입력하고, border 속성의 속성값을 3px, solid, #000000 순서대로 입력합니다.

background-image 속성의 속성값으로 url을 입력합니다. ( ) 소괄호 사이의 " "(큰따옴표) 사이에 이미지 경로를 입력합니다. 여기서는 "imgs/top_logo.png"로 입력했습니다. background-repeat 속성의 속성값으로 no-repeat를 입력하고 width와 height 속성의 속성값을 각각 400px, 200px로 입력합니다.

⊕ div 요소를 선택자로 입력하면 3개 요소 모두에 속성값을 적용할 수 있어 코드가 간결해집니다.

❷ 클래스 네임 origin을 선택자로 입력하고 background-size 속성의 속성값은 auto로 입력합니다.

❸ 클래스 네임 contain을 선택자로 입력하고 background-size 속성의 속성값은 contain으로 입력합니다.

❹ 클래스 네임 cover를 선택자로 입력하고 background-size 속성의 속성값은 cover로 입력합니다.

```
❶ div{
      border: 3px solid #000000;
      background-image: url("imgs/top_logo.png");
      background-repeat: no-repeat;
      width: 400px;
      height: 200px;
  }
❷ .origin{
      background-size: auto;
  }
❸ .contain{
      background-size: contain;
  }
❹ .cover{
      background-size: cover;
  }
```

크롬 브라우저에서 확인

비주얼 스튜디오 코드에서 HTML 화면 위에 마우스 오른쪽 버튼을 클릭 후 [Open with live server]를 실행합니다. 위에서부터 background-size 속성에 auto, contain, cover 속성값이 적용되었습니다. 비교해보면 auto는 기본값으로 이미지 크기 그대로 배경 이미지로 표시되었습니다. contain의 경우 이미지 비율이 유지되며 이미지는 원래보다 크게 표시됩니다. cover의 경우 이미지 비율이 유지되며 HTML 요소 영역에 꽉 차도록 크기가 커집니다.

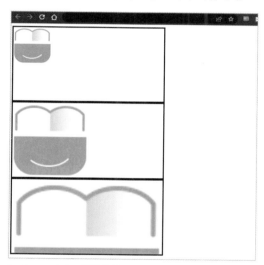

background-size 명령어 비교

| 03 | 불투명도(opacity)

opacity 속성은 HTML 요소의 불투명도 수준을 설정합니다. 속성값은 0과 1 사이의 숫자로 표시하며, 1은 완전히 불투명한 상태입니다. 속성값이 0.3일 경우 투명도는 30%이고 0.5일 경우 투명도는 50%입니다.

HTML 요소에 opacity 속성을 적용하면 HTML의 모든 하위 요소까지 opacity 속성의 속성값이 적용됩니다. 하위 요소에 속성값을 적용하지 않으려면 opacity 속성 대신 RGBA 색상 값을 사용하면 됩니다.

예제로 이미지 3개의 opacity 속성의 속성값을 각각 opacity: 1, opacity: 0.5, opacity: 0.3, opacity: 0으로 적용해서 불투명도를 비교해보겠습니다.

HTML

HTML5 기본 문법에서 〈body〉〈/body〉 사이에 입력합니다. 42쪽의 HTML 페이지(Documents)의 기본 구성 또는 58쪽의 [실습]을 참고합니다.

❶ 〈div〉〈/div〉 요소를 입력하고 그 사이에 〈p〉〈/p〉 문단 요소를 입력한 후 텍스트 "opacity 1"을 입력합니다. 다음으로 〈img〉 요소를 입력하고 이미지가 있는 파일의 경로를 입력합니다. 여기서는 "imgs/top_logo.png"를 입력했습니다. 그리고 alt 속성에 대체 텍스트 "logo"를 입력하고, 클래스 네임을 "opacity-1"로 입력합니다.

❷ 〈div〉〈/div〉 요소를 입력하고 그 사이에 〈p〉〈/p〉 문단 요소를 입력한 후 텍스트 "opacity 0.5"을 입력합니다. 다음으로 〈img〉 요소를 입력하고 이미지가 있는 파일의 경로를 입력합니다. 여기서는 "imgs/top_logo.png"를 입력했습니다. 그리고 alt 속성에 대체 텍스트 "logo"를 입력하고, 클래스 네임을 "opacity-2"로 입력합니다.

❸ 〈div〉〈/div〉 요소를 입력하고 그 사이에 〈p〉〈/p〉 문단 요소를 입력한 후 텍스트 "opacity 0.3"을 입력합니다. 다음으로 〈img〉 요소를 입력하고 이미지가 있는 파일의 경로를 입력합니다. 여기서는 "imgs/top_logo.png"를 입력했습니다. 그리고 alt 속성에 대체 텍스트 "logo"를 입력하고, 클래스 네임을 "opacity-3"로 입력합니다.

❹ <div></div> 요소를 입력하고 그 사이에 <p></p> 문단 요소를 입력한 후
텍스트 "opacity 0"을 입력합니다. 다음으로 <img> 요소를 입력하고 이미지가
있는 파일의 경로를 입력합니다. 여기서는 "imgs/top_logo.png"를 입력했습니
다. 그리고 alt 속성에 대체 텍스트 "logo"를 입력하고, 클래스 네임을 "opacity-4"
로 입력합니다.

```html
<!DOCTYPE html>
<html lang="ko">
<head>
  <meta charset="UTF-8">
  <title>opacity CSS</title>
  <link rel="stylesheet" href="style.css">
</head>
<body>
  <div>
    <p>opacity 1</p>
    <img src="imgs/top_logo.png" alt="logo" class=
"opacity-1">
  </div>
  <div>
    <p>opacity 0.5</p>
    <img src="imgs/top_logo.png" alt="logo" class=
"opacity-2">
  </div>
  <div>
    <p>opacity 0.3</p>
    <img src="imgs/top_logo.png" alt="logo" class=
"opacity-3">
  </div>
  <div>
    <p>opacity 0</p>
    <img src="imgs/top_logo.png" alt="logo" class=
"opacity-4">
  </div>
</body>
</html>
```

CSS

❶ `<div></div>` 요소를 선택자로 입력하고 border 속성의 속성값을 1px, solid로 순서대로 입력합니다. 다음으로 width 속성의 속성값을 200px로 입력합니다.

➕ 이때 border 속성의 1px는 테두리 선의 두께, solid는 선의 모양이 실선임을 의미합니다. 다음으로 width 속성은 `<div></div>` 요소의 너비를 설정합니다.

❷ 클래스 네임 opacity-1를 선택자로 입력하고 opacity 속성의 속성값을 1로 입력합니다.

❸ 클래스 네임 opacity-2를 선택자로 입력하고 opacity 속성의 속성값을 0.5로 입력합니다.

❹ 클래스 네임 opacity-3를 선택자로 입력하고 opacity 속성의 속성값을 0.3으로 입력합니다.

❺ 클래스 네임 opacity-4를 선택자로 입력하고 opacity 속성의 속성값을 0으로 입력합니다.

```css
div{
    border: 1px solid;
    width: 200px;
}
.opacity-1{
    opacity: 1;
}
.opacity-2{
    opacity: 0.5;
}
.opacity-3{
    opacity: 0.3;
}
.opacity-4{
    opacity: 0;
}
```

크롬 브라우저에서 확인

비주얼 스튜디오 코드에서 HTML 화면 위에 마우스 오른쪽 버튼을 클릭 후
[Open with live server]를 실행합니다. opacity 속성이 적용되어 속성값에 따라
이미지 불투명도를 비교할 수 있습니다.

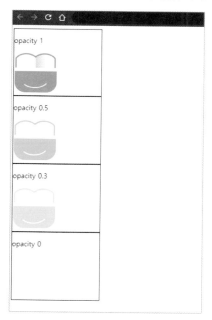

opacity 속성과 속성값 비교 화면

04

실전 예제 웹사이트 만들기

회사 소개와 제품에 대한 홍보 소개를 그동안 학습한 HTML과 CSS를 이용해서 메인과 서브 페이지를 제작하겠습니다.

메인 페이지 만들기

실전 예제 준비하기

앞에서 배운 내용을 토대로 다음과 같은 홈페이지 이미지를 제작하겠습니다. 5장 전반에 걸쳐 진행되므로 잘 보고 따라 해주세요. 여기서는 메인 페이지 1개와 서브 페이지 1개를 따라 해보겠습니다.

다음은 홈페이지 URL을 입력하면 나오는 메인 페이지입니다.

다음은 '1일#하루'를 클릭하면 나오는 서브 페이지입니다.

완성된 메인 페이지 URL
https://eroica-design.github.io/htmlcss/index.html

완성된 서브 페이지 URL
https://eroica-design.github.io/htmlcss/sub.html

폴더 구성하기

예제를 따라 하기 전에 홈페이지에 사용할 파일을 저장할 폴더를 만듭니다.

1. PC에 새로운 폴더를 만들고 그 폴더 안에 CSS 폴더와 imgs 폴더를 만듭니다. CSS 폴더 안에 style.css 파일을 만들고 저장합니다.(119쪽) 그리고 imgs 폴더 안에 이미지 파일을 다운로드해서 저장합니다.

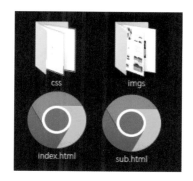

> ⊕ 이미지 파일은 책밥 사이트 자료실(https://www.bookisbab.co.kr/down)에서 다운로드할 수 있습니다.([자료실]-[칼퇴족 김대리는 알고 나만 모르는 HTML5+CSS3]-[다운로드] 버튼 클릭)

2. 비주얼 스튜디오 코드에서 새 파일을 만들어 메인 페이지는 index.html, 서브 페이지는 sub.html 파일로 만들고 저장합니다.(58쪽)

| 01 | 메인 페이지 HTML 구성과 공통 CSS 만들기

이제 제시하는 홈페이지의 메인 페이지를 만듭니다. 여기서는 index.html의 기본 구성과 콘텐츠 섹션 구성, 그리고 모든 HTML 페이지에 공통으로 사용하는 CSS을 만들겠습니다.

메인 페이지 HTML 구성

❶ 앞에서 만든 index.html을 비주얼 스튜디오 코드에서 열고 HTML5로 기본 문서로 선언합니다.(42쪽)

❷ 〈title〉에 "실전 예제 웹사이트 만들기 따라하기-Main Page"로 제목을 입력하고 〈link〉에 외부 스타일 시트를 연결합니다.(119쪽)

❸ 〈body〉안에 의미론적 요소를 사용해서 〈header〉에 마크와 로고, GNB와 검색폼을 〈main〉안에 4개 〈section〉을 입력합니다. 〈main〉 다음에 〈footer〉와 〈div〉로 [top] 버튼을 구성합니다.

❹ 첫 번째 이벤트를 표시하기 위해서 〈section〉 아이디 네임을 banEvent로 입력합니다.

❺ 두 번째 3개 이미지를 수평 정렬하기 위해서 〈section〉 클래스 네임을 biz-info로 입력 입력합니다

❻ 세 번째 유튜브를 표시하기 위해서 〈section〉 아이디 네임을 youtubeEvent로 입력 입력합니다

❼ 네 번째 섬네일 이미지와 뉴스 리스트를 표시하기 위해서 〈section〉 아이디 네임을 bookWrap으로 입력 입력합니다

❽ 〈footer〉에 저작권과 회사 정보를 표시합니다.

❾ 마지막으로 〈div〉에 [top] 버튼을 표시하기 위해서 클래스 네임을 go-top로 입력합니다.

```html
<!DOCTYPE html>
<html lang="ko">

<head>
❷ <title>실전 예제 웹사이트 만들기 따라하기-Main Page</title>
  <meta charset="utf-8">
  <link href="css/style.css" rel="stylesheet">
</head>

<body>
  <div id="top">
    <!-- 책밥 마크와 로고, GNB메뉴, 검색폼 -->
  ❸ <header>
    </header>
    <main>
      <!-- 이벤트 -->
    ❹ <section id="banEvent">
      </section>
      <!-- 책밥 소개 -->
    ❺ <section class="biz-info">
      </section>
      <!-- 유튜브 -->
    ❻ <section id="youtubeEvent">
      </section>
      <!-- 책 갤러리와 뉴스 리스트 -->
```

```
❼ <section id="bookWrap">
   </section>
 </main>
 <!-- 풋터 -->
❽ <footer>
   </footer>
 <!-- 탑버튼 -->
❾ <div class="go-top">
   </div>
 </div>
</body>

</html>
```

➕ 웹브라우저를 사용해서 메인 페이지(https://eroica-design.github.io/htmlcss/main.html)에 접속 후 마우스 오른쪽 버튼을 클릭하고 [페이지 소스 보기] 메뉴를 클릭하면 코드를 구분한 주석 설명을 볼 수 있습니다.

CSS

모든 HTML 페이지에 공통으로 사용되는 CSS 속성과 속성값을 스타일링합니다.

❶ 먼저 style.css 파일에 @charset "utf-8"을 입력합니다.

❷ @import"를 입력하고 다양한 굵기의 한글 고딕체를 사용하기 위해서 Noto Sans KR 구글 웹 폰트 주소를 복사하고 붙여 넣습니다. (142쪽)

❸ HTML 모든 문서에 범용적으로 적용하기 위해서 * 선택자(asterisk)를 입력하고 여백을 없애기 위해서 margin과 padding의 속성값을 0으로, 같은 박스 크기를 설정하기 위해서 box-sizing의 속성값을 border-box로 입력합니다. 다음으로 fontfamily의 속성값을 'Noto Sans KR', sans-serif로 순서대로 입력하고, 모든 문서에 기본 글자 크기를 설정하기 위해서 font-size의 속성값을 16px로 입력합니다. 기본 글자 색은 검은색으로 설정하기 위해서 color의 속성값을 #000(검은색)으로 입력합니다. 마지막으로 클릭하면 상단으로 부드럽게 올라가기 위해서 scroll-behavior의 속성값을 smooth로 입력합니다.

❹ ul li 를 자손 선택자로 입력하고 list-style 속성의 속성값을 none으로 입력합니다.

➕ list-style의 속성의 none 속성값은 HTML에서 ul li 목록형 리스트에 기본적으로 표시되는 글머리점을 숨깁니다.

❺ body를 요소 선택자로 입력하고 문서 바탕색을 흰색으로 설정하기 위해서 background의 속성값을 #fff(흰색)로 입력합니다.

❻ a를 요소 선택자로 입력하고 color의 속성값을 inherit로, text-decoration의 속성값을 none으로 입력합니다.

➕ 하이퍼링크가 적용된 텍스트의 글자 색은 color의 속성값 inherit 때문에 3번에서 입력한 검은색으로 상속받습니다. 이때 링크가 적용되면 기본값으로 밑줄이 생기는데, text-decoration 속성의 속성값을 none으로 사용하여 밑줄을 지웁니다.

```
① @charset "utf-8";
   /* 공통 */
② @import url('https://fonts.googleapis.com/css2?family=
   Noto+Sans+KR:wght@100;300;400;500;700;900&display=swap');
③ * {
       margin: 0;
       padding: 0;
       box-sizing: border-box;
       font-family: 'Noto Sans KR', AppleGothic, sans-serif;
       font-size: 16px;
       color: #000;
       scroll-behavior: smooth;
   }
④ ul li {
       list-style: none;
   }

⑤ body {
       background-color: #fff;
   }
⑥ a {
       color: inherit;
       text-decoration: none;
   }
```

❼ 클래스 네임 f-le을 선택자로 입력하고 float의 속성값으로 left를 입력합니다. (197쪽)

❽ 클래스 네임 f-ri 을 선택자로 입력하고 float의 속성값으로 right를 입력합니다. (197쪽)

❾ 클래스 네임 cf를 입력하고 가상 요소(Pseudo-elements) ::after를 입력합니다. 이때 float 속성의 영향을 끊기 위해 clear을 입력하고 속성값으로 both를 입력합니다. 다음으로 가상 선택자를 사용하였으므로 content 속성을 입력하고 속성값으로 ""(큰따옴표)를 입력합니다. 마지막으로 display을 입력하고 속성값으로 block을 입력합니다.

❿ 클래스 네임 m-auto를 선택자로 입력하고 margin의 속성값으로 0 auto를 입력합니다.

➕ margin의 속성 값을 0 auto로 입력하면 HTML 내 콘텐츠를 가운데 정렬합니다.

⓫ 클래스 네임 button을 선택자로 입력하고 cursor의 속성값으로 pointer를 입력합니다. 다음으로 border-radius의 속성값을 20px로 입력합니다.

➕ curser 속성의 pointer 속성값을 사용하면 버튼에 마우스를 올렸을 때 손가락 모양으로 커서가 변경됩니다.

➕ border-radius 속성은 모서리를 둥글게 표시합니다.

```
❼ .f-le {
    float: left;
  }
❽ .f-ri {
    float: right;
  }
❾ .cf::after {
    clear: both;
    content: "";
    display: block;
  }
❿ .m-auto{
    margin: 0 auto;
  }
```

```
.m-top{
    margin-top: 120px;
}
⑪.button {
    cursor: pointer;
    border-radius: 20px;
}
```

⑫ 클래스 네임 go-top를 선택자로, position의 속성값으로 fixed로, bottom의 속성값을 20px로, right 속성값을 20px로 입력합니다. 다음으로 width 속성의 속성값을 50px로, height 속성의 속성값을 50px로 입력합니다. border-radius의 속성값을 50%로 입력하고, background-color 속성값을 rgba(238, 238, 238, 0.8)로 입력합니다. 그리고 text-align의 속성값을 center로, line-height의 속성값을 10px로, padding-top의 속성값을 15px로 입력합니다.

➕ position의 fixed 속성값과 bottom, right 속성을 활용해 탑 버튼 위치를 배치하였습니다. position으로 오른쪽 하단에 fixed로 고정하고 border-radius 속성의 속성값을 50%로 입력하고 background-color 속성을 사용하여 회색 원형으로 스타일링 했습니다.

⑬ 클래스 네임 go-to-font를 선택자로 입력하고 font-size의 속성값을 10px로 입력하여 [top] 버튼의 글자 크기를 설정합니다.

⑭ 유튜브 영상을 삽입하기 위해 iframe을 요소 선택자로 입력하고, border의 속성 값을 none으로 입력하여 테두리 선을 보이지 않게 합니다.

```
⑫.go-top{
    position: fixed;
    bottom: 20px;
    right:20px;
    width: 50px;
    height: 50px;
    border-radius: 50%;
    background-color: rgba(238, 238, 238, 0.8);
    text-align: center;
    line-height: 10px;
    padding-top: 15px;
```

```
    }
⑬ .go-to-font{
       font-size: 10px;
    }
⑭ iframe{
       border: none;
    }
```

| 02 | 메인 페이지에 로고와 GNB 만들기

HTML 문서 상단 header 영역에 책밥 마크와 로고, 메뉴와 쇼핑 아이콘 그리고 검색창을 생성하겠습니다. 다음은 HTML 요소, 아이디, 클래스 네임과 같은 HTML 레이아웃 구조를 표시한 것입니다. 이미지에서 책밥 마크와 로고, 메뉴와 쇼핑 아이콘 그리고 검색창 요소가 수평 정렬됩니다. 이미지를 참고해 HTML 요소들을 구조에 맞게 마크업하고 CSS 스타일의 속성과 속성값을 설정하겠습니다.

HTML

❶ 〈header〉 안에 부모 역할로 〈div〉를 입력한 후 클래스 네임 header-wrap와 m-auto를 선택자로 입력합니다.

➕ m-auto 클래스 네임을 사용하여 <div></div> 요소가 가운데 정렬됩니다.

❷ 클래스 네임이 header-wrap과 m-auto 안에 〈div〉를 입력하고 아이디 네임을 logoWrap으로 입력합니다. 책밥 마크를 클릭하면 메인 페이지로 돌아올 수 있게 〈a〉에 href = "index.html"을 입력하고, 그 사이에 2개의 〈div〉를 생성하여 클래스 네임을 각각 logo-imag와 f-le, logo-title로 입력합니다. 클래스 네임 logo-img와 f-le인 〈div〉 로고 이미지 top_logo.png와 대체 텍스트를 입력합니다. 다음으로 클래스 네임 logo-title에 "책밥" 텍스트를 입력합니다.

❸ GNB 메뉴를 마크업 하기 위해 〈nav〉에 클래스 네임 gnb를 입력합니다.

❹ nav에 메뉴와 쇼핑 아이콘을 생성하기 위해서 〈ul〉을 입력하고 아이디 네임을 navi로 입력합니다. 다음으로 〈ul〉에 〈li〉〈/li〉 5개를 입력하고 그 안에 〈a href="#"〉〈/a〉를 입력합니다. 〈a〉에 메뉴 순서대로 "책밥의 신간", "첫 번째", "1일# 하루", "취미 실용", 쇼핑 카트 아이콘 이미지 〈img src="imgs/icon_cart.png" alt ="cart"〉를 입력합니다.

➕ 〈a href="#"〉〈/a〉로 하이퍼링크를 설정했기에 페이지 주소를 입력하고 클릭하면 페이지로 이동합니다.

❺ 〈/ul〉 아래에 〈div〉에 클래스 네임 search-wrap을 선택자로 입력하고 검색 폼과 검색 버튼을 감싸겠습니다. 다음으로 〈form〉에 클래스 네임 search를 입력하고 〈input〉 다음에 〈button〉을 입력합니다. 이때 〈input〉 type은 "search", id는 "booksearch", name은 "booksearch", placeholder은 "책 제목을 입력하세요"를 입력합니다. 다음으로 〈button〉에 클래스 네임을 search-btn로, type을 button으로 입력하고 그 사이에 "찾기"를 입력합니다. (82쪽 폼(Form) 태그)

모두 작성했다면 index.html 파일을 저장합니다.

```
<header>
❶ <div class="header-wrap m-auto">
❷     <div id="logoWrap">
        <!-- 책밥 마크와 로고 -->
        <a href="index.html">
            <div class="logo-img f-le"><img src="imgs/
top_logo.png" alt="logo"></div>
```

```
            <div class="logo-title">책밥</div>
        </a>
    </div>
    <!-- GNB 메뉴 -->
❸ <nav class="gnb">
❹     <ul id="navi">
        <li>
            <a href="#">책밥의 신간</a>
        </li>
        <li>
            <a href="#">첫 번째</a>
        </li>
        <li>
            <a href="sub.html" target="_self">1일# 하루</a>
        </li>
        <li>
            <a href="#">취미 실용</a>
        </li>
        <li>
            <a href="#"><img src="imgs/icon_cart.png"
alt="cart"></a>
        </li>
    </ul>
    <!-- 검색폼 -->
❺     <div class="search-wrap">
        <form class="search">
            <input type="search" id="booksearch"
name="booksearch" placeholder="책 제목을 입력하세요">
            <button class="search-btn" type="button">
찾기</button>
        </form>
    </div>
    </nav>
    </div>
</header>
```

크롬 브라우저에서 확인

비주얼 스튜디오 코드에서 HTML 화면 위에 마우스 오른쪽 버튼을 클릭 후 [Open with live server]를 실행합니다. CSS 스타일이 적용되지 않은 HTML 문서로 표시됩니다.

CSS

첫 번째로, header 영역과 책밥 마크와 로고를 스타일링하겠습니다.

❶ header를 요소 선택자로 입력하고 width 속성값을 100%로, height 속성값을 100px로 입력합니다. background-color 속성값을 rgba(255, 255, 255, 0.9)로 입력하고 box-shadow 속성값을 0px, 3px, 10px, rgba(0, 0, 0, 0.1)로 순서대로 입력합니다. 다음으로 line-height 속성 값을 100px로 입력합니다. 또한 position 속성값을 fixed로 입력하고 top 속성값 0을, left 속성값 0을 입력합니다. 마지막으로 z-index 속성값을 10으로 입력합니다. z-index 속성을 사용하여 header 영역이 고정되고 비춰지도록 합니다. (219쪽 position, 307쪽 배경색, 301쪽 z-index 참고)

❷ 부모 역할을 하는 클래스 네임 header-wrap인 선택자를 입력하고 display 속성값을 flex로 입력하여 책밥 마크, GNB 메뉴, 검색창을 수평 정렬합니다. 다음으로 justify-content 속성값을 space-between으로, width 속성값을 1300px로 입력합니다. (237쪽)

❸ #logoWrap을 아이디 선택자로 입력하여 width 속성값을 180px로, height 속성
값을 100px로 입력하여 책밥 마크와 로고를 수평 정렬하고 너비와 높이를 설정
합니다.

❹ 부모 안에 자식을 선택하기 위해 .logo-img > img를 자식 선택자로 입력하고
height 속성값을 43px로 입력합니다. 다음으로 vertical-align 속성값을 middle
로, padding-right 속성값을 16px로 입력합니다.

❺ 클래스 네임 logo-title을 선택자로 입력하고 font-size 속성값을 32px로, color
속성값을 #ff9011(주황색)로, font-weight 속성값을 700으로 입력합니다.

➕ font-size 속성(136쪽)은 글자의 크기를, color 속성(136쪽)은 글자의 색상을, font-weight 속성
(140쪽)은 글자의 두께를 설정하는 속성입니다.

```css
❶ header {
    width: 100%;
    height: 100px;
    background-color: rgba(255, 255, 255, 0.9);
    box-shadow: 0px 3px 10px rgba(0, 0, 0, 0.1);
    line-height: 100px;
    position: fixed;
    top: 0;
    left: 0;
    z-index: 10;
}
❷ .header-wrap{
    display: flex;
    justify-content: space-between;
    width: 1300px;
}
    /* 책밥 마크와 로고 */
❸ #logoWrap {
    width: 180px;
    height: 100px;
}
❹ .logo-img > img {
    height: 43px;
    vertical-align: middle;
```

```
    padding-right: 16px;
  }
⑤ .logo-title{
    font-size: 32px;
    color: #ff9011;
    font-weight: 700;
  }
```

두 번째로, GNB 메뉴를 스타일링하겠습니다.

❶ nav을 요소 선택자로 입력하고 height 속성값을 100px로 입력합니다. 다음으로 font-size 속성값을 16px로, font-weight 속성값을 700으로 입력합니다. 마지막으로 line-height 속성값을 56px로 입력합니다. height 속성은 행간을 설정합니다.

❷ 클래스 네임 gnb를 선택자로 입력하고 display 속성값을 flex로 입력합니다. 다음으로 justify-content 속성의 속성값을 flex-end로, align-items 속성의 속성값을 center로 입력합니다. justify-content 속성값 flex-end로, 수평 정렬은 오른쪽으로, align-items 속성값center로 수직 정렬은 중간 정렬됩니다.

❸ 부모 안에 자식을 선택하기 위해, #navi > li를 자식 선택자로 입력하고 display 속성값을 inline-block으로 입력합니다. 다음으로 text-align 속성값을 center로, line-height 속성값을 100px로 입력합니다. 마지막으로 margin 속성값을 0, 20px를 순서대로 입력합니다. display 속성의 inline-block 속성값은 GNB 메뉴를 수평 정렬합니다. (114쪽 자식 선택자 213쪽 display, 181쪽 margin)

❹ 부모 안에 자식을 선택하기 위해, #navi > li:hover를 가상 선택자로 입력하고 opacity 속성값을 0.5로 입력하여 메뉴에 마우스를 올리면 불투명 흐릿하게 변하도록 합니다. 다음으로 text-decoration 속성값을 underline으로, transition 속성값을 0.5s로 입력합니다.

```
/* GNB 메뉴 */
① nav {
    height: 100px;
    font-size: 16px;
    font-weight: 700;
    line-height: 56px;
}
② .gnb{
    display: flex;
    justify-content: flex-end;
    align-items: center;
}
③ #navi > li {
    display: inline-block;
    text-align: center;
    line-height: 100px;
    margin: 0 20px;;
}
④ #navi > li:hover {
    opacity: 0.5;
    text-decoration: underline;
    transition: 0.5s;
}
```

세 번째로, 검색 폼과 플레이스홀더의 "책 제목을 입력하세요." 글자를 스타일링
하겠습니다.

❶ 클래스 네임 search-wrap을 선택자로 입력하고, position 속성값을 relative로 입
력하여 검색 폼을 문서 흐름(GNB 메뉴 옆)에 맞게 배치합니다.

❷ form과 클래스 네임 search, 입력 타입을 input[type=search] 선택자로 입력하
고 padding 속성값을 6px, 16px를 순서대로 입력합니다. font-size 속성값을
12px로 입력하고, border 속성값을 1px, solid, #eee 순서대로 입력합니다. 다음
으로 outline 속성값을 0px로, border-top-left-radius 속성값을 20px로, border-

bottom-left -radius 속성값을 20px로 입력하여 검색 폼을 라운드 모양으로 스타일링합니다. 마지막으로 width 속성값을 180px로 입력합니다. (82쪽)

❸ 클래스 네임 search-btn을 선택자로 입력하고, margin-left 속성값을 -4px로, padding 속성값을 6px, 12px를 순서대로 입력합니다. font-size 속성값을 12px로, color 속성값을 #fff로 입력합니다. 다음으로 border 속성값을 1px, solid, #929292를 순서대로 입력하고, background-color 속성값을 #929292로 입력합니다. 마지막으로 border-top-right-radius 속성값을 20px로, border-bottom-rignt-radius 속성값을 20px로, cursor 속성값을 pointer로 입력합니다. 배경색이 짙은 회색이고 흰색 글자가 있고 오른쪽 상단과 왼쪽 하단의 모서리가 둥근 검색 폼 버튼이 스타일링됩니다.

```
/* 검색폼 */
❶ .search-wrap {
    position: relative;
}
❷ form.search input [type=search] {
    padding: 6px 16px;
    font-size: 12px;
    border: 1px solid #eee;
    background-color: #eee;
    outline: 0px;
    border-top-left-radius: 20px;
    border-bottom-left-radius: 20px;
    width: 180px;
}
❸ .search-btn {
    margin-left: -4px;
    padding: 6px 12px;
    font-size: 12px;
    color: #fff;
    border: 1px solid #929292;
    background-color: #929292;
    border-top-right-radius: 20px;
    border-bottom-right-radius: 20px;
```

```
    cursor: pointer;
}
```

크롬 웹브라우저에서 확인

비주얼 스튜디오 코드에서 HTML 화면 위에 마우스 오른쪽 버튼을 클릭 후 [Open with live server]를 실행합니다.

| 03 | 이벤트 배너 배치하기

HTML 문서의 main 영역에 타이틀과 이미지를 표시한 이벤트를 퍼블리싱하겠습니다.

다음은 HTML 요소, 아이디, 클래스 네임과 같은 HTML 레이아웃 구조를 표시한 이미지입니다. 이벤트 전체 너비에 배경색을 표시한 후 왼쪽에 타이틀, 설명글, 버튼을 배치하고 오른쪽에는 책 이미지를 배치하였습니다.

HTML

❶ 의미론적 웹 요소 중 메인 〈main〉태그를 입력하겠습니다. main 요소 사이의 독립적인 콘텐츠인 section 요소에 해당합니다. 따라서 〈main〉 사이에 〈section〉 요소와 아이디 네임을 banEvent로 입력합니다.

❷ 〈div〉 요소로, 선택자로 클래스 네임 m-auto와 ban-event-on을 입력합니다. 이 요소에 타이틀, 설명글, 버튼 그리고 책 이미지를 배경 이미지로 구성하겠습니다.

❸ 〈div〉 요소로, 클래스 네임 ban-tit-wrap을 입력합니다.

❹ 〈h1〉에 제목 요소에 "마음을 채우는〈br〉한 끼〈br〉도서출판 책밥"을 입력합니다. 다음으로 〈p〉 문단 요소에 "반복되는 일상에 지친 당신에게 새로운 에너지를 공급하는 책을 만들겠습니다. 정성껏 준비한 한 끼로 독자 여러분의 마음을 든든하게 채워드립니다"를 입력합니다.

❺ 〈div〉에 클래스 네임 event-btn을 입력하고, 〈a〉에 href ="#"를 링크합니다. 이때 내부에 〈div〉 요소를 입력하고 클래스 네임 btn-more을 입력한 후, 〈div〉 요소 사이에 "+ 더보기"를 입력해 버튼을 생성합니다.

모두 작성했다면 index.html 파일을 저장합니다.

```
① <main>
       <!-- 이벤트 -->
       <section id="banEvent">
②        <div class="m-auto ban-event-on">
③            <div class="ban-tit-wrap">
④                <h1>마음을 채우는<br>한 끼<br>도서출판 책밥</h1>
                 <p>반복되는 일상에 지친 당신에게 새로운 에너지를 공급하는 책을 만들겠습니다.
정성껏 준비한 한 끼로 독자 여러분의 마음을 든든하게 채워 드립니다.</p>
⑤                <div class="event-btn">
                     <a href="#">
                         <div class="btn-more">&plus; 더보기</div>
                     </a>
                 </div>
             </div>
         </div>
     </section>
```

크롬 브라우저에서 확인

비주얼 스튜디오 코드에서 HTML 화면 위에 마우스 오른쪽 버튼을 클릭 후 [Open with live server]를 실행합니다. index.html 파일을 미리보기 하면 CSS 스타일이 적용되지 않은 HTML 문서로 표시됩니다. 이때 책 이미지가 보이지 않는데, 이는 344쪽에서 CSS로 배경 이미지에 삽입할 예정입니다.

CSS

먼저 이벤트의 타이틀, 설명글과 책 이미지를 스타일링하겠습니다.

❶ 아이디 선택자로 banEvent를 입력하고 padding-top 속성값을 200px로, background-color 속성값을 #f6f6f4(회색)로 입력해 배경색을 설정합니다. 마지막으로 height 속성값을 800px로 입력합니다.

❷ 클래스 네임 ban-event-on을 선택자로 입력하고 width 속성의 속성값을 1300px로 입력합니다. background-image 속성의 속성값을 url(../imgs/main_book.png)로 입력하여 책 이미지를 배경 이미지로 삽입합니다. 마지막으로 background-repeat 속성값을 no-repeat으로, background-position 속성값을 100%, 50%를 순서대로 입력하여 이미지를 오른쪽 중간에 배치합니다. (309쪽)

❸ 클래스 네임 ban-tit-wrap을 선택자로 입력하고 vertical-align 속성값을 middle로 입력하여 타이틀, 설명글, 버튼 그리고 책 이미지를 수직에서 가운데 정렬로 변경합니다.

❹ 부모 안에 자식을 선택하기 위해 .ban-tit-wrap > h1를 자식 선택자로 입력하고 font-size 속성값을 84px로 입력합니다. 다음으로 letterspacing 속성값을 -8px로, line-height 속성값을 100px로, textalign 속성값을 left로 입력합니다. 마지막으로 font-weight 속성값을 700으로, width 속성값을 600px로 입력합니다.

❺ 부모 안에 내부의 자식을 선택하기 위해 .ban-tit-wrap > p를 자식 선택자로 입력하고 font-size 속성값을 18px로 입력합니다. 다음으로 margin-top 속성값을 20px로 입력하고, text-align 속성값을 left로 입력합니다. 마지막으로 font-weight 속성값을 300px로, width 속성값을 500px로 입력하여 설명 글을 스타일링합니다.

```
/* 이벤트 */
❶ #banEvent {
       padding-top: 200px;
       background-color: #f6f6f4;
       height: 800px;
   }
❷ .ban-event-on {
       width: 1300px;
       background-image: url(../imgs/main_book.png);
       background-repeat: no-repeat;
       background-position: 100% 50%;
   }
❸ .ban-tit-wrap{
       vertical-align: middle;
   }
❹ .ban-tit-wrap > h1 {
       font-size: 84px;
       letter-spacing: -8px;
       line-height: 100px;
       text-align: left;
       font-weight: 700;
       width: 600px;
   }
❺ .ban-tit-wrap > p {
       font-size: 18px;
       margin-top: 20px;
       text-align: left;
       font-weight: 300;
       width: 500px;
   }
```

다음은 버튼을 스타일링합니다.

❶ 클래스 네임 event-btn을 선택자로 입력하고 margin-top 속성값을 20px로 입력하여 버튼의 바깥 상단 여백을 입력합니다.

❷ 클래스 네임 btn-more을 선택자로 입력하고 width 속성값을 115px, height 속성의 속성값을 40px로 입력합니다. 다음으로 background-color를 #f95522(주황색)로 입력하여 배경색을 설정합니다. color 속성값을 #fff(흰색)로, fontsize를 14px로, font-weight 속성값을 300으로, text-align 속성값을 center로 입력합니다. 마지막으로 border-radius 속성값을 20px으로, line-height 속성값을 40px로 입력합니다.

❸ 클래스 네임 btn-more에 가상 클래스 hover를 선택자로 입력하고 background-color 속성값을 #fff(흰색)로 입력하여 버튼에 마우스를 올리면 버튼의 색을 흰색으로 표시합니다. 다음으로 테두리 선과 글자 색을 #f95522(주황색)를 입력합니다. (175쪽).

```
❶ .event-btn {
      margin-top: 20px;
  }
❷ .btn-more {
      width: 115px;
      height: 40px;
      background-color: #f95522;
      color: #fff;
      font-size: 14px;
      font-weight: 300;
      text-align: center;
      border-radius: 20px;
      line-height: 40px;
  }
❸ .btn-more:hover {
      background-color: #fff;
      border: 1px solid #f95522;
      color: #f95522;
  }
```

크롬 브라우저에서 확인

비주얼 스튜디오 코드에서 HTML 화면 위에 마우스 오른쪽 버튼을 클릭 후 [Open with live server]를 실행합니다.

| 04 | 이미지 수평 정렬 만들기

HTML 문서의 section 영역에 타이틀과 설명글, 그리고 그 아래 책 이미지 3개로
수평 정렬한 레이아웃을 퍼블리싱하겠습니다.

다음은 HTML 레이아웃 구조를 표시한 이미지입니다.

독립적인 콘텐츠인 section 요소로 구성한 후 내부에 책밥 소개 제목과 설명글을
입력하고 아래에 책 이미지 3개를 수평 정렬하였습니다.

HTML

❶ 의미론적 웹 요소 중 section 요소에 해당합니다. 따라서 이벤트 배너 아래에 독
립적인 콘텐츠인 〈section〉〈/section〉 태그를 입력하고 클래스 네임 biz_info
를 입력합니다.

❷ 〈div〉에 클래스 네임 m-auto와 biz-text-wrap을 입력합니다. 다음으로 〈h2〉
제목 요소에 "'책밥'으로 맛있게 읽는 즐거움을 느껴보세요!"를 입력합니다. 마
지막으로 〈p〉 문단 요소에 텍스트를 다음과 같이 입력합니다. "반복되는 일
상에 지친 당신에게 새로운 에너지를 공급하는 책을 만들겠습니다. 정성껏 준
비한 한 끼로 독자 여러분의 마음을 든든하게 채워 드립니다. 책밥의 출간 도서
목록입니다. 앞으로 다양한 책이 출간될 예정입니다. 많은 기대 부탁드립니다.

밥 없이 잘살아갈 수 있는 사람은 없습니다. '책은 밥이다'라는 생각, 책밥은 독자에게 주식(主食)이 될 수 있는 도서를 제공하겠습니다."

❸ 〈div〉 요소로, 클래스 네임 m-auto와 bizt-3column를 입력합니다.

❹ 자식 역할을 할 3개의 〈div〉〈/div〉 요소를 수평 정렬하기 위해 클래스 네임을 모두 "biz-3column-detail"으로 입력합니다.

첫 번째 〈div〉〈/div〉 요소의 img 요소에 〈img src ="imgs/icon1.png"alt ="아이콘"〉을 입력하고, 〈h3〉〈/h3〉 제목 요소 사이에 "방구석 혼술 라이프"를 입력합니다. 또, 〈p〉〈/p〉 문단 요소 사이에 "'책밥'으로 맛있게 읽는 즐거움을 느껴보세요! 정성껏 준비한 한 끼로 독자 여러분의 마음을 든든하게 채워드립니다. 앞으로 다양한 책이 출간될 예정입니다."를 입력합니다.

두 번째 〈div〉〈/div〉 요소의 img 요소에 〈img src ="imgs/icon2.png"alt ="아이콘"〉을 입력하고, 〈h3〉〈/h3〉 제목 요소 사이에 "보통 날의 채식 도시락"를 입력합니다. 〈p〉〈/p〉 문단 요소 사이의 텍스트는 첫 번째 〈div〉〈/div〉와 같습니다.

세 번째 〈div〉〈/div〉 요소의 img 요소에 〈img src ="imgs/icon3.png"alt ="아이콘"〉을 입력하고, 〈h3〉〈/h3〉 제목 요소 사이에 "위로는 필요하니깐"을 입력합니다. 〈p〉〈/p〉 문단 요소 사이의 텍스트는 첫 번째 〈div〉〈/div〉와 같습니다.

모두 작성했다면 index.html 파일을 저장합니다.

```
<!-- 책밥 소개 -->
① <section class="biz-info">
②   <div class="m-auto biz-text-wrap">
      <h2>'책밥'으로 맛있게 읽는 즐거움을 느껴보세요! </h2>
      <p>반복되는 일상에 지친 당신에게 새로운 에너지를 공급하는 책을 만들겠습니다.
정성껏 준비한 한 끼로 독자 여러분의 마음을 든든하게 채워 드립니다. 책밥의 출간 도서 목록입니다.
앞으로 다양한 책이 출간될 예정입니다. 많은 기대 부탁드립니다. 밥 없이 잘살아갈 수 있는 사람은 없습
니다. '책은 밥이다'라는 생각, 책밥은 독자에게 주식(主食)이 될 수 있는 도서를 제공하겠습니다.</p>
①   </div>
③   <div class="m-auto biz-3column">
      <div class="biz-3column-detail">
        <img src="imgs/icon1.png" alt="아이콘">
        <h3>방구석 혼술 라이프</h3>
        <p>'책밥'으로 맛있게 읽는 즐거움을 느껴보세요! 정성껏 준비한 한 끼로 독자
여러분의 마음을 든든하게 채워 드립니다. 앞으로 다양한 책이 출간될 예정입니다.</p>
      </div>
      <div class="biz-3column-detail">
        <img src="imgs/icon2.png" alt="아이콘">
④       <h3>보통날의 채식 도시락</h3>
        <p>'책밥'으로 맛있게 읽는 즐거움을 느껴보세요! 정성껏 준비한 한 끼로 독자
여러분의 마음을 든든하게 채워 드립니다. 앞으로 다양한 책이 출간될 예정입니다.</p>
      </div>
      <div class="biz-3column-detail">
        <img src="imgs/icon3.png" alt="아이콘">
        <h3>위로는 필요하니깐</h3>
        <p>'책밥'으로 맛있게 읽는 즐거움을 느껴보세요! 정성껏 준비한 한 끼로 독자
여러분의 마음을 든든하게 채워 드립니다. 앞으로 다양한 책이 출간될 예정입니다.</p>
      </div>
    </div>
  </section>
```

크롬 브라우저에서 확인

비주얼 스튜디오 코드에서 HTML 화면 위에 마우스 오른쪽 버튼을 클릭 후 [Open with live server]를 실행합니다.

CSS

먼저 클래스 네임이 m-auto와 biz-text-wrap인 〈section〉와 〈h2〉 제목 요소, 〈p〉 문단 요소를 스타일링하겠습니다.

❶ 클래스 네임 biz-info를 선택자로 입력하고 margin 속성값을 0, auto를 순서대로 입력하여 section 요소를 가운데 정렬합니다. width 속성값을 1300px로, height 속성값을 800px로 입력하여 section 크기를 설정합니다.

❷ 클래스 네임 biz-text-wrap을 선택자로 입력하고 text-align 속성값을 center로, width 속성값을 800px로 입력합니다. h2 제목 요소와 p 문단 요소의 설명 글을 가운데 정렬하고, 크기를 설정했습니다.

❸ 부모 안에 자식을 선택하기 위해 biz-text-wrap > h2를 자식 선택자로 입력하고 font-size 속성값을 34px로, font-weight 속성값을 700으로 입력합니다. padding-top 속성 값을 70px, letter-spacing 속성값을 -1px로 입력하여 〈h2〉 제목 요소를 스타일링합니다.

❹ 부모 안에 자식을 선택하기 위해 .biz-text-wrap > p를 자식 선택자로 입력하고 letter-spacing 속성값을 -1px로, line-height 속성값을 25px로 입력합니다. 다음으로 color 속성값을 #000(검은색)으로 입력합니다. 마지막으로 margin-top 속성값을 20px로, margin-bottom 속성값을 150px로 입력하여 〈p〉 요소 설명글을 스타일링합니다.

```
/* 책밥 소개 */
❶ .biz-info {
    margin: 0 auto;
    width: 1300px;
    height: 800px;
}
❷ .biz-text-wrap{
    text-align: center;
    width: 800px;
}
❸ .biz-text-wrap > h2 {
    font-size: 34px;
```

```
        font-weight: 700;
        padding-top: 70px;
        letter-spacing: -1px;
    }
④  .biz-text-wrap > p {
        letter-spacing: -1px;
        line-height: 25px;
        color: #000;
        margin-top: 20px;
        margin-bottom: 150px;
    }
```

다음으로 책 이미지 3개를 가운데로 배치하고 수평 정렬하겠습니다.

❶ 클래스 네임 biz-3column을 선택자로 입력하고 display 속성값을 flex로, flex-direction 속성값을 row로 입력합니다. 다음으로 justify-content 속성값을 space-between으로, align-item을 center로 입력하여 책 이미지들 사이의 간격을 설정하고 책 이미지 3개를 수평, 수직, 가운데 정렬합니다. 마지막으로 width 속성값을 1300px로 입력합니다. (fix-direction 239쪽, justify-content 249쪽)

❷ 클래스 네임 biz-3column-detail을 선택자로 입력하고 flex 속성값을 1로 입력합니다. 다음으로 padding 속성값을 0, 30px를 입력합니다. 마지막으로 text-align 속성값을 center로 입력하여 타이틀을 가운데 정렬합니다.

❸ 부모 안에 자식을 선택하기 위해 .biz-3column-detail > img를 자식 선택자로 입력하고 width 속성값을 99px로 입력합니다.

❹ 부모 안에 자식을 선택하기 위해, .biz-3column-detail > h3을 자식 선택자로 입력하고 margin 속성의 속성값을 10px, 0, 10px, 0을 순서대로 입력합니다. 다음으로 font-size 속성값을 22px로, font-weight 속성값을 700으로 입력합니다.

❺ 부모 안에 자식을 선택하기 위해 .biz-3column-detail > p를 선택자로 입력하고 font-weight 속성값을 700으로, line-height 속성값을 24px로 입력합니다.

```
①  .biz-3column {
        display: flex;
        flex-direction: row;
        justify-content: space-between;
        align-items: center;
        width: 1300px;
    }
②  .biz-3column-detail {
        flex: 1;
        padding: 0 30px;
        text-align: center;
    }
③  .biz-3column-detail > img {
        width: 99px;
    }
④  .biz-3column-detail > h3 {
        margin: 10px 0 10px 0;
        font-size: 22px;
        font-weight: 700;
    }
⑤  .biz-3column-detail > p {
        font-weight: 300;
        line-height: 24px;
    }
```

크롬 브라우저에서 확인

비주얼 스튜디오 코드에서 HTML 화면 위에 마우스 오른쪽 버튼을 클릭 후 [Open with live server]를 실행합니다.

| 05 | 유튜브 삽입하기

HTML 문서의 section 영역에 유튜브 영상과 제목, 설명글을 수평 정렬한 레이아웃을 퍼블리싱하겠습니다.

다음은 HTML 요소, 아이디, 클래스 네임과 같은 HTML 레이아웃 구조를 표시한 이미지입니다. 독립적인 콘텐츠인 section 요소로 구성한 후 내부에 유튜브 영상 주소를 입력하고 그 옆에 제목과 설명글을 배치했습니다.

HTML

❶ 〈section〉 태그를 입력하고 아이디 네임으로 youtubeEvent를 입력합니다.

❷ 〈div〉 요소로 배경색을 표시하기 위해 클래스 네임에 youtube-event-bg cf를 입력합니다.

❸ 〈div〉 요소를 입력하고 클래스 네임 m-auto와 movie-story-wrap을 입력합니다. 이 〈div〉는 youtube 영상과 타이틀, 설명글을 감싸는 역할을 합니다.

❹ 〈div〉에 클래스 네임이 f-le 와 movie-youube을 입력하고. f-le 클래스는 div 박스 내부의 콘텐츠를 왼쪽 정렬합니다. 〈iframe〉에 youtube 주소를 복사하고 영상 콘텐츠의 크기를 설정합니다. 여기서는 width 속성값을 560으로, height 속성값을 315로 입력했고, 영상 경로를 src="https://www.youtube.com/embed/nzNV_IlB11M" allowfullscreen과 같이 입력했습니다. (90쪽)

❺ 〈div〉에 클래스 네임이 f-ri와 movie-our-story"을 입력하고. f-ri 클래스는 div 박스 내부의 콘텐츠를 오른쪽 정렬합니다. 다음으로 〈div〉 요소 내부에 텍스트를 입력하겠습니다. 〈h3〉 제목 요소에 "베스트 셀러 제공"을 입력합니다. 마지막으로 〈p〉 문단 요소에 텍스트를 다음과 같이 입력합니다. "정성껏 준비한 한 끼로 독자 여러분의 마음을 든든하게 채워 드립니다. 책밥의 출간도서 목록입니다. 앞으로 다양한 책이 출간될 예정입니다. 밥 없이 잘 살아갈수 있는 사람은 없습니다. '책은 밥이다'라는 생각, 책밥은 독자에게 주식이 될 수 있는 도서를 제공하겠습니다."

모두 작성했다면 index.html 파일을 저장합니다.

```
<!-유튜브-->
❶ <section id="youtubeEvent">
❷   <div class=" youtube-event-bg cf">
❸     <div class="m-auto movie-story-wrap">
❹       <div class="f-le movie-youtube">
          <iframe width="560" height="315" src="https://
www.youtube.com/embed/nzNV_IlB11M" allowfullscreen></iframe>
        </div>
❺       <div class="f-ri movie-our-story">
```

```
            <h3>베스트 셀러 제공</h3>
            <p>정성껏 준비한 한 끼로 독자 여러분의 마음을 든든하게 채워 드립니다. 책밥
의 출간 도서 목록입니다. 앞으로 다양한 책이 출간될 예정입니다. 밥 없이 잘살아갈 수 있는 사람은 없습니
다. '책은 밥이다'라는 생각, 책밥은 독자에게 주식(主食)이 될 수 있는 도서를 제공하겠습니다.</p>
        </div>
    </div>
</div>
</section>
```

크롬 브라우저에서 확인

비주얼 스튜디오 코드에서 HTML 화면 위에 마우스 오른쪽 버튼을 클릭 후 [Open with live server]를 실행합니다.

CSS

아이디 네임이 youtubeEvent인 〈section〉과 내부의 〈div〉 요소들을 스타일링 하겠습니다.

❶ 아이디 네임 youtubeEvent를 선택자로 입력하고 height 속성값을 310px로 입력해 유튜브와 제목과 설명글을 감싸는 박스 높이를 설정합니다.

❷ 클래스 네임 youtube-event-bg을 선택자로 입력하고 height 속성값을 280px로 입력해 유튜브와 제목과 설명글의 높이값을 설정합니다. 다음으로 background-color 속성의 속성값을 #f6f6f4(회색)로 입력하여 배경색을 설정합니다.

❸ 클래스 네임 movie-story-wrap을 선택자로 입력하고 width 속성값을 1080px로 입력해 유튜브와 제목과 설명글의 너비값을 설정합니다.

❹ 클래스 네임 movie-yooutube를 선택자로 입력하고 margin-top 속성값을 -20px로 입력합니다. 다음으로 box-shadow 속성값을 30px, 30px, 30px, 10px, rgba(73, 44, 34, 0.7)를 순서대로 입력해 유튜브 영상에 그림자를 스타일링합니다. 마지막으로 width 속성값을 530px로, height 속성값을 283px로 입력하여 유튜브 영상의 크기를 설정합니다.

```css
/* 유튜브 */
❶ #youtubeEvent {
    height: 310px;
}
❷ .youtube-event-bg {
    height: 280px;
    background-color: #f6f6f4;
}
❸ .movie-story-wrap {
    width: 1080px;
}
❹ .movie-youtube {
    margin-top: -20px;
    box-shadow: 30px 30px 30px 10px rgba(73, 44, 34, 0.7);
    width: 530px;
    height: 283px;
}
```

다음은 유튜브 영상 오른쪽의 제목과 설명글을 스타일링하겠습니다.

❶ 클래스 네임 movie-our-story를 선택자로 입력하고 margin-left 속성값을 60px로, padding-top속성의 속성값을 50px로 입력합니다. 다음으로 width 속성값을 460px로, height 속성값을 283px로 입력합니다.

❷ 〈h3〉 제목 요소입니다. 부모 안에 자식을 선택하기 위해 .movie-our-story 〉 h3를 자식 선택자로 입력하고 width 속성값을 500px로 입력합니다. 다음으로 font-size 속성값을 34px로, font-weight 속성값을 700으로 입력합니다.

❸ 클래스 네임 movie-our-story에 가상 요소 after를 선택자로 입력하고, content 속성값을 ''(작은따옴표)로, display 속성값을 inline-block으로 입력합니다. 다음으로 width 속성값을 220px로 입력합니다. 마지막으로 border-bottom 속성값을 4px, solid, #000을 순서대로 입력하여 〈h3〉 제목 아래에 밑줄을 표시합니다.

❹ 부모 안에 자식을 선택하기 위해 .movie-our-story 〉 p를 자식 선택자로 입력하고 먼저 font-size 속성값을 16px로, font-weight 속성값을 300으로 입력합니다. 다음으로 line-height 속성값을 25px로 입력합니다. letter-spacing 속성값을 -1px로 입력합니다. 마지막으로 padding-top 속성의 속성값을 30px로 입력합니다.

```
❶ .movie-our-story{
       margin-left: 60px;
       padding-top: 50px;
       width: 460px;
       height: 283px;
   }
❷ .movie-our-story > h3{
       width: 500px;
       font-size: 34px;
       font-weight: 700;
   }
❸ .movie-our-story > h3::after{
       content: '';
       display: inline-block;
```

```
        width: 220px;
        border-bottom: 4px solid #000;
    }
④  .movie-our-story > p{
        font-size: 16px;
        font-weight: 300;
        line-height: 25px;
        letter-spacing: -1px;
        padding-top: 30px;
    }
```

크롬 브라우저에서 확인

비주얼 스튜디오 코드에서 HTML 화면 위에 마우스 오른쪽 버튼을 클릭 후 [Open with live server]를 실행합니다.

| 06 | 섬네일 갤러리와 뉴스 리스트 만들기

HTML 문서의 section 영역에 3개의 책 이미지를 2줄로 배치하고, 제목과 게시판 리스트를 수평 정렬한 레이아웃을 퍼블리싱하겠습니다.

다음은 HTML 요소, 아이디, 클래스 네임과 같은 HTML 레이아웃 구조를 표시한 이미지입니다. 독립적인 콘텐츠인 section 요소로 구성한 후 그 내부에 6개 책 이미지 갤러리와 뉴스 리스트를 감싸는 박스를 입력합니다. 그 안에 6개의 책 이미지를 감싸는 div 요소를 입력한 다음 h3 제목과 뉴스 리스트를 감싸는 div 박스를 입력합니다.

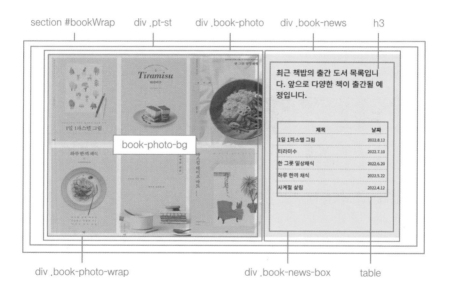

HTML

❶ 의미론적 웹 요소 중 section 요소에 해당합니다. 유튜브 아래에 독립적인 콘텐츠인 〈section〉를 입력하고 아이디 네임 bookWrap을 입력합니다.

❷ section 내부에 책 이미지 6개와 뉴스를 수평 정렬하는 〈div〉 요소로, 클래스 네임은 pt-st을 입력합니다.

❸ 책 이미지 6개를 왼쪽으로 정렬하는 〈div〉요소에, 클래스 네임 book-photo을 입력합니다.

❹ 책 이미지 6개를 3개씩 2줄로 정렬하는 〈div〉 요소에, 클래스 네임은 book-photo-wrap을 입력합니다.

❺ 박스는 총 6개의 〈div〉에 클래스 네임은 bookphoto-bg를 입력하고, 〈a〉에 〈a href="#"〉를 입력합니다. 각〈div〉에 6개 책 이미지 경로와 대체 텍스트를 입력합니다.

```html
<!-- 책 갤러리와 뉴스 리스트 -->
❶ <section id="bookWrap">
  ❷ <div class="pt-st">
    <!-- 책 갤러리 -->
    ❸ <div class="book-photo">
      ❹ <div class="book-photo-wrap">
        ❺ <div class="book-photo-bg"><a href="#">
<img src="imgs/book_01.png" alt="book_photo"></a></div>
          <div class="book-photo-bg"><a href="#">
<img src="imgs/book_02.png" alt="book_photo"></a></div>
          <div class="book-photo-bg"><a href="#">
<img src="imgs/book_03.png" alt="book_photo"></a></div>
          <div class="book-photo-bg"><a href="#">
<img src="imgs/book_04.png" alt="book_photo"></a></div>
          <div class="book-photo-bg"><a href="#">
<img src="imgs/book_05.png" alt="book_photo"></a></div>
          <div class="book-photo-bg"><a href="#">
<img src="imgs/book_06.png" alt="book_photo"></a></div>
      </div>
    </div>
```

❻ 뉴스 제목과 뉴스 리스트를 책 6개 이미지 옆에 배치하는 〈div〉 요소로, 클래스 네임은 book-news입니다.

❼ 뉴스 제목과 뉴스 리스트를 감싸는 〈div〉 요소에 클래스 네임 book-news-box를 입력합니다.

❽ 은 게시판 제목인 〈h3〉 제목 요소로, "최근 책밥의 출간 도서 목록입니다. 앞으로 다양한 책이 출간될 예정입니다."를 입력합니다.

❾는 게시판을 생성하는 table 요소입니다. 〈thead〉 사이에 〈tr〉를 입력한 후 2개의 〈th〉 태그에 각각 "제목", "날짜"를 입력합니다. 그리고 〈tbody〉 사이에 5개의 〈tr〉태그로 행을 표시한 후 td 태그로 게시글과 날짜를 입력합니다.

첫 번째 〈tr〉에 "1일 1파스텔 그림"을 입력하고, 〈td〉에 클래스 네임을 date로 입력한 후 텍스트 "2022.8.12."를 입력합니다.

두 번째 〈tr〉에 "티라미수"를 입력하고, 〈td〉에 클래스 네임을 date로 입력한 후 텍스트 "2022.7.10."를 입력합니다.

세 번째 〈tr〉에 "한 그릇 일상채식"을 입력하고, 〈td〉에 클래스 네임을 date로 입력한 후 텍스트 "2022.6.20."을 입력합니다.

네 번째 〈tr〉에 "하루 한 끼 채식"을 입력하고, 〈td〉에 클래스 네임을 date로 입력한 후 텍스트 "2022.5.22."를 입력합니다.

```html
<!-- 뉴스 리스트 -->
❻      <div class="book-news">
❼      <div class="book-news-box">
❽          <h3>최근 책밥의 출간 도서 목록입니다. 앞으로 다양한 책이 출간될 예정입니다. </h3>
❾          <table>
            <thead>
              <tr>
                <th>제목</th>
                <th>날짜</th>
              </tr>
            </thead>
            <tbody>
              <tr>
                <td>1일 1파스텔 그림</td>
                <td class="date">2022.8.12</td>
              </tr>
              <tr>
                <td>티라미수</td>
                <td class="date">2022.7.10</td>
              </tr>
              <tr>
                <td>한 그릇 일상채식</td>
```

```html
                <td class="date">2022.6.20</td>
            </tr>
            <tr>
              <td>하루 한끼 채식</td>
              <td class="date">2022.5.22</td>
            </tr>
            <tr>
              <td>사계절 살림</td>
              <td class="date">2022.4.12</td>
            </tr>
          </tbody>
        </table>
      </div>
     </div>
    </div>
   </section>
 </main>
```

크롬 브라우저에서 확인

비주얼 스튜디오 코드에서 HTML 화면 위에 마우스 오른쪽 버튼을 클릭 후 [Open with live server]를 실행합니다.

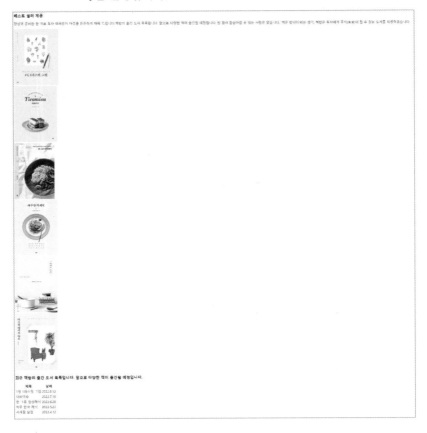

CSS

❶ 아이디 선택자 #bookWrap을 입력하고 display 속성의 속성값을 flex를 입력합니다. 다음으로 justify-content 속성의 속성값을 center로 입력합니다. align-items 속성의 속성값을 center로 입력해 자식인 pt-st 클래스를 수평과 수직 중앙에 배치합니다. 마지막으로 height 속성에 900px를 입력합니다.

❷ 클래스 네임 pt-st를 선택자로 입력하고 display 속성의 속성값을 flex로 입력하

고, flex-direction 속성의 속성값을 row로 입력해 자식 요소인 책 이미지 6개와 뉴스 리스트를 수평으로 정렬합니다. justify-content 속성의 속성값을 center로, align-items속성의 속성값을 center로 입력합니다. 마지막으로 width 속성의 속성값을 1077px로 입력합니다.

❸ 클래스 네임 book-photo를 선택자로 입력하고 flex-basis 속성의 속성값을 657px로 입력해 자식 역할인 책 이미지 6개를 감싸는 박스 너비값을 설정합니다.

❹ 클래스 네임 book-photo-wrap를 선택자로 입력하고 display 속성의 속성값을 flex로 입력합니다. 다음으로 flex-direction 속성의 속성값을 none으로 입력하고 justify-content 속성의 속성값을 space-between으로 입력합니다. flex-wrap 속성의 속성값을 wrap으로 입력해 책 이미지 6개를 3개씩 2줄로 배치합니다. 마지막으로 width 속성의 속성값을 657px로 입력합니다.

```
/* 책 갤러리 */
① #bookWrap {
    display: flex;
    justify-content:center;
    align-items: center;
    height: 900px;
}
② .pt-st{
    display: flex;
    flex-direction: row;
    justify-content:center;
    align-items: center;
    width: 1077px;
}
③ .book-photo {
    flex-basis: 657px;
}
④ .book-photo-wrap{
    display: flex;
    flex-direction: row;
    justify-content: space-between;
```

```
        align-items: center;
        flex-wrap: wrap;
        width: 657px;
    }
```

❺ 클래스 네임 book-photo-bg을 선택자로 입력하고 background-color 속성
값을 rgb(223, 176, 114) 살구색으로 입력합니다. 다음으로 width 속성 값을
219px로, height 속성값을 286px로 입력합니다.

❻ 클래스 내부의 요소를 선택하기 위해 .book-photo-bg img를 자손 선택자로
입력하고, width 속성값을 219px로, height 속성값을 286px로 입력합니다.
마지막으로 opacity 속성의 속성값을 0.7로 입력합니다.

❼ 클래스 내부의 요소를 선택하기 위해 .book-photo-bg img:hover를 자손
가상 선택자로 입력하고, width 속성값을 219px로, height 속성값을 286px
로 입력합니다. 마지막으로 opacity 속성의 속성값을 1로 입력하여 이미지
위에 마우스를 올리면 책 이미지가 선명하게 보이도록 합니다.

```
❺ .book-photo-bg{
      background-color: rgb(223, 176, 114);
      width: 219px;
      height: 286px;
  }
❻ .book-photo-bg img {
      width: 219px;
      height: 286px;
      opacity: 0.7;
  }
❼ .book-photo-bg img:hover {
      width: 219px;
      height: 286px;
      opacity: 1;
  }
```

❶ 클래스 네임 book-news를 선택자로 입력하고 flex-basis 속성값을 420px로 입력하고 height 속성값을 572px로 입력하여 뉴스 제목과 리스트 바탕의 너비값과 높이값을 설정합니다. color 속성값을 #1b1b1b(진회색)로 입력하고, background-color 속성값을 rgb(255, 227, 190) 살색으로 입력해 글자 색과 배경색을 설정합니다.

❷ 클래스 네임 book-news-box를 선택자로 입력하고 padding 속성값을 40px로 입력해 게시판에 바깥 여백을 표시합니다.

❸ 부모 안에 자식을 선택하기 위해, .book-news-box > h3를 자식 선택자로 입력합니다. font-size 속성값을 24px로, font-weight 속성값을 400으로 입력해 h3 제목 요소를 스타일링합니다.

❹ table, tr, td 요소 전부를 그룹 선택자로 입력하고 margin-top 속성값을 80px로 입력하고, padding 속성값을 6px로 입력합니다. 다음으로 border-collapse 속성값을 collapse로, border-bottom 속성값을 1px, solid, rgb(202, 171, 130) 살색을 순서대로 입력합니다. 마지막으로 width 속성값을 100%로 입력합니다.

❺ table 요소 내부의 th를 선택하기 위해 table th를 자손 선택자로 입력하고 fontweight 속성값을 500으로 입력합니다.

❻ 마지막으로 클래스 네임 "date"를 선택자로 입력하고 font-size 속성값을 12px로 입력합니다.

```css
/* 뉴스 리스트 */
❶ .book-news{
    flex-basis: 420px;
    height: 572px;
    color: #1b1b1b;
    background-color: rgb(255, 227, 190);
}
❷ .book-news-box{
    padding: 40px;
}
❸ .book-news-box > h3 {
    font-size: 24px;
```

```
        font-weight: 400;
    }
④  table, tr, td{
        margin-top: 80px;
        padding: 6px ;
        border-collapse: collapse;
        border-bottom: 1px  solid rgb(202, 171, 130);
        width: 100%;
    }
⑤  table th{
        font-weight: 500;
    }
⑥  .date{
        font-size: 12px;
    }
```

크롬 브라우저에서 확인

비주얼 스튜디오 코드에서 HTML 화면 위에 마우스 오른쪽 버튼을 클릭 후 [Open
with live server]를 실행합니다.

| 07 | footer 만들기

HTML 문서의 마지막 영역으로 footer를 퍼블리싱하겠습니다. footer 태그는 바닥글에 콘텐츠 구역을 나타낼 때 사용합니다. 여기서는 footer에 책밥 마크와 로고 그리고 저작권 안내와 회사 정보를 표시하겠습니다. 다음은 박스를 사용해 HTML 요소, 아이디, 클래스 네임과 같은 HTML 레이아웃 구조를 표시한 이미지입니다.

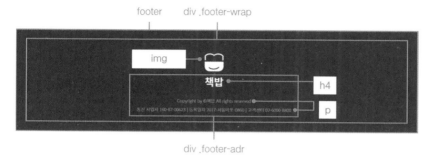

HTML

❶ 의미론적 웹 요소 중 footer 요소에 해당합니다. 따라서 〈/main〉 태그 다음에 〈footer〉 시작 태그를 입력합니다.

❷ 〈footer〉에, 책밥 마크와 로고 그리고 저작권 안내와 회사 정보를 감싸는 역할을 하며, 클래스 네임은 m auto와 footer-wrap를 입력합니다.

❸ 책밥 마크 이미지를 표시하기 footer_logo.svg 이미지와 대체 텍스트를 입력합니다.

❹ 〈div〉에 책밥 로고와 회사 정보를 감싸며, 클래스 네임은 footer-adr입니다. 다음으로 〈div〉 내부에 텍스트를 입력하겠습니다. 〈h4〉 제목 요소에 "책밥"을 입력합니다. 〈p〉 문단 요소를 2개 입력하고, 첫 번째 〈p〉 요소에는 "Copyright by ©책밥 All rights reserved"를 입력합니다. 두 번째 p.요소에는 "통신 사업자 160-87-00623 | 등록일자 2017-서 울마포-0860 | 고객센터 02-6000-8800"를 입력합니다.

```
<!-- 푸터 -->
① <footer>
②    <div class="m-auto footer-wrap">
③        <img src="imgs/footer_logo.png" alt="footer_logo">
④        <div class="footer-adr">
            <h4>책밥</h4>
            <p>Copyright by &copy;책밥 All rights reserved </p>
            <p>통신 사업자 160-87-00623 &verbar; 등록일자 2017-서울마포-
0860 &verbar; 고객센터 02-6000-8800</p>
        </div>
    </div>
</footer>
```

크롬 브라우저에서 확인

비주얼 스튜디오 코드에서 HTML 화면 위에 마우스 오른쪽 버튼을 클릭 후 [Open with live server]를 실행합니다.

책밥

Copyright by ©책밥 All rights reserved

통신 사업자 160-87-00623 | 등록일자 2017-서울마포-0860 | 고객센터 02-6000-8800

CSS

❶ footer를 요소 선택자로 입력하고 background-color 속성값을 #1b1b1b(진회색)로 입력하여 배경색을 설정합니다. height 속성값을 300px로 입력해 높이값을 설정하여 푸터 영역을 표시합니다.

❷ 클래스 네임 footer-wrap을 선택자로 입력하고, padding 속성값을 50px, 0을 입력하고 text-align 속성값을 center로 입력하여 책밥 마크와 로고와 회사 정보를 감싸고 가운데로 정렬합니다. 다음으로 width 속성값을 1300px을, height 속성값을 200px을 입력합니다.

❸ 부모 안에 자식을 선택하기 위해 .footer-wrap > img를 자식 선택자를 입력합니다. width 속성값을 54px로, height 속성값을 58px로 입력해 마크의 이미지 크기를 설정합니다.

❹ 부모 안에 자식을 선택하기 위해 .footer-wrap > h4를 자식 선택자로 입력합니다. font-size 속성값을 28px로, font-weight 속성값을 700으로 입력합니다. 다음으로 margin-botttom 속성값을 20px로 입력합니다. 마지막으로 color 속성값을 #fff(흰색)로 입력합니다.

❺ 부모 안에 자식을 선택하기 위해 .footer-wrap p를 자손 선택자로 입력 합니다. font-size 속성값을 12px로, font-weight 속성값을 100으로 입력합니다. 다음으로 line-height 속성값을 25px로 입력합니다. 마지막으로 color 속성의 속성값을 #aeaeae(회색)로 입력합니다.

```
/* 풋터 */
❶ footer {
      background-color: #1b1b1b;
      height: 300px;
}
❷ .footer-wrap {
      padding: 50px 0;
      text-align: center;
      width: 1300px;
      height: 200px;
}
❸ .footer-wrap > img {
      width: 54px;
      height: 58px;
}
❹ .footer-adr > h4{
      font-size: 28px;
      font-weight: 700;
      margin-bottom: 20px;
      color: #fff;
}
❺ .footer-adr p{
```

```
        font-size: 12px;
        font-weight: 100;
        line-height: 25px;
        color: #aeaeae;
    }
```

크롬 브라우저에서 확인

비주얼 스튜디오 코드에서 HTML 화면 위에 마우스 오른쪽 버튼을 클릭 후 [Open with live server]를 실행합니다.

| 08 | 상단으로 이동하는 [top] 버튼 만들기

HTML 문서 맨 하단 오른편에 [top] 버튼의 위치를 고정하여 배치합니다. [top] 버튼을 클릭하면 상단으로 빠르게 이동하여 HTML 문서를 편리하게 이용할 수 있습니다.

HTML(Top 버튼 만들기)

클래스 네임이 go-top인 〈div〉 안에 〈a〉 링크 주소를 아이디 top으로 입력하고, 원형 [top] 버튼을 표시하기 위해 〈a〉 요소 안에 클래스 네임 "go-to-font"인 〈div〉요소를 입력합니다. 〈div〉요소 내부에 텍스트 "↑〈br〉Top"을 입력합니다.

```
<!-- 탑버튼 -->
  <div class="go-top">
    <a href="#top"><div class="go-to-font">&uarr;<br>Top
</div></a>
    </div>
  </div>
```

HTML(top 링크 적용하기)

우리는 앞서 [top] 버튼에 "#top"과 <a></a> 요소를 사용하여 링크를 적용했습니다. 도착하고자 하는 곳에 id= "top"을 입력하면, [top] 버튼 클릭 시 상단으로 이동합니다. [top] 버튼 링크를 적용하기 위해 마크업한 index.html 문서에서 body와 header 사이에 <div id="top">을 입력하고 끝 태그 </body> 위에 끝 태그</div>를 입력합니다. (id="top"과 #top은 같은 뜻입니다.)

```
<body >
  <div id="top">
    <header>...
    </header>
    <main>...
    </main>
    <footer>...
    </footer>
    <div class="go-top">
    <a href="#top"><div class="go-to-font">&uarr;<br>Top
</div></a>
    </div>
  </div>
</body>
```

크롬 브라우저에서 확인

비주얼 스튜디오 코드에서 HTML 화면 위에 마우스 오른쪽 버튼을 클릭 후 [Open with live server]를 실행합니다.

서브 페이지 만들기

서브 페이지 HTML 기본 구성과 콘텐츠 섹션 구성 그리고 서브 페이지에 사용하는 CSS를 만들겠습니다.

| 01 | 서브 페이지 HTML 구성

❶ 앞서 만든 sub.html을 비주얼 스튜디오 코드에서 열고 HTML5로 기본 문서를 선언합니다. (58쪽)

❷ 〈title〉에 "실전 예제 웹사이트 만들기 따라하기-Sub Page"를 입력합니다. 〈link〉에 메인 페이지에 연결한 CSS파일을 연결합니다.

❸ 메인 페이지에 입력한 것과 같이 의미론적 요소를 사용해서 〈body〉안에 〈header〉 요소에 마크와 로고, GNB, 검색폼을 입력합니다.

❹ 〈main〉에 2개의 〈div〉와 2개의 〈section〉을 구성합니다. 첫 번째 〈div〉에 아이디 네임을 breadcrumb으로, 클래스 네임을 m-auto로 입력합니다. 두 번째 〈section〉에 클래스 네임을 block-contents과 m-auto로 입력합니다. 세 번째 〈div〉에 아이디 네임을 contentsBgc로 입력합니다. 네 번째 〈section〉에 클래스 네임을 block-center-contents와 m-auto로 합니다.

끝 태그 〈/main〉 요소 아래에 footer 요소와 [top] 버튼을 구성합니다.

❺ 메인 페이지에 입력한 것과 같이 〈footer〉에 책밥 마크와 로고 그리고 저작권 안내와 회사 정보에 대해 입력합니다.

❻ 마지막으로 메인 페이지에 입력한 것과 같이 〈div〉에 클래스 네임을 go-top으로 입력합니다.

메인 페이지와 서브 페이지에 〈header〉〈/header〉와 〈footer〉〈/footer〉와 go-top버튼의 코드는 같은 내용이기 때문에 메인 페이지에서 복사해서 서브 페이지에 같은 위치에 붙여 넣어도 됩니다.

```
<!DOCTYPE html>
<html lang="ko">

<head>
  <title>실전 예제 웹사이트 만들기 따라하기-Sub Page</title>
  <meta charset="utf-8">
  <link href="css/style.css" rel="stylesheet">
</head>

<body>
  <div id="top">
    <header>
    </header>

    <main>
      <!-- 브레드크럼 -->
      <div id="breadcrumb" class="m-auto">
      </div>
      <!-- 1일#하루 책소개 -->
      <section class="block-contents m-auto">
      </section>
      <!-- 배경색 사각형 4개 수평 정렬 -->
      <div id="contentsBgc">
      </div>
      <!-- 제목 이미지 가운데 정렬 -->
      <section class="block-center-contents m-auto">
      </section>
    </main>
    <!-- 풋터 -->
    <footer>
    </footer>
    <!-- 탑버튼 -->
    <div class="go-top">
    </div>
  </div>
</body>
</html>
```

| 02 | 브레드크럼(breadcrumb) 만들기

브레드크럼(breadcrumb)은 빵가루라는 뜻으로 〈헨젤과 그레텔〉 동화에서 집을 찾아오기 위해 지나온 경로를 표시할 때 뿌린 빵가루를 뜻합니다. 웹페이지에서는 위치를 표시할 때 사용합니다.

다음은 HTML 요소, 아이디, 클래스 네임과 같은 HTML 레이아웃 구조를 표시한 이미지입니다. 여기서는 서브 페이지에 위치를 표시하기 위해 브레드크럼을 만들겠습니다.

div #breadcrumb .auto

ul .breadcrumb-txt

HTML

비주얼 스튜디오 코드에서 sub.html 파일을 만든 후 HTML5 선언을 시작으로 HTML 기본 구성을 마크업하고 브레드크럼은 끝 태그 아래 요소 사이에 입력합니다.

❶ 〈div〉에 아이디 네임을 breadcrumb, 클래스 네임을 m-auto로 입력합니다.

❷ 클래스 네임이 breadcrumb-txt인 〈ul〉에 3개의 〈li〉〈/li〉 태그를 입력합니다. 〈li〉에 순서대로 홈, 책소개, 1일#하루 경로를 입력합니다.

모두 작성했다면 index.html 파일을 저장합니다.

```
<!-- 브레드크럼 -->
❶ <div id="breadcrumb" class="m-auto">
❷     <ul class="breadcrumb-txt">
        <li>홈</li>
        <li>책소개</li>
        <li>1일#하루</li>
    </ul>
</div>
```

크롬 브라우저에서 확인

비주얼 스튜디오 코드에서 HTML 화면 위에 마우스 오른쪽 버튼을 클릭 후 [Open with live server] 를 실행합니다. CSS 스타일이 적용되지 않은 HTML 문서로 표시됩니다.

CSS

브레드크럼을 스타일링하겠습니다.

❶ 선택자로 아이디 네임 breadcrumb를 입력하고 margin-top 속성값을 120px 입력합니다. text-align 속성값을 right로 입력하여 오른쪽 정렬합니다. font-weight 속성값을 100으로 입력합니다. 마지막으로 width 속성값을 1300px로 입력하여 너비를 설정합니다.

❷ 클래스 네임 breadcrumb-txt li를 자손 선택자로 입력합니다. font-size 속성값을 12px로, color 속성값을 #8a8a8a(회색)로 입력해 글자 크기와 색을 스타일링 합니다. 다음으로 display 속성값을 inline-block으로 ul li로 수직 정렬된 브레드크럼을 수평 정렬합니다. 다음으로 font-weight 속성값을 300으로 입력합니다. 마지막으로 padding 속성값을 0, 5px, 0, 5px을 순서대로 입력합니다.

❸ 클래스 네임 breadcrumb-txt의 li 요소에 가상 요소 ::after를 선택자로 사용합니다. Content 속성값을 ₩232A을 입력합니다. padding-left 속성값을 10px로 입력합니다. 다음으로 color 속성값을 #8a8a8a(회색)로 입력합니다. 마지막으로 font-weight 속성값을 300으로 입력합니다.

❹ 클래스 네임 breadcrumb-txt의 li 요소에 가상 요소 last-child::after를 선택자로 사용합니다. 1일 #하루 글자 뒤에는 >기호가 없어야 하므로, content속성의 속성값으로 ''(작은따옴표)를 입력합니다.

```
/* 브레드크럼 */
① #breadcrumb{
      margin-top: 120px;
      text-align: right;
      font-weight: 100;
      width: 1300px;
  }
② .breadcrumb-txt li{
      font-size: 12px;
      display: inline-block;
      color: #8a8a8a;
      font-weight: 300;
      padding: 0 5px 0 5px;
  }
③ .breadcrumb-txt li::after{
      content: '\232A';
      padding-left: 10px;
      color: #8a8a8a;
      font-weight: 300;
  }
④ .breadcrumb-txt li:last-child::after{
      content: '';
  }
```

크롬 브라우저에서 확인

비주얼 스튜디오 코드에서 HTML 화면 위에 마우스 오른쪽 버튼을 클릭 후 [Open with live server]를 실행합니다.

홈 〉 책소개 〉 1일#하루

| 03 | 제목과 이미지 수직 정렬 만들기

다음은 HTML 요소, 아이디, 클래스 네임과 같은 HTML 레이아웃 구조를 표시한 이미지입니다. 서브 페이지의 h1, h2 제목 요소과 p 문단 요소 그리고 이미지를 block으로 배치하고, 텍스트는 왼쪽으로 이미지는 오른쪽으로 퍼블리싱하겠습니다.

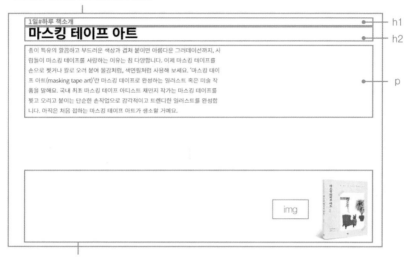

section .block-contents .m-auto

1일#하루 책소개 ——— h1

마스킹 테이프 아트 ——— h2

종이 특유의 깔끔하고 부드러운 색상과 겹쳐 붙이면 아름다운 그러데이션까지, 사람들이 마스킹 테이프를 사랑하는 이유는 참 다양합니다. 이제 마스킹 테이프를 손으로 찢거나 칼로 오려 붙여 물감처럼, 색연필처럼 사용해 보세요. '마스킹 테이프 아트(masking tape art)'란 마스킹 테이프로 완성하는 일러스트 혹은 미술 작품을 말해요. 국내 최초 마스킹 테이프 아티스트 채민지 작가는 마스킹 테이프를 찢고 오리고 붙이는 단순한 손작업으로 감각적이고 트렌디한 일러스트를 완성합니다. 아직은 처음 접하는 마스킹 테이프 아트가 생소할 거예요. ——— p

img

div .block-contents-photo

HTML

❶ 제목과 문단 그리고 이미지를 독립적인 콘텐츠로 지정하기 위해 〈section〉에 block-contents와 m-auto를 클래스 네임으로 입력합니다.

❷ 〈h1〉에 텍스트 "1일 #하루 책소개"를 입력하여 첫 번째 제목을 입력합니다.

❸ 〈h2〉에 텍스트 "마스킹 테이프 아트"를 입력하여 두번째제목을 입력합니다.

❹ 〈p〉문단 요소에, 다음과 같이 텍스트를 입력합니다. "종이 특유의 깔끔하고 부드러운 색상과 겹쳐 붙이면 아름다운 그러데이션까지, 사람들이 마스킹 테이프를 사랑하는 이유는 참 다양합니다. 이제 마스킹 테이프를 손으로 찢거나 칼로 오려 붙여 물감처럼, 색연필처럼 사용해 보세요. '마스킹 테이프 아트(masking tape art)'란 마스킹 테이프로 완성하는 일러스트 혹은 미술 작품을 말해요.

국내 최초 마스킹 테이프 아티스트 채민지 작가는 마스킹 테이프를 찢고 오리고 붙이는 단순한 손작업으로 감각적이고 트렌디한 일러스트를 완성합니다. 아직은 처음 접하는 마스킹 테이프 아트가 생소할 거예요"

❺ 〈div〉에 클래스 네임을 block-contents-photo로 입력하여 이미지를 영역 배치합니다.

❻ 클래스 네임이 block-contents-photo인 div 요소에 이미지 book1.png와 대체 텍스트를 입력합니다.

모두 작성했다면 sub.html 파일을 저장합니다.

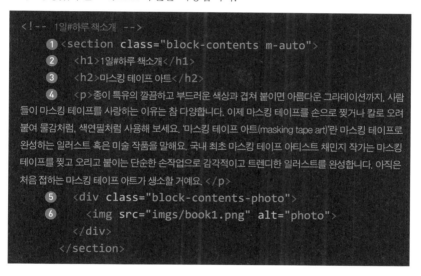

```html
<!-- 1일#하루 책소개 -->
❶ <section class="block-contents m-auto">
❷     <h1>1일#하루 책소개</h1>
❸     <h2>마스킹 테이프 아트</h2>
❹     <p>종이 특유의 깔끔하고 부드러운 색상과 겹쳐 붙이면 아름다운 그라데이션까지, 사람
    들이 마스킹 테이프를 사랑하는 이유는 참 다양합니다. 이제 마스킹 테이프를 손으로 찢거나 칼로 오려
    붙여 물감처럼, 색연필처럼 사용해 보세요. '마스킹 테이프 아트(masking tape art)'란 마스킹 테이프로
    완성하는 일러스트 혹은 미술 작품을 말해요. 국내 최초 마스킹 테이프 아티스트 채민지 작가는 마스킹
    테이프를 찢고 오리고 붙이는 단순한 손작업으로 감각적이고 트렌디한 일러스트를 완성합니다. 아직은
    처음 접하는 마스킹 테이프 아트가 생소할 거예요. </p>
❺     <div class="block-contents-photo">
❻         <img src="imgs/book1.png" alt="photo">
    </div>
</section>
```

크롬 브라우저에서 확인

비주얼 스튜디오 코드에서 HTML 화면 위에 마우스 오른쪽 버튼을 클릭 후 [Open with live server]를 실행합니다.

CSS

❶ 클래스 네임 block-contents를 선택자로 입력합니다. margin-top 속성값을 40px로, width 속성값을 1059px로, height 속성값을 800px로 입력하여 제목과 문단 그리고 이미지를 감싸는 박스의 너비와 높이 속성과 속성값을 설정합니다.

❷ 부모 안에 자식을 선택하기 위해 .block-contents > h1를 자식 선택자로 입력합니다. color 속성값을 #8a8a8a(회색)로 입력하고, font-size 속성값을 20px로 입력합니다. 마지막으로 line-height 속성값을 30px로 입력하여 글자 색, 글자 크기와 행간을 스타일링합니다.

❸ 부모 안에 자식을 선택하기 위해 .block-contents > h2를 자식 선택자로 입력합니다. color 속성값을 #000(검은색)으로 입력하고, font-size 속성값을 44px로 입력합니다. line-height 속성값을 40px로, letter-spacing 속성값을 -1px로 입력하여 글자 색과 글자 크기와 행간과 자간을 스타일링합니다.

❹ 부모 안에 자식을 선택하기 위해 .block-contents > p를 자식 선택자로 입력합니다. width 속성값을 600px로 입력해 문단 너비를 설정합니다. 다음으로 color 속성의 속성값을 #000(검은색)으로, font-size 속성값을 18px로, line-height 속성값을 32px로, font-weght 속성값을 100으로 입력하여 글자 색, 글자 크기, 행간, 글자 두께를 스타일링합니다. 마지막으로 padding-top 속성값을 20px로 입력하여 내부 여백을 설정합니다.

❺ 클래스 네임 block-contents-photo를 선택자로 입력합니다. width 속성 값을 1059px로, margin-top 속성값을 200px로 입력해 너비값과 바깥 여백 상단을 스타일링합니다.

❻ 부모 안에 자식을 선택하기 위해 .block-contents-photo > img를 자식 선택자로 입력합니다. display 속성값을 block으로, margin-left 속성 값을 auto로 입력하여 이미지를 오른쪽으로 정렬합니다. 마지막으로 width 속 성의 속성값을 180px로 입력합니다.

```css
/* 1일#하루 책소개 */
.block-contents {
    margin-top: 40px;
    width: 1059px;
    height: 800px;
}
.block-contents > h1 {
    color: #8a8a8a;
    font-size: 20px;
    line-height: 30px;
}
.block-contents > h2 {
    color: #000;
    font-size: 44px;
    line-height: 40px;
    letter-spacing: -1px;
}
.block-contents > p {
    width: 600px;
    color: #000;
    font-size: 18px;
    line-height: 32px;
    font-weight: 100;
    padding-top: 20px;
}
.block-contents-photo{
    width: 1059px;
    margin-top: 200px;
}
.block-contents-photo > img{
    display: block;
    margin-left: auto;
    width: 180px;
}
```

크롬 브라우저에서 확인

비주얼 스튜디오 코드에서 HTML 화면 위에 마우스 오른쪽 버튼을 클릭 후 [Open with live server]를 실행합니다.

1일#하루 책소개

마스킹 테이프 아트

종이 특유의 깔끔하고 부드러운 색상과 겹쳐 붙이면 아름다운 그러데이션까지, 사람들이 마스킹 테이프를 사랑하는 이유는 참 다양합니다. 이제 마스킹 테이프를 손으로 찢거나 칼로 오려 붙여 물감처럼, 색연필처럼 사용해 보세요. '마스킹 테이프 아트(masking tape art)'란 마스킹 테이프로 완성하는 일러스트 혹은 미술 작품을 말해요. 국내 최초 마스킹 테이프 아티스트 채민지 작가는 마스킹 테이프를 찢고 오리고 붙이는 단순한 손작업으로 감각적이고 트렌디한 일러스트를 완성합니다. 아직은 처음 접하는 마스킹 테이프 아트가 생소할 거예요.

| 04 | 배경색 위에 섬네일 이미지 수평 정렬 만들기

다음은 HTML 요소, 아이디, 클래스 네임과 같은 HTML 레이아웃 구조를 표시한 이미지입니다. 회색 바탕색 위에 콘텐츠가 제목과 이미지인 사각형 박스 4개를 수평 정렬하겠습니다.

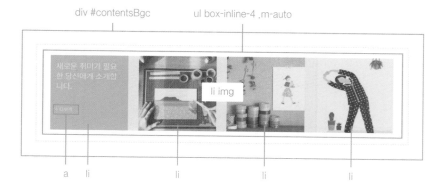

HTML

❶ 배경색 위의 제목과 섬네일 이미지 3개를 독립적인 콘텐츠로 지정하기 위한 div 요소입니다. 〈div〉에 아이디 네임을 contents-bg로 입력합니다.

❷ 〈ul〉에 클래스 네임 box-inline-4와 m auto을 입력합니다.

❸ 〈ul〉에 4개의 〈li〉를 입력하고 첫 번째 〈li〉에 제목과 더보기 링크를 입력합니다.

❹ 두 번째 〈li〉에 이미지 img_habby_thum1.jpg와 대체 텍스트를 입력합니다. 세 번째 〈li〉요소에 img_habby_thum2.jpg와 대체 텍스트 입력합니다.

❺ 네 번째 〈li〉에 img_habby_thum3.jpg와 대체 텍스트를 입력합니다.

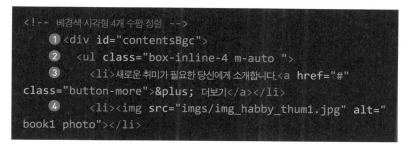

```
    ⑤ <li><img src="imgs/img_habby_thum2.jpg" alt="
book2 photo"></li>
    ⑥ <li><img src="imgs/img_habby_thum3.jpg" alt="
book3 photo"></li>
        </ul>
    </div>
```

크롬 브라우저에서 확인

비주얼 스튜디오 코드에서 HTML 화면 위에 마우스 오른쪽 버튼을 클릭 후 [Open
with live server]를 실행합니다.

CSS

❶ 아이디 네임 contentsBgc을 선택자로 입력합니다. background-color 속성값을 #f6f6f6(회색)으로, padding 속성값을 140px, 0, 140px, 0으로 순서대로 입력해 배경색과 안쪽 여백을 스타일링합니다.

❷ 클래스 네임 box-inline-4를 선택자로 입력합니다. width 속성값을 1320px로, height 속성값을 290px로 입력합니다. 다음으로 display 속성값을 block으로 입력합니다. 마지막으로 line-height 속성값을 100%로 입력해 사각형 박스 4개의 감싸는 박스의 너비값과 높이값을 설정합니다.

❸ 부모 안에 자식을 선택하기 위해 .box-inline-4 > li를 자식 선택자로 입력합니다. width 속성값을 290px로, height 속성값을 290px로 입력합니다. display 속성값을 inline-block으로 입력해 수평 정렬로 배치합니다. 마지막으로 margin 속성값을 0, 18px, 0, 18px로 입력합니다.

❹ 부모 안에 첫 번째 자식 li를 선택하기 위해 box-inline-4 > li:first-child 를 가상 선택자로 입력합니다. background-color 속성값을 #fea484(옅은 살구색)로 입력해 배경색을 설정합니다. padding 속성값을 20px로 입력해 안쪽 여백을 설정합니다. font-size 속성값을 30px로, color 속성값을 #fff(흰색)으로, font-weight 속성값을 300으로 입력해 글자 색과 글자 두께 등을 스타일링합니다. 마지막으로 letter-spacing 속성값을 -1px로, line-height 속성값을 40px로, vertical-align 속성의 속성값 tip을 입력합니다.

❺ 클래스 네임 button-more를 선택자로 입력합니다. display 속성값을 block으로 입력합니다. font-size 속성값을 16px로, letter-spacing 속성값을 1px로, color 속성값을 #fff(흰색)로 입력해 더보기 글자 크기와 글자 색 등을 스타일링합니다. 마지막으로 padding-top 속성의 속성값을 50px로 입력합니다.

```css
/* 배경색 사각형 4개 수평 정렬 */
❶ #contentsBgc{
      background-color: #f6f6f4;
      padding: 140px 0 140px 0;
  }
❷ .box-inline-4{
      width: 1320px;
```

```
        height: 290px;
        display: block;
        line-height: 100%;
    }
③ .box-inline-4 > li{
        width: 290px;
        height: 290px;
        display: inline-block;
        margin: 0 18px 0 18px;
    }
④ .box-inline-4 > li:first-child{
        background-color: #fea484;
        padding: 20px;
        font-size: 30px;
        color: #fff;
        font-weight: 300;
        letter-spacing: -1px;
        line-height: 40px;
        vertical-align: top;
    }
⑤ .button-more{
        display: block;
        font-size: 16px;
        letter-spacing: 1px;
        color: #fff;
        padding-top: 50px;
    }
```

크롬 브라우저에서 확인

비주얼 스튜디오 코드에서 HTML 화면 위에 마우스 오른쪽 버튼을 클릭 후 [Open with live server]를 실행합니다.

| 05 | 제목과 이미지 가운데 정렬 만들기

다음은 HTML 요소, 아이디, 클래스 네임과 같은 HTML 레이아웃 구조를 표시한 이미지입니다. 제목과 문단 그리고 이미지를 가운데 정렬하겠습니다.

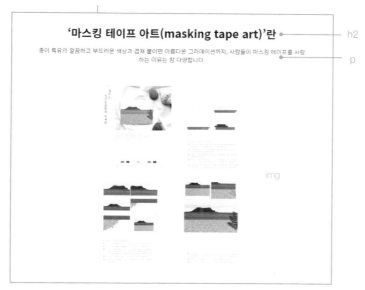

HTML

❶ 의미론적 웹 요소 중 독립적인 콘텐츠인 section 요소에 해당합니다. 〈section〉에 block-center-contents와 m auto를 클래스 네임으로 입력합니다.

❷ 〈h2〉 제목 요소로, "마스킹 테이프 아트(masking tape art)'란"을 입력하여 제목을 입력합니다.

❸ 〈p〉 문단 요소로, "종이 특유의 깔끔하고 부드러운 색상과 겹쳐 붙이면 아름다운 그라데이션까지, 사람들이 마스킹 테이프를 사랑하는 이유는 참 다양합니다."를 입력합니다.

❹ 〈imgs〉 요소에 이미지 hobby.png와 대체 테스트를 입력합니다.

```
        <!-- 제목 이미지 가운데 정렬 -->
❶  <section class="block-center-contents m-auto">
❷      <h2>'마스킹 테이프 아트(masking tape art)'란</h2>
❸      <p>종이 특유의 깔끔하고 부드러운 색상과 겹쳐 붙이면 아름다운 그라데이션까지,
사람들이 마스킹 테이프를 사랑하는 이유는 참 다양합니다.</p>
❹      <img src="imgs/img_habby.png" alt="hobby photo">
    </section>
```

크롬 브라우저에서 보기

비주얼 스튜디오 코드에서 HTML 화면 위에 마우스 오른쪽 버튼을 클릭 후 [Open with live server]를 실행합니다.

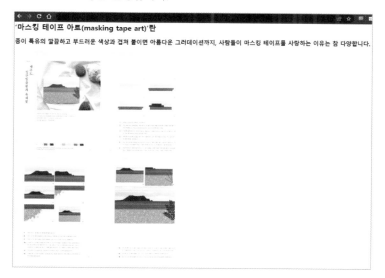

CSS

❶ 클래스 네임 block-center-contents를 선택자로 입력합니다. width 속성값을 820px로, height 속성값을 860px로 입력하여 제목과 내용 그리고 이미지를 감싸는 박스 너비값과 높이값을 입력합니다. text-align 속성값을 center로 입력해 텍스트를 가운데 정렬합니다.

❷ 클래스 네임 block-center-contents 안에 h2를 선택하기 위해 .block-center-contents h2를 자손 선택자로 입력합니다. margin-top 속성값을 80px로, font-size 속성값을 34px로 입력해 바깥 여백과 글자 크기를 설정합니다.

❸ 클래스 네임 block-center-contents 안에 p를 선택하기 위해 .block-center-contents p를 자손 선택자로 입력합니다. margin-top 속성값을 18px로, font-size 속성값을 18px로, font-weight 속성값을 300으로 입력해 바깥 상단 여백과 글자 크기와 글자 두께를 스타일링합니다.

❹ 클래스 네임 block-center-contents 안에 이미지를 선택하기 위해 .block-center- contents img를 자손 선택자로 입력합니다. margin-top 속성값을 40px 로, height 속성값을 600px로 입력해 이미지 바깥 상단 여백과 이미지 높이값을 입력합니다.

```css
/* 제목 이미지 가운데 정렬 */
❶ .block-center-contents{
    width: 820px;
    height: 860px;
    text-align: center;
}
❷ .block-center-contents h2{
    margin-top: 80px;
    font-size: 34px;
}
❸ .block-center-contents p{
    margin-top: 18px;
    font-size: 18px;
    font-weight: 300;
}
❹ .block-center-contents img{
    margin-top: 40px;
    height: 600px;
}
```

크롬 브라우저에서 확인

비주얼 스튜디오 코드에서 HTML 화면 위에 마우스 오른쪽 버튼을 클릭 후 [Open with live server]를 실행합니다.

| 06 | GNB 메뉴에 페이지로 이동하는 하이퍼링크 적용

메인 페이지 GNB 메뉴에 "1일# 하루" 메뉴를 클릭하면 서브 페이지로 이동하는
하이퍼링크를 적용하겠습니다.

HTML

메인 페이지 index.html에서 li 세 번째 메뉴 "1일#하루"의 〈a〉에 서브 페이지
파일 sub.html로 링크를 입력합니다. 같은 탭에서 새로운 페이지를 열기 위해
속성값을 _self로 입력합니다. (45쪽)

```html
<!-- GNB 메뉴 -->
<nav class="gnb">
  <ul id="navi">
    <li>
      <a href="#">책밥의 신간</a>
    </li>
    <li>
      <a href="#">첫 번째</a>
    </li>
    <li>
      <a href="sub.html" target="_self">1일# 하루</a>
    </li>
    <li>
      <a href="#">취미 실용</a>
    </li>
    <li>
      <a href="#"><img src="imgs/icon_cart.png"
  alt="cart"></a>
    </li>
  </ul>
```

크롬 브라우저에서 확인

비주얼 스튜디오 코드에서 HTML 화면 위에 마우스 오른쪽 버튼을 클릭 후 [Open with live server]를 실행합니다. [1일#하루] 메뉴를 클릭하면 서브 페이지로 이동합니다.

책밥의 신간	첫 번째	1일# 하루	취미 실용

메인과 서브 페이지 퍼블리싱을 완성했습니다.

Hyper Text Markup Language & Cascading Style Sheets

칼퇴족에게 유용한
사이트 모음

| 01 | HTML 요소와 CSS 속성과 속성값에 대해 알고 싶을 때는 w3schools

퍼블리싱하다가 모르거나 궁금한 HTML 요소나 CSS 속성을 발견할 때가 있습니다. 그럴 때는 w3school 사이트를 이용하면 궁금증을 해결할 수 있습니다. 다음은 w3school 사용 법에 대해 설명하겠습니다.

1. https://www.w3schools.com/를 주소 창에 입력해 w3school 사이트에 접속합니다.
2. 상단의 돋보기 아이콘을 누르면 초록색과 배경색의 검색창이 노출됩니다.
3. 창에 궁금한 HTML 요소나 CSS 속성을 입력하고 검색 버튼을 클릭합니다.
4. 예제로 제목 요소인 h1을 검색해보겠습니다.

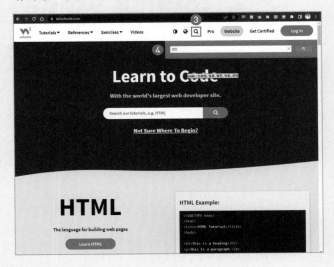

5. 입력한 단어와 관련된 HTML 태그 또는 CSS 속성에 대한 정보가 새 창으로 검색 결과가 노출됩니다. 검색된 리스트에서 근접한 정보를 클릭하면 설명 페이지로 이동합니다.

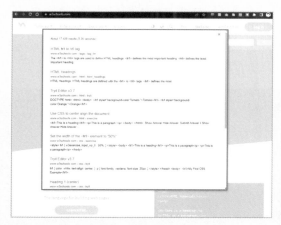

6. try it Yourself 버튼을 클릭하면 예제와 실습을 통해서 태그와 속성을 적용해볼 수 있습니다.
7. 설명 페이지에서 HTML 태그 또는 CSS 속성과 속성값에 대해 설명과 적용 사례를 볼 수 있습니다.

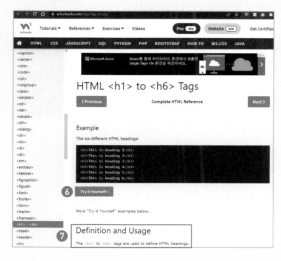

| 02 | CSS 사용 범위를 알고 싶을 때는 can i use

새로운 CSS를 사용하고 싶을 때 구형 버전 웹브라우저에서 사용할 수 있는지 검토가 필요할 때가 있습니다. 이때 "Can I use" 사이트를 이용하면 됩니다.

1. https://caniuse.com/를 주소 창에 입력해 Can I use 사이트에 접속합니다.
2. Can I use 사이트에 접속하면 중앙에 검색창이 있습니다.

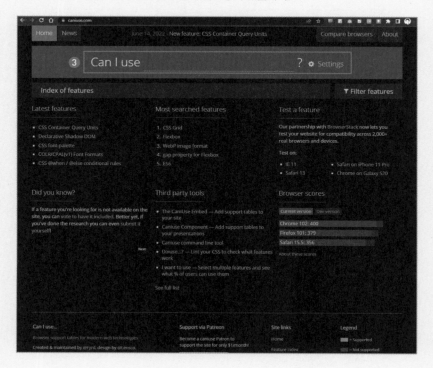

3. 검색창에 CSS 속성이나 속성값을 입력하면 하단에 정보가 표시됩니다.
4. 예제로 flex 속성을 입력하겠습니다.
5. 오른쪽에는 검색한 CSS의 웹브라우저 사용률입니다.
6. 다양한 웹브라우저 이름이 표시됩니다.
7. 웹브라우저 버전 숫자 아래에 초록색, 빨간색, 회색 바탕색이 표시됩니다.
8. 레드 바탕색은 검색한 CSS를 지원하지 않는다는 표시입니다.
9. 그린 바탕색은 검색한 CSS를 지원한다는 표시입니다.
10. 올리브그린 바탕색은 검색한 CSS를 접두사를 사용하면 지원 가능하다는 표시입니다.
11. 회색 바탕색은 웹브라우저에서 앞으로 지원 여부에 대한 표시입니다.

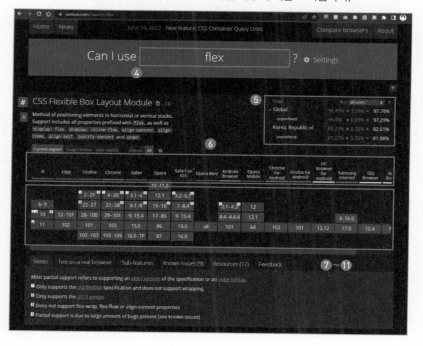

| 03 | 웹브라우저 점유율을 알고 싶을 때는 Statcounter

스탯카운터는 다양한 웹브라우저의 점유율을 국가별로 볼 수 있는 사이트입니다. 많이 사용하는 웹브라우저를 기준으로 퍼블리싱하면 퍼블리싱 효율이 높아집니다.

1. https://gs.statcounter.com/를 주소 창에 입력해 statcounter 사이트에 접속합니다.

2. 예제로 국내 데스크톱 PC 웹브라우저 점유율에 대해 알아보겠습니다.

3. 오른쪽의 [Edit Chart Data] 버튼을 클릭합니다.

4. 새 창에서 Statistic에서 browser에서 desktop을 선택합니다.

5. Region에서 Korea, Republic of를 선택합니다.

6. Period를 "2021년 5월~2022년 5월"로 선택합니다.

7. View Chart 버튼을 클릭합니다.

8. 검색 결과입니다. 국내 데스크톱 PC의 웹브라우저 점유율을 숫자와 라인차트로 확인됩니다.

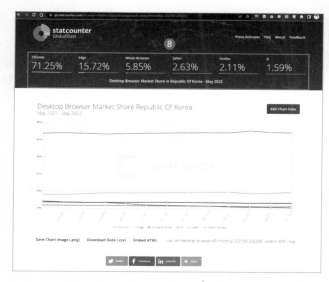

| 04 | 이미지와 동영상이 필요할 때는 pixabay

웹디자인과 퍼블리싱을 진행하다 보면 이미지와 동영상이 반드시 필요합니다. 필요한 이미지나 동영상을 상업적인 용도까지 사용 가능한 사이트가 있다면 웹디자인 제작이 좀 더 원활할 것입니다. 픽사베이 사이트는 이미지나 동영상 파일을 다운로드해서 사용할 수 있는 사이트입니다.

1. https://pixabay.com/ko/를 주소 창에 입력해 pixabay 사이트에 접속합니다.)
2. 가운데 검색창에 이미지나 동영상과 관련된 단어를 입력하고 엔터키를 누릅니다. 예제로 〈나비〉 단어로 이미지를 검색하겠습니다.
3. 검색창 오른편에는 이미지 종류와 비디오나 음악을 선택할 수 있는 버튼이 있습니다.

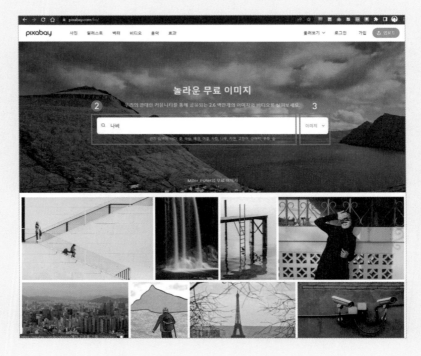

4. 검색 결과로 나비와 관련된 이미지가 나열됩니다.

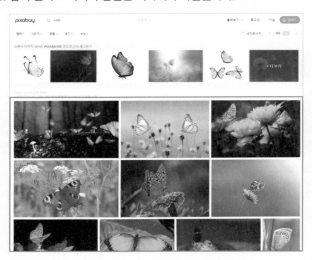

5. 원하는 이미지를 클릭하면 새 창이 나옵니다.
6. 오른쪽의 무료 다운로드 초록색 버튼을 클릭해서 이미지 사이즈를 선택할 수 있는 툴팁이 나타나면 원하는 크기의 이미지를 선택하고 다운로드를 클릭하면 이미지 파일이 다운로드됩니다.

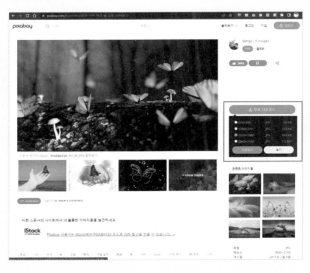

| 05 | 웹 표준 유효성 검사가 필요할 때 Validation

Markup Validation Service는 HTML을 표준 문법에 맞게 작성했는지 유효성 검사를 해주는 사이트입니다.

1. https://validator.w3.org/를 주소 창에 입력해 HTML Validation 사이트에 접속합니다.
2. [Validate by URL], [Validate by File Upload], [Validate by direct input]을 제목으로 하는 3개의 탭이 보입니다.
3. 첫 번째 [Validate by URI] 탭은 검사할 사이트 주소의 url을 address 폼에 입력하고 Check 버튼을 클릭하면 유효성 검사한 결과를 보여줍니다.

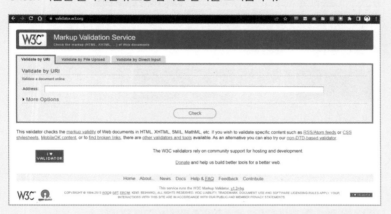

4. 두 번째 탭 [Validate by File Upload] 탭은 검사할 HTML 파일을 업로드하고 Check 버튼을 클릭하면 유효성 검사 결과를 보여줍니다.

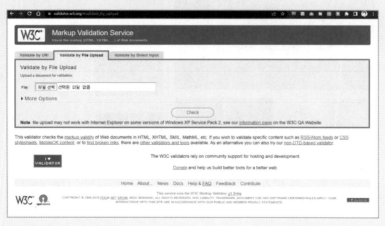

5. 세 번째 탭 Validate by direct input은 검사할 HTML 코드를 직접 입력하고 Check 버튼을 클릭하면 유효성 검사 결과를 보여줍니다.

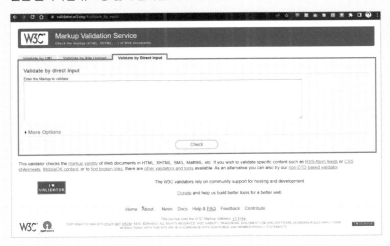

6. HTML 파일 유효성 검사 후 경고 또는 에러라는 표시가 보일 수 있습니다. 이럴 때는 내용을 참고해서 수정하고 다시 유효성 검사를 하면 경고나 에러가 표시되지 않습니다.

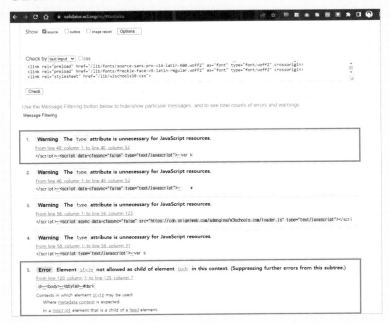

7. 경고 또는 에러 없이 유효성에 맞게 표준 문법으로 파일을 작성하면 "Document checking completed. No errors or warnings to show."라는 문구가 표시됩니다.